Taisen Deshimaru

DIE PRAXIS DER KONZENTRATION

Taisen Deshimaru

TAISEN DESHIMARU

DIE PRAXIS DER KONZENTRATION

Zen und Alltagsleben

Der Titel der bei Edition Zen-Retz, Paris,
erschienenen französischen Originalausgabe lautet:
LA PRATIQUE DE LA CONCENTRATION.

Die autorisierte deutsche Übersetzung besorgten
Sybille Greiling und Werner Kristkeitz.

Deshimaru, Taisen:
Die Praxis der Konzentration: ZEN u.
Alltagsleben /Taisen Deshimaru.

Bibliografische Information der Deutschen Nationalbibliothek
Die Deutsche Nationalbibliothek verzeichnet
diese Publikation in der Deutschen
Nationalbibliografie; detaillierte bibliografische
Daten sind im Internet über **http://dnb.d-nb.de**
abrufbar.
5. Auflage 2011
ISBN 978-3-89901-701-4

Gesamtherstellung: Books on Demand GmbH, Norderstedt

INHALT

Still im Dojo in Zazen sitzen,
Jeden schlechten Gedanken auslöschen,
Nichts erlangen außer einem wunschlosen Geist –
Dieses Glück wiegt mehr als das Paradies.
Die Welt jagt gesellschaftlichem Nutzen nach,
Ehrungen, schönen Kleidern und Bequemlichkeit,
Doch diese Freuden sind nicht der wahre Frieden.
So ist eure Jagd ohne Ende, und ihr bleibt unbefriedigt
Bis zum Tod.
Doch das Kesa anlegen und das schwarze Gewand,
In Zazen sitzen, eins sein im Geist,
Der mal in Ruhe ist, mal in Bewegung,
Mit dem Auge tiefinnerer Weisheit zu schauen,
Jede Handlung und alles Dasein so wahrnehmen
Und im Innersten zu erkennen, wie es wirklich ist,
Im Gleichgewicht sein,
Alles mit vollkommen ruhigem Geist erkennen und verstehen –
Wenn ihr so seid,
Ist eure geistige Dimension die erhabenste dieser Welt
Und keiner anderen vergleichbar.

Dieses wundervolle Gedicht gab mir einst mein Lehrer und Meister Kodo Sawaki, und es beeindruckte mich derart, daß ich augenblicklich beschloß, den Weg des Mönchs zu gehen. Als ich ihn dann um die Mönchsweihe bat, sagte er mir jedoch: „Du willst doch wohl nicht Dein Leben in diesen Klöstern der Religionsbeamten begraben! Es ist besser, Du wirst ein wahrer Bodhisattva, der inmitten all der Unreinheiten dieser Gesellschaft unbeirrt Zazen praktiziert."

Die richtige Art, Zazen zu üben

Was ich Ihnen im folgenden zu sagen habe, behandelt die ganz wesentliche Grundlage der wahren Zazenübung. Will man nämlich Zazen ohne Fehler praktizieren, muß man zuvor die Methode verstehen, die ihm eigentlich zugrunde liegt. Jeder versteht leicht, welche Haltung man einnehmen und wie man atmen soll, denn dies habe ich schon in meinem Buch „Za-Zen – die Praxis des Zen" ausführlich erklärt. Aber wie denkt man, wie lenkt man beim Zazen seinen Geist und sein Bewußtsein?

Das ist ein sehr wichtiges Problem. Viele meinen zu verstehen, aber ihr Verständnis ist zu oberflächlich. Jeder hat beim Zazen eine andere Geisteshaltung, und niemand weiß, welche er annehmen soll. Deshalb soll man zum *Hishiryo*-Bewußtsein finden. Was man hierunter zu verstehen hat, drückt Meister Dogen im FUKANZAZENGI folgendermaßen aus: „Denkt aus den Tiefen des Nichtdenkens heraus. Das ist Hishiryo, das Geheimnis des Zen." Hishiryo ist absolutes Denken, jenseits allen Denkens.

Wie denkt man jenseits allen Denkens? Das ist ein tiefes Koan.

Bedingungen für Konzentration und Beobachtung

Wenn man im Dojo Platz genommen, sich in der korrekten Haltung hingesetzt und seinen Atem auf den richtigen, tiefen Rhythmus eingespielt hat, so bedeutet das durchaus noch nicht, daß auch das Bewußtsein, insbesondere bei den Anfängern, sogleich zur Ruhe gelangt.

Während der ersten Minuten des Zazen gleicht das Gehirn einem geöffneten Fenster, durch das ein starker Windzug geht. Ständig tauchen Gedanken auf. Im weiteren Verlauf der Übung jedoch nimmt die Flut der Gedanken ab und hört schließlich ganz auf. Ebbt der Windzug ab, wird es auch im Zimmer wieder ruhig. Das Gehirn wird zu einem friedlichen Ort: durch das Erlöschen des Denkens entsteht der Zustand der Konzentration, *samatha* im Sanskrit, *shi* im Sinojapanischen. Das Kanji *shi* bedeutet wörtlich „aufhören", „anhalten", dabei ist zu ergänzen: durch die Konzentration des Geistes, die die Ruhe herbeiführt. Diese Geisteshaltung allein beschreibt aber noch nicht das wahre Zazen.

In der Tat ist das bloße Aufhören des Denkens nur ein Aspekt der echten Zazenverfassung und führt zu einem Zustand der Schläfrigkeit, *konchin* genannt. Das bedeutet, der Geist kann den Zustand der Wachsamkeit, der eine gewisse Anspannung des Bewußtseins und auch Aktivität erfordert, nicht aufrechterhalten. Deshalb sagte Dogen: „Es ist notwendig, aus den Tiefen des Nichtdenkens heraus zu denken."

Diese aktive Wachsamkeit ist die *Beobachtung* (*kan*), die zweite Komponente des wahren Zazenzustandes. *Shi* und *kan* zusammen ergeben die richtige Geisteshaltung beim Zazen. Insofern sie simultan entstehen, sind sie der höchste, ideale und absolute Ausdruck des Bewußtseins, *hishiryo* genannt, des absoluten Denkens jenseits des Denkens.

Anfangs jedoch, bevor man zu dieser vollkommenen Bewußtseinsebene gelangt, folgen der Zustand der Konzentration und der Zustand der Beobachtung abwechselnd aufeinander. Die Konzentration allein führt, wie wir gesehen haben, zu einer Verdunkelung des Bewußtseins, so wie eine Kerze sich langsam aufbraucht und dann erlischt.

Um nicht vollkommen schläfrig dahinzudämmern, muß man daher mit der Beobachtung beginnen. Das heißt, vom Unterbewußten her erwacht das Bewußtsein wieder. Die Gedanken werden ins Bewußtsein gerückt und von ihm beobachtet. Wenn ein Gedanke entsteht und gleich darauf verschwindet, nennt man die daraus entstehende Beobachtung *vicara* in Sanskrit. Es handelt sich um eine momentane „Blitzbeobachtung". Wenn aber das Denken stagniert und die Beobachtung daher anhält, nennt man es *vitarka*.

Ein zu langes Verharren im Beobachtungszustand führt zu *sanran*, einem unruhigen, zerstreuten Bewußtsein. Heftig bläst von neuem der Wind der Gedanken und zerstört das ruhige, sanfte Licht, das von der Flamme ausging. In diesem Fall muß man dann jeden Gedanken aufgeben und seinen Geist wieder in den Zustand der Konzentration versetzen.

So entsteht ein Kreis von Konzentration und Beobachtung.

Hieraus erhellt schon jetzt, daß es sehr schwierig ist, den richtigen Bewußtseinszustand hervorzubringen und aufrechtzuerhalten. Die Ausdehnung der Konzentration führt zu Konchin, die der Beobachtung zu Sanran. Wie läßt sich dieses Dilemma lösen? Das ist ein tiefes Koan.

Dogen löst es mit dem Verweis auf Hishiryo, dem Zustand jenseits des Denkens. Um dieses absolute Bewußtsein erreichen zu können, benötigt man selbstverständlich zuerst eine klare Darstellung der Methode, die dahin führt.

Im Zen kennen wir drei Methoden der Konzentration und zwei der Beobachtung.

1. Die Konzentration (shi)

Wenn man das Dojo betritt, ist der Geist noch voll von der Unruhe und den Anforderungen, denen man in der Außenwelt ausgesetzt ist. Unser ganzes Wesen ist von dieser Unruhe durchsetzt, und daher neigt sie dazu, sich in konfusen Entladungen zu manifestieren, sobald man in der Zazenhaltung sitzt. Das Problem besteht darin, daß das Bewußtsein, vor allem bei den Anfängern, die Tendenz hat, anzuhalten und in diesen Fluten der Unruhe zu verharren.

Dies ist der Moment der Übung der Konzentration:

(a) Die erste Art der Konzentration besteht darin, seinen Geist auf die imaginäre Linie zu lenken, die die Nase mit dem Nabel verbindet. Das heißt, man bewahrt aufmerksam die exakt aufrechte

Haltung, welche von Konzentration und Wachsamkeit zeugt. Um dies zu veranschaulichen, haben die Meister oft das Bild eines an einen Pfahl gefesselten Affen gewählt: der Affe ist der unruhige Geist und der Pfahl die unerbittlich gerade Haltung.

(b) Die zweite Art der Konzentration besteht darin, die Gedanken vorbeiziehen zu lassen, sich bei ihrem Auftauchen von ihnen abzuwenden und sie loszulassen, sobald man merkt, daß man sich bei ihnen aufhält.

(c) Die dritte ist die schwierigste: sie entspricht der augenblicklichen Verwirklichung unseres wahren Wesens. Dieses unser wahres Wesen ist ohne Eigensubstanz, ohne Numen. Wenn wir dies tiefgründig verstanden haben, gelangen wir zum höchsten Erwachen. Es ist die letzte Bestätigung des Aufhörens der dualistischen Illusion: das Ego ist nicht faßbar, weil es ohne Substanz ist. Und obwohl es existiert, ist es ohne Wirklichkeit. Es ist *ku*. Daher können wir unseren Geist, der keine Eigensubstanz hat, nicht erfassen. *Shin fukatoku* – „ich kann meinen Geist nicht fassen", das ist die berühmte Antwort Ekas an Bodhidharma. In diesem Moment ist es nicht mehr nötig, daß man versucht festzuhalten, zu kontrollieren, zu beruhigen, Frieden herzustellen. Es genügt, die Illusionen vorbeiziehen, sie von alleine verschwinden zu lassen und sich folglich der kosmischen Ordnung einzugliedern und diese wirken zu lassen. Die Konzentration stellt sich dann ohne Anstrengung ein, unbewußt, natürlich und automatisch, denn jeder Dualismus erlischt bei der Vereinigung des Geistes mit dem Geist. In diesem Stadium verschwindet auch die letzte Spur einer Unterscheidung, denn der Geist objektiviert sich nicht, er sieht sich nicht selbst. Dieser Zustand wird *nirvana* genannt, das vollkommene Erlöschen allen Unterscheidens im absoluten Einen.

Als ich mit Zen begann, konzentrierte ich mich ausschließlich auf Zazen, das heißt auf die korrekte Haltung, von welcher die richtige Konzentration abhängt. Später verstand ich jedoch, daß das wahre Zazen nicht nur in der konzentrierten Haltung von Geist und Körper besteht: der wahre Geisteszustand, der durch die Zazenübung entstehen soll, ist sowohl subjektive Konzentration als auch objektive Beobachtung.

Dieser Zustand des Beobachtens ist in der Tat nicht ohne Schwierigkeiten, denn er führt den Übenden – vor allem, wenn er nur erst wenig Zazenpraxis hat – schnell zur Zerstreuung. Andererseits ist diese Beobachtungshaltung eine Notwendigkeit, denn sobald das bewußte Denken nachläßt, kann sich das Unterbewußtsein, von den Fesseln des Bewußtseins befreit, nach Belieben entfalten. Das Beobachten des vor dem Auge des Bewußtseins vorbeiziehenden Unterbewußten führt hingegen zum echten, nämlich nicht intellektuellen, Verständnis dieses Unterbewußten. Dieses direkte, intuitive, unmittelbare Erkennen mit Hilfe des Körpers ist die notwendige Voraussetzung für das Entstehen echter Weisheit, die sich nach und nach durch das Hishiryo-Bewußtsein offenbart.

Das Hishiryo-Bewußtsein ist die bestmögliche Haltung des Bewußtseins und sein höchster Verwirklichungsgrad. In ihm sind gleichzeitig vollkommene Konzentration und unbegrenzte und unmittelbare Beobachtung des Ganzen enthalten. Unendliche Weisheit und großes Mitgefühl sind der höchste Ausdruck dieses sich beim Zazen manifestierenden Bewußtseins, das hineinwirkt in die zahlreichen Tätigkeiten unseres Lebens: Handlungen, Benehmen und Haltungen von Körper, Sprache und Geist zeugen genau vom jeweiligen Erweckungsgrad des Bewußtseins. Darüber hinaus bildet die Gesamtheit unserer täglichen Handlungen als solche für unser Bewußtsein ein weites Feld der Übung von Konzentration und Beobachtung. Zazen bleibt bei alldem dasjenige Mittel, bei dem die Erfahrung am klarsten und intensivsten ist und wo, sobald das eine zu ausschließlich und fehlerhaft wird, auf die Konzentration schnell das Beobachten folgen kann und umgekehrt, bis zur Erlangung der vollkommenen Harmonie beider in *jo-e*, der Weisheit (*e*) in der Heiterkeit (*jo*).

2. Die Beobachtung (kan)

Dogen schreibt also im FUKANZAZENGI: „Denkt aus der Tiefe des Nicht-Denkens heraus!"

Dieser Satz erläutert den Zustand der Beobachtung beim Zazen und ist das Gegenstück zu dem, der den Zustand der Konzentration ausdrückt: „Denkt nicht aus der Tiefe des Denkens heraus!"

Wenn während der Zazenübung die Gedanken aus dem Unterbewußtsein aufsteigen, sich ins Bewußtsein ergießen und dieses in einen Zustand der Zerstreutheit und Unruhe geraten lassen, so ist es nötig, die Beobachtung zu praktizieren, um so die im Bewußtsein entstandenen Störungen zu beseitigen.

Die Methode der Beobachtung wird unterteilt in mittelbares und direktes Beobachten.

(a) Das mittelbare Beobachten

Dieses hat wiederum zwei Aspekte: zum einen

– *Das Beobachten von Beschmutzung und Befleckung (fujokan)*

Im Sutra HANNYA SHINGYO heißt es: „Es gibt weder Reinheit noch Unreinheit, weder Schönheit noch Häßlichkeit, weder Gut noch Böse."

Dieser Satz erklärt das Wesen der Erscheinungen in ihrer absoluten, undifferenzierten Einheit und definiert so die gesamtheitliche, nicht dualistische Wahrnehmung.

Zur Zeit Buddha Shakyamunis war es üblich, neben Leichen zu meditieren. Das Ziel dieser Übung war es, das Bewußtsein zu Einsichten über das Wesen des Daseins zu führen, die der Wahrheit, nämlich *mujo*, der Unbeständigkeit, näherstanden. Der Begriff der Unbeständigkeit ist von ganz besonderer Bedeutung, da er implizit das Wesen aller Dinge als nichtsubstantiell beschreibt. Alle empfindenden und nicht empfindenden Wesen unterliegen den durch die Zeit bedingten Veränderungen. Daher muß man sich davor hüten, die Erscheinungen nur unter ihrem gegenwärtigen, augenblicklichen Aspekt des Schönen, Guten oder Reinen zu betrachten. Man muß vielmehr auch ihres gegenteiligen Aspekts, der potentiell in dem augenblicklichen enthalten ist, gewahr werden.

Ein junger Mann vertraute mir eines Tages an, daß jede schöne Frau, die ihm begegnete – selbst beim Zazen – sexuelle Wünsche in ihm hervorriefe, die er nur schwer im Zaum halten könne. Diese Haltung ist das Gegenteil von dem, was man im Dojo anstrebt: die Besänftigung der sechs Sinnesorgane, der sechs Wahrnehmungsobjekte und der sechs Bewußtseinsaspekte. Daher antwortete ich ihm: „Vermeiden Sie als erstes, schönen Frauen zu begegnen, und sehen Sie dann zu, daß sich Ihr Geist auf Ihre eigenen Unreinheiten richtet!"

Derart soll jeder handeln, zu dem sich beim Zazen oder im täglichen Leben ein Schatten von Begierde, Wollen oder Denken erhebt. Er denke an die Unbeständigkeit aller Dinge, an Geburt, Zerfall und Tod, an Aufblühen und Vergehen.

Der zweite Aspekt ist

– *Das Beobachten des Mitgefühls (jishikan)*

Dieses besteht darin, seine Gefühlsbewegungen zu kontrollieren und zu bändigen, indem man – durch das Aufgeben des Egos – den Geist des Mitgefühls aufkommen läßt. Das Ergebnis ist dann nicht mehr Verschlimmerung dieses Zustands, sondern Verständnis und Öffnung gegenüber anderen. Wenn zum Beispiel die Wut auftaucht, soll man diese sehen, beobachten, und das Ego, den Verursacher dieser Wut, überdenken. Die Wut verschwindet sofort, und der Geist des Mitleids erscheint.

(b) Direktes Beobachten (shokan)

Dies ist die Essenz des Zazen, und ich will sie Ihnen so darlegen, wie es meiner persönlichen Erfahrung entspricht.

Das direkte Beobachten verschmilzt mit der großen Weisheit, die es ermöglicht, das wahre Wesen aller Dinge zu erkennen. Dies besteht in *mujo*, der Unbeständigkeit.

Angeregt durch unsere eigenen inneren Aktivitäten und die zahlreichen äußeren Einflüsse des Lebens ist unser Bewußtsein ständig in Bewegung. Dieses Bewußtsein ermöglicht es Unmengen von Erscheinungen, sich zu manifestieren und verleiht ihnen eine feste, dauerhafte Wirklichkeit. Im Japanischen nennt man diesen Zustand des Bewußtseins *nen* – die Kürze des Augenblicks. Anders ausgedrückt: Das Bewußtsein ist gefangen in der Zeit und besitzt keine andere Möglichkeit der Wahrnehmung als die, die sich ihm im gegebenen Augenblick bietet, und diese Wahrnehmung ist stets relativ.

Im Gegensatz dazu befindet sich ein Bewußtsein, welchem ein tiefgründiges Verständnis von Mujo eignet, im Zustand der Nicht-Bewegung. Es ist befreit von allem Denken, keinem Faktor und keinem Gesichtspunkt und überhaupt keiner Sache unterworfen, die vom Körper, dem Denken oder der Sprache erschaffen wurde. Es schafft auch keine solchen Unterscheidungen mehr; es befindet sich in *ku*, und *ku* selbst ist absolute Leerheit.

Aus dem Gesagten kann man entnehmen: in der wiedergefundenen, jegliche Unterscheidung auflösenden Einheit spiegelt sich der Geist nicht mehr wider, sondern er *ist*, unbewußt und ohne sich selbst zu sehen. Und damit kommen wir zum Kern des Problems. Was ist das für ein Geist, der sich manifestiert? Existiert er, oder existiert er nicht? Das Wort Manifestation beinhaltet gleichzeitig auch die Vorstellung der in der Vergangenheit zur Zukunft hin ausgerichteten Zeit.

Wenn der Geist sich also in der Vergangenheit manifestiert hat, existiert er jetzt nicht mehr, da die Vergangenheit vorüber ist. Wenn er sich in der Gegenwart manifestiert, ist er, da diese vergänglich und nicht faßbar ist, ebensowenig faßbar. Wenn er sich in der Zukunft manifestieren soll, existiert er ebenfalls nicht, da die Zukunft noch nicht eingetroffen ist. Deshalb heißt es, der Geist sei *fukatoku*, in keiner Weise faßbar, nicht in der Zeit manifestiert, Transzendenz und ewige Möglichkeit.

Aber auch wenn man die Zeit als eine Folge von Augenblicken betrachtet, deren Merkmal es ist, mit ihrem Auftauchen sogleich wieder zu verschwinden, kann man die flüchtige Manifestation des Geistes sehen. Versucht man indessen, den sich manifestierenden Geist zu beobachten, so ist er schon beim ersten Ansatz zum Nachdenken wieder verschwunden. Hat er wirklich existiert? Man kann sagen, daß er in einer ständig sich bewegenden Gegenwart ewig anwesend ist. Er selbst besitzt nicht das Wesen dieser auftauchenden und verschwindenden, flüchtigen Gegenwart. Dagegen ist alles, was in den Grenzen der Zeit hervorgebracht wird, von seinem Wesen durchdrungen.

Demnach kann man auch beim Zazen den entstehenden gelösten Zustand des Geistes nicht beobachten. Er *ist* ganz einfach. Sobald man auf den Gedanken kommt, ihn beobachten zu wollen, entsteht eine unendliche Kluft zwischen dieser Absicht und dem Geist, der schon Vergangenheit und verschwunden ist. Man kann sich dann die Frage stellen, was der Ursprung dieser Absicht war, die durch die Unterscheidung zum Bruch führte. In einem winzigen Zeitabschnitt, einem Blitz des Bewußtseins, hat der Geist sich auf sich selbst zurückgezogen, hat er sich eingesperrt und wohl zwar die potentielle Beziehung zu seinem unendlichen, unbegrenzten Wesen aufrechterhalten, war für den Augenblick jedoch von jeglichem Austausch abgeschnitten. Damit sein wahres Wesen wieder auftaucht, muß die Umhüllung aufplatzen.

Deshalb heißt es, man solle aus der Tiefe des Nicht-Denkens heraus denken. Das bedeutet, durch die tiefe Konzentration beim Zazen unbewußt, natürlich und automatisch zum wahren, höchsten Zustand des Geistes zu gelangen.

3. Die dreifache Methode

Ich gehe nun ausführlicher auf die Methoden ein, die den Übenden zum richtigen Zustand der Konzentration und des Beobachtens führen.

(a) Die Methode zur Bekämpfung der Krankheiten Sanran und Konchin

Sanran bezeichnet den treibenden, ruhelosen, träumenden und denkenden Geist.

Konchin ist der „sich verdunkelnde" Geist, der in einem Zustand von Schläfrigkeit dahindämmert.

Sanran entsteht durch das Strömen der Gedanken. Das Kanji *san* bedeutet „abgelenkt, zerstreut sein", *ran* „sich in Verwirrung befinden". Wenn unser Geist in diesem Zustand ist, muß man ihn mit Hilfe der Konzentration (*shi*) wieder klar werden lassen.

Konchin entsteht aus dem Zustand des Nicht-Denkens (*fushiryo*), der, wenn er andauert, den Geist in einen düsteren Dämmerzustand versetzt und schließlich zum Einschlafen bringt. In einem solchen Fall muß man den Geist mit Hilfe von *kan*, der Beobachtung, wieder zur Wachheit führen.

Beide Male müssen Konzentration und Beobachtung in der richtigen Weise angewandt werden – es handelt sich dabei um eine Wechselbeziehung wie zwischen Krankheit und Medikament.

(b) Die praktische, der Zeit und den Umständen entsprechende Methode

Wenn Sie spüren, daß Sie in Konchin dahindämmern und es Ihnen, obwohl Sie das Beobachten versuchen, nicht gelingt, Ihren Geist zu klären, ist es besser, Sie halten für eine Weile mit dem Beobachten inne und ersetzen es durch eine entsprechende Konzentration. Dann können sich Körper und Geist von neuem mit Aufmerksamkeit und Klarheit füllen. Hier ist es also, obwohl es sich um Konchin handelt, besser, die Methode der Konzentration als die des Beobachtens anzuwenden.

Wenn Ihr Geist dagegen im Zustand Sanran herumirrt, sich aufspaltet, und es Ihnen trotz Konzentration nicht gelingt, ihn zu beruhigen, so ist es besser, Sie hören mit dieser Konzentration vorerst auf und ersetzen sie durch Beobachtung. Dann werden sich Körper und Geist wieder mit Ruhe und Frieden füllen. Obwohl es sich um Sanran handelt, ist es in diesem Fall also besser, die Methode des Beobachtens statt die der Konzentration anzuwenden.

(c) Die Methode, um zum wahren Samadhizustand zu gelangen

– durch Auslöschung der Sinneseindrücke:

Hat man die gestörten Zustände Sanran und Konchin mit Hilfe der oben beschriebenen Methoden überwunden, ist man in der Lage, Samadhi zu erlangen – einen Zustand vollkommener Konzentration, der sich beim vollkommenen Erwachen des Geistes einstellt. Dabei sind vorübergehend jegliche mit unserem unterscheidenden und dualistischen Bewußtsein zusammenhängenden Eindrücke ausgelöscht. Diese Eindrücke können aber jeden Augenblick wieder auftauchen. Dementsprechend ist die Samadhiverfassung sehr zerbrechlich und äußerst subtil.

Seien Sie versichert: Wenn wir nicht tiefgründig, mit der Ganzheit unseres Wesens, erkennen lernen, daß dieser eigenartige Samadhizustand nichts von wahr oder falsch hat, sondern jegliche dualistische Sichtweise übersteigt und wir stattdessen an einem der wohltuenden Aspekte dieses Zustands – Heiterkeit und tiefe Freude – haften bleiben, dann entstehen im Bewußtsein Wertvorstellungen, die die Unterschiede betonen und uns dadurch so weit von diesem Zustand entfernen, wie Zenith und Nadir voneinander entfernt sind.

Wenn aber durch innerste Verschmelzung unseres gesamten Wesens mit diesem Samadhizustand das absolute Verständnis entsteht, so wird dieser Zustand auf ganz natürliche Weise andauern. Durch dieses Verständnis jenseits jeglicher Unterscheidung werden in unserem Geist keine Illusionen (wahr und falsch, Freude und Furcht, Liebe und Abneigung), die Ausdruck unseres bewertenden Bewußtseins (*ken*) sind, mehr auftauchen.

Auch dieser Zustand heißt Konzentration.

Um sich von jeder Art von Eindruck zu lösen, der durch die Macht der Bindung an das tiefe Karma der Bonno (unrechte Handlungen des Körpers, der Sprache und des Bewußtseins) entsteht und uns auf den irreführenden Weg der Unterscheidung, der Wertungen und Vorurteile führt, müssen diese Bonno und Eindrücke bewußt mit Hilfe wachsamen und unparteiischen Beobachtens objektiviert werden. Dann fällt jede Form der Bindung an das Karma wie abgestorbenes Holz ab. Durch diese Methode des Beobachtens läßt sich der Zustand vollkommener Konzentration, das Samadhi, erreichen.

– durch harmonisches Auftauchen der Weisheit

Das Kanji (Schriftzeichen) *jo*, das dem Sanskritbegriff *samadhi* entspricht, bezeichnet den Zustand des Fundierten, Festen, Unbeweglichen und in Frieden Ruhenden. Das Kanji *e* bedeutet Weisheit, die dem tiefen, intuitiven, unmittelbaren, inneren Verstehen des Ganzen entspringt. Sie unterscheidet sich ganz grundsätzlich von dem Begriff der Weisheit im europäischen Sinne, der aus der Erkenntnistheorie stammt und dementsprechend auf das rationale Erkennen (*ninshiki-eki*) beschränkt ist.

Wenn Sie beim Zazen mit Hilfe des absoluten Nicht-Denkens in Samadhi eintreten können, so bedeutet das noch nicht, daß sich gleichzeitig die Weisheit einstellt. Zwar ist Samadhi die heitere Unbeweglichkeit des Geistes, aber es kann auch lediglich Unbeweglichkeit in der Unwissenheit sein, ohne echte Weisheit. Es kommt also darauf an, daß echte Weisheit (*e*) entsteht. Wenn sie nur von dem durch Beobachtung erlangten Wissen herrührt, bleibt sie eng und lediglich auf diesbezügliche Mutmaßungen beschränkt. Die Weisheit (*e*) muß, zwar mit Hilfe der Aufmerksamkeit, aber im Samadhi-Zustand entstehen, in dem das Bewußtsein nicht vom Geist der Unterscheidung absorbiert, sondern auf die Gesamtheit konzentriert ist, sich in Einheit mit dem Ganzen befindet. In diesem Fall wird die Beobachtung umfassend, die Weisheit allwissend, universell und unendlich. Wenn Sie nun aber beim Zazen durch ein vom absoluten Denken gesteuertes Beobachten zu tiefer Weisheit gelangen, so bedeutet das nicht, daß Sie gleichzeitig den vollkommenen friedlichen Samadhi-Zustand (*jo*) erreicht haben. Auch wenn Ihre Weisheit klar und tief ist, muß sie nicht zur Heiterkeit führen. Wenn die Festigkeit des Samadhis fehlt, wird sie sich in zahlreiche Richtungen verzweigen, wo sie das Bewußtsein gerade hinführt. Die Weisheit (*e*), die fähig ist, Ku (die Leerheit) und Muso (das Nicht-Erscheinen) zu beobachten, die aber nicht die Heiterkeit des Samadhis besitzt, ist eine trügerische Weisheit, die zum Wahnsinn führt. So muß, damit die richtige geistige Verfassung für Zazen erreicht wird, im Bewußtsein parallel zur Weisheit der Samadhizustand entstehen.

Man sieht also auch hier, daß Konzentration und Beobachtung zwei grundlegend sich ergänzende Haltungen sind, deren Vereinigung es ermöglicht, zu echter, tiefer Weisheit in der Ruhe des Samadhis zu gelangen. In dieser harmonischen Verfassung des Geistes können alle Arten von Bonno zum Verschwinden gebracht und das höchste spirituelle Ideal verwirklicht werden.

Rechtes Verhalten

Dieses Kapitel behandelt die Praxis der Konzentration und Beobachtung im täglichen Leben, insbesondere was ihre Anwendung auf die sechs grundlegenden Bereiche des Handelns und die sechs Bereiche der Sinne betrifft.

Im Zen legt man besonderen Wert auf die Einheit zwischen der Übung des Zazen und der Übung der verschiedenen Handlungen des täglichen Lebens, es vertritt insofern die Position des Mahayana-Buddhismus, des Bodhisattvas, der nicht danach strebt, sich von der Welt zu trennen, um einsam und allein ins Nirvana einzugehen – dies ist eher die Position des Hinayana-Buddhismus. –, sondern der im Gegenteil das Gelübde ablegt, erst dann die Befreiung seiner selbst zu verwirklichen, wenn er alle Lebewesen – bis auf das letzte – ebenfalls zur Befreiung geführt hat. Deshalb ist es sehr wichtig, daß Sie in der Lage sind, überall und in jedem Augenblick alle Dinge zu kontrollieren. Dazu müssen Sie lernen, im Umgang mit der Erscheinungswelt Samadhi (*jo*) und die Weisheit (*e*) anzuwenden. Andernfalls wird Ihr Geist durch den Kontakt mit der Außenwelt unweigerlich durch Bonno und Leidenschaften beherrscht. Die Heimlichkeit, mit der diese nämlich auftauchen, ist erschreckend, und sie treiben Sie von dem Weg, auf dessen Suche Sie eigentlich sind, weit ab, ohne daß Sie in der Lage sind, sich dagegen zur Wehr zu setzen.

1. Die sechs Hauptbereiche des Handelns

Unter Handlung verstehen wir die Gesamtheit aller beobachtbaren körperlichen und sprachlichen Handlungen. Die Buddhalehre teilt diese in sechs Gruppen: gehen, stehen, sitzen, liegen, arbeiten und sprechen.

In einem Dojo (= Ort, wo man den WEG praktiziert) liegt das Hauptaugenmerk auf den vier ersten: gehen (Kinhin), stehen, sitzen (Zazen) und liegen (in Japan schlafen die Mönche während ihrer Sesshin im Dojo). Das tägliche Leben jedoch enthält alle sechs.

Zunächst sei auf einen Punkt noch besonders hingewiesen: Der Ablauf von Konzentration und Beobachtung ist für jede dieser Handlungen gleich. Deshalb mögen die einzelnen Kommentare dazu sich scheinbar wiederholen. Aber jede dieser Handlungen erfordert eine ganz eigene Betrachtung, bei der der Übende keine neutrale Haltung hat, sondern – und so ist es bei allen in diesem Buch behandelten Themen – die aktive Rolle dessen einnimmt, der in jedem Augenblick eine echte Erfahrung lebt.

Ich spreche auch stets absichtlich von „Handlung“, selbst dort, wo man sonst von „Haltung“ sprechen würde, denn bei genauem Hinsehen mag man auch einen Zustand als Handlung ohne Bewegung sehen.

Gehen

Wenn Sie die Absicht haben zu gehen oder es auch bereits tun, so machen Sie sich in Ihrem Bewußtsein die tieferen Beweggründe für diese Handlung klar. Wenn Sie nach kurzem Überlegen feststellen, daß das Ziel, das Sie damit verfolgen, nicht gut, also zum Beispiel egoistisch ist, so lassen Sie von Ihrem Vorhaben ab oder schieben es auf. Dasselbe gilt auch für die anderen fünf Handlungen.

– *So üben Sie beim Gehen die Konzentration*:

Denken und verstehen Sie beim Gehen folgendermaßen: „Die

Beweggründe meiner Handlung sind wohl verschieden, und sie mögen gut oder schlecht sein, doch ich kann keinen einzigen davon erfassen." So können keine Illusionen auftauchen. Dies nennt man Konzentration.

– *So üben Sie beim Gehen die Beobachtung:*

Bedenken Sie dies: Durch die Handlung Ihres Geistes, die der Bewegung Ihres Körpers zugrundeliegt, wird das Gehen bewirkt. Dadurch tauchen zahlreiche andere gute oder schlechte Handlungen auf. Das nennt man Gehen. Da Sie nun aber den Zustand Ihres Geistes, der die Absicht oder die Handlung des Gehens beeinflußt und lenkt, nicht beobachten oder fassen können, müssen Sie einsehen, daß alle lebenden Wesen, die in diesem Moment dabei sind zu gehen und alle Handlungen, die darin bestehen zu gehen, letztendlich nur Ku (Leerheit, Nichts) sind.

Dies nennt man die rechte Beobachtung. In diesem Fall können Sie die oben dargestellte dreifache Methode der Konzentration und Beobachtung anwenden.

Stehen

Wenn Sie die Absicht haben zu stehen, so legen Sie sich zunächst die Ziele, die diese Handlung motivieren, ganz klar dar. Wenn Sie, nachdem Sie überlegt haben, meinen, daß Ihre Beweggründe nicht gut sind, dann unterbrechen Sie Ihre Handlung, da sie keinen rechten und guten Grund hat.

– *So üben Sie beim Stehen die Konzentration:*

Während dieser Handlung sollten Sie folgendes verstehen: Die Beweggründe für sie sind zahlreich und verschieden, und es ist unmöglich, auch nur einen einzigen von ihnen zu erfassen. So können sich keine Illusionen und Irrtümer einstellen. Das nennt man Übung der Konzentration.

– *So üben Sie beim Stehen die Beobachtung:*

Bedenken Sie dies: Durch die Handlung des Geistes, der die Handlungen des Körpers lenkt, ist der Körper fähig zu stehen. Dadurch manifestieren sich wiederum zahlreiche andere Handlungen und überlagern sich. Das nennt man Stehen.

Aber Sie können den Bereich Ihres Geistes, der diese Handlung veranlaßt und lenkt, nicht beobachten. So können Sie erkennen, daß alle lebenden Wesen beim Stehen sowie die dazugehörigen Handlungen Ku sind: Leere, Nichts.

Das nennt man Beobachtung. Auch hier können Sie die beschriebene dreifache Methode der Konzentration und Beobachtung benutzen.

Sitzen

Wenn Sie sitzen oder sich setzen wollen, so müssen Sie sich fragen, welches die Beweggründe sind, die Sie dazu führen. Wenn Sie das Gefühl haben, diese sind nichts wert, so beenden Sie dieses Tun.

– *So üben Sie beim Sitzen die Konzentration:*

Verstehen Sie während dieser Handlung, daß, obwohl die Beweggründe für diese Handlung zahlreich und verschieden, gut oder schlecht sind, Sie nicht einen einzigen von ihnen erfassen können. So können keine Irrtümer oder Illusionen entstehen. Das nennt man das Üben der Konzentration.

– *So üben Sie beim Sitzen die Beobachtung:*

Beobachten Sie, daß Ihr Geist zunächst einmal Ihrem Körper befohlen hat, sich zu setzen. Daher sitzen Sie in diesem Augenblick an diesem Ort. Diese Handlung bringt aus sich selbst heraus zahlreiche andere gute oder schlechte Handlungen hervor. Das nennt man Sitzen.

Da Sie aber den Bereich Ihres Geistes, der diese Handlung bewirkt hat, nicht beobachten können, müssen Sie einsehen, daß auch diese Handlung und alle lebenden Wesen, die sie ausführen,

Ku sind, Nichts. Das nennt man das Üben der Beobachtung. Auch in diesem Fall können Sie sich der oben beschriebenen dreifachen Methode bedienen.

Liegen

Wenn Sie liegen oder sich hinlegen wollen, so fragen Sie sich nach den Gründen und Motivationen für diese Handlung.

Wenn Ihre Absichten nicht wirklich lobenswert sind, sei es, Sie handeln aus Faulheit oder aus irgendeinem anderen wenig löblichen Grund, kurz, wenn Sie in dieser Handlung eine egoistische Befriedigung suchen, so unterbrechen Sie sie augenblicklich. Bedenken Sie, was in einem Sutra steht: „Ihr mögt ruhen oder schlafen, doch gleicht dem König der Löwen, der frei ist und stark, tapfer und ohne Angst. Trifft man euch schlafend, so laßt doch eure Haltung Würde ausstrahlen, auf daß man sich scheue, sich euch zu nähern."

Vergessen Sie dies nicht, selbst wenn Sie tief schlafen.

– *So üben Sie beim Liegen die Konzentration:*

Wenn Sie liegen oder sich hinlegen wollen, so müssen Sie wissen, daß, obwohl es zahlreiche und verschiedenste Beweggründe für Ihre Handlung gibt, Sie dennoch nicht den geringsten Teil davon erfassen können. So tauchen keine Illusionen auf. Das nennt man das Üben der Konzentration.

– *So üben Sie beim Liegen die Beobachtung:*

Wenn Ihr Geist im Konchin-Zustand dahindämmert und sich Körper und Geist von den Spannungen des Wachzustandes befreien, so bringt dies zahlreiche weitere gute wie schlechte Taten hervor. Das nennt man Liegen oder Schlafen.

Da Sie aber den Bereich Ihres Geistes, der dies ausgelöst hat, nicht beobachten können, müssen Sie einsehen, daß diese Handlung und alle Lebewesen, die sie ausüben, letztendlich Ku sind, Nichts. Darin besteht das Üben der Beobachtung. Wenden Sie auch in diesem Fall die oben erwähnte dreifache Methode an.

Arbeiten

Fragen Sie sich, was die Gründe und Ziele Ihrer Arbeit oder Ihrer Absicht zu arbeiten sind. Wenn diese Ziele nur egoistischen Zwekken dienen oder wirkungslos sind, ist es besser, diese Arbeit nicht auszuführen.

– *So üben Sie beim Arbeiten die Konzentration:*

Wenn Sie beschließen zu arbeiten oder wenn Sie bei der Arbeit sind, müssen Sie verstehen, daß, obwohl der Ursprung dieser Handlung komplex und vielfältig ist, Sie keinen seiner Aspekte erfassen können. So können sich keine Illusionen und Irrtümer einstellen.

Das nennt man die Übung der Konzentration beim Arbeiten.

– *So üben Sie während der Arbeit die Beobachtung:*

Denken Sie an die Art und Weise, wie Ihr Geist auf Ihren Körper und Ihre Gliedmaßen wirkt. Durch Ihre Arbeit entstehen zahlreiche weitere gute wie schlechte Handlungen. Da Sie den Bereich Ihres Geistes, der Ihren Körper lenkt, nicht sehen können, werden Sie verstehen, daß jeder, der arbeitet, ebenso wie alle seine Handlungen letztendlich Ku sind, Nichts. Das nennt man die Übung der Beobachtung. Auch in diesem Fall können Sie die dreifache Methode der Konzentration und Beobachtung benutzen.

Sprechen

Fragen Sie sich, warum und mit welchem Ziel Sie sprechen möchten. Wenn Ihre Gründe nicht gut sind, wenn Sie etwa die Absicht haben, schlecht über andere zu reden, zu verführen, sich selbst zu rühmen oder andere nicht lobenswerte Ziele verfolgen, so ist es besser, Sie schweigen. Sind Ihre Worte jedoch gut und nützlich, so zögern Sie nicht zu sprechen.

– *So üben Sie beim Sprechen die Konzentration:*

Während dieser Handlung müssen Sie begreifen, daß durch Ihre Worte all Ihre guten wie schlechten Handlungen erscheinen. Da Sie aber unter all diesen Handlungen nicht eine einzige erfassen können, werden sicherlich keine Illusionen auftauchen.

– *So üben Sie beim Sprechen die Beobachtung:*

Ihr Geist bringt teils gröbere, teils feinere Gedanken hervor, und Sie werden von ihnen beeinflußt. Wenn viele Stimmen und Worte um Sie herum ertönen, werden auch Sie veranlaßt, Ihre Gedanken auszudrücken, Ihre Stimme, Ihre Worte und Ihre Ausdrucksweise hören zu lassen. Durch Ihr Denken werden Ihre Atmung, Ihr Hals, Ihr Mund, Ihre Lippen, Ihre Zunge und Ihr Kinn angeregt, und Sie beginnen zu sprechen. Durch Ihre Worte schaffen Sie wieder zahlreiche weitere gute wie schlechte Handlungen. Da Sie jedoch den Bereich Ihres Geistes, der Ihr Sprechen veranlaßt, nicht sehen können, werden Sie einsehen, daß alle, die sprechen wie auch alle Ihre Sprechhandlungen ganz und gar Ku sind, Leerheit, Nichts.

Das nennt man die Übung der Beobachtung beim Sprechen. Auch in diesem Fall können Sie die dreifache Methode der Konzentration und der Beobachtung anwenden.

2. Die sechs Sinnesbereiche

Lassen Sie uns nun die Methode der Konzentration und Beobachtung im Bereich der sechs Sinne untersuchen. Diese sind ja insofern von besonderer Bedeutung, als sie dem erkennenden Bewußtsein, welches alle Karmahandlungen formt, zugrundeliegen.

Die sechs Sinnesbereiche, von denen auch das HANNYA SHINGYO ausführlich spricht, teilen sich wiederum in drei einander ergänzende und für die Wahrnehmung nötige Gruppen. Es sind dies

– die sechs Sinnesorgane (oder sechs „Wurzeln“): *gen*, die Augen; *ni*, die Ohren; *bi*, die Nase; *ze* (oder *zetsu*), die Zunge und der Gaumen; *shin*, der Tastsinn; und *i*, der Teil des Nervensystems, der

Begierden, Wünsche und geistige Bilder formt.

– die sechs Objekte der Wahrnehmung: *shiki*, die Farben und Formen; *sho*, die Töne; *ko*, die Düfte; *mi*, die Geschmacksrichtungen; *soku*, die Gestalt (die vom Tastsinn erfaßt wird) und *ho*, die Gedanken und Begriffe.

Die Vereinigung dieser beiden Gruppen ergibt den Bereich der Wahrnehmung und des Erkennens bzw. der folgenden sechs subjektiven Bewußtseinsbereiche: *genshiki*, das visuelle Bewußtsein; *nishiki*, das Hörbewußtsein; *bishiki*, das Geruchsbewußtsein; *zeshiki*, das Tastbewußtsein; *ishiki*, das Bewußtsein des Bewußtseins, das heißt das Bewußtsein der freiwilligen (körperlichen, Denk- und Sprech-) Handlung.

Bevor man das Studium dieser Methode beginnt, ist es notwendig, auf die Gefahren und Schwächen gewisser Formen der Meditation hinzuweisen, die zu sehr auf sich selbst bezogen sind, zu egozentrisch und wenig geeignet, dem Übenden zu helfen, sich den Angriffen und Anforderungen der Welt der sechs Sinnesbereiche zu stellen.

Betrachten wir auch die Anhänger derjenigen Religionen, die ein bestimmtes Ziel verfolgen, wie etwa Selbstverwirklichung oder persönliche, egoistische Befreiung, und dazu zählen auch jene Anhänger des Zen, die sich in der Beobachtung allein aus dem Grund üben, um damit unterbewußte Konflikte, Koan und andere Probleme zu lösen. Mit anderen Worten: All diejenigen, deren Praxis nicht frei von Zweckdenken ist, brechen unbewußt mit den Vorschriften und übertreten die Moral, wenn sie sich ins weltliche Leben mischen. Sie schaffen Bonno, stellen sich letztlich gegen den WEG und fallen so in das endlose Dunkel der Hölle. Denn die stete Beschäftigung ihres Geistes beeinträchtigt ihre Meditation, und dies verhindert die anzustrebende Haltung des Nicht-Haftens.

Ebenso endet die alleinige Beschäftigung mit der Beobachtung (*kan*) in einer unendlichen Anzahl unglücklicher Handlungen, die das Erbe des schlechten Karmas vergrößern und seine Früchte schnell vervielfachen.

Im Gegensatz dazu erfüllen sich im Zustand der Konzentration beim Zazen (*samadhi*) die Verdienste, die aus dem absoluten

Glauben an die Absichtslosigkeit und Einfachheit entstehen, nachweisbar und mit Sicherheit. Dies geschieht durch die Veränderung, die durch das Ausjäten der schlechten Wurzeln im Karma bewirkt wird.

Zazen bleibt dabei die grundlegende Antriebskraft für diese geistige Konzentration, die danach allerdings wieder anfällig und zerbrechlich wird. Man kann sie wohl vergleichen mit einer Schlange, die sich in einem Bambusrohr aufrichtet, obwohl es ihrem eigentlichen Wesen entsprechen würde, sich wellenförmig fortzubewegen. Sobald sie aus ihrer Umhüllung herausgefunden hat, bewegt sie sich auch wieder den natürlichen Gegebenheiten gemäß. Ebenso finden sich, sobald wir aus unserer Zazenkonzentration heraustreten, die Bonno unseres Karmas wieder in ihrem Lebenselement und breiten sich aus wie ein Ölfleck.

Deshalb ist es für den Suchenden auf dem Weg von großer Bedeutung, etwas über die Haltungen gegenüber den im Leben auftauchenden Herausforderungen der Bonno (die über die sechs Sinnesbereiche wirken) zu erfahren. Lassen Sie mich diese im folgenden erklären.

Das Sehen

– Die Übung der Konzentration im visuellen Wahrnehmungsakt

Wenn Sie einen sichtbaren Gegenstand (Form und Farbe) wahrnehmen, müssen Sie sich der Tatsache bewußt sein, daß dieser nicht mehr Realität besitzt als der Widerschein des Mondes auf dem Wasser. Wenn dieser sichtbare Gegenstand in Ihnen eine angenehme Empfindung hervorruft, so spüren Sie auch, wie Wünsche erwachen. Weckt er dagegen ein unangenehmes Gefühl, so empfinden Sie Abneigung.

Betrachten Sie diesen Gegenstand jedoch mit der Schärfe der Konzentration, dann sehen Sie ihn nicht in seiner illusorischen Erscheinung, sondern einfach so, wie er ist, in seiner wahren Form und Farbe – ohne das geringste Gefühl von Anziehung oder Abstoßung. So werden Sie weder in Unwissenheit noch Verwirrung geraten, denn dies sind Früchte des unterscheidenden Bewußtseins.

Mit Hilfe dieser Haltung können Sie erreichen, daß Ihre Wünsche und vergangenen Bindungen abnehmen.

Das nennt man Konzentration im visuellen Wahrnehmungsakt.

– Die Übung der Beobachtung im visuellen Wahrnehmungsakt

Unsere karmische Unwissenheit verleiht der Welt der Erscheinungen greifbare Wirklichkeit. Dieser Irrtum, der durch das unterscheidende Bewußtsein entsteht, läßt Gefühle und Urteile auftauchen, die sich im Auftauchen guter oder schlechter Handlungen äußern. Wenn Sie dies wissen und sich klarmachen, daß im Grunde die sechs Wurzeln (die sechs Sinnesorgane) Leerheit sind, werden Sie verstehen, daß weder ein wahrnehmbarer Gegenstand noch ein wahrnehmendes Bewußtsein existieren kann, und daß infolgedessen das wahrnehmende „Ich" und alles Dasein Ku ist, Nichts.

Das nennt man Beobachtung im visuellen Wahrnehmungsakt.

Das Hören

– Die Übung der Konzentration im auditiven Wahrnehmungsakt

Sie müssen wissen, daß kein Ton, den man wahrnimmt, eine eigene Realität besitzt, sondern vielmehr dem Widerhall des Echos gleicht.

Wenn Ihr Geist tief konzentriert ist, und dadurch jede Art von Unterscheidung ausgeschlossen bleibt, so wird dieser Ton auf Sie keinerlei verführende, bezaubernde, erzürnende oder erschreckende Wirkung haben.

Da die vollkommene Ruhe nicht berührt wird, können Sie den eigentlichen, inneren Klang dieses Tones verstehen. Das ist das konzentrierte Verhalten beim Hören.

– Die Übung der Beobachtung im auditiven Wahrnehmungsakt

Wenn Sie verstehen, daß der Ursprung des Hörens in seiner Essenz nicht verschieden ist von der Leerheit, werden Sie sich nicht an die Illusion von der Wirklichkeit vollkommener Dinge verlieren. Sie werden dadurch verstehen, daß weder ein zu Hörendes noch ein hörendes Bewußtsein existiert, denn diese sind beide gleichermaßen Ku.

Das ist die Beobachtung beim Hören.

Das Riechen

– Die Übung der Konzentration im Akt der Riechwahrnehmung

Betrachten Sie jeden Geruch als eine illusorische Emanation, die keine Wirklichkeit in sich selbst besitzt.

Durch den Geist der Konzentration wird sich Ihr unterscheidendes Bewußtsein nicht manifestieren, und es wird kein Gefühl der Anziehung oder des Widerwillens erscheinen. So sind Sie nicht abhängig von den Illusionen des Geruchssinns und können aller Dinge wahre Ausströmung wahrnehmen.

– Die Übung der Beobachtung im Akt der Riechwahrnehmung

Verstehen Sie, daß jede Geruchsempfindung aus der wechselseitigen Beeinflussung von Geruchsorgan, Geruchsobjekt und Geruchsbewußtsein entsteht. Durch die Kombination dieser Faktoren, die indessen alle drei Täuschung sind, entsteht die Geruchsempfindung, die die Vielzahl der guten oder schlechten Karmahandlungen weckt. Aber wenn man weiß, daß das Wesen des „Ichs", welches wahrnimmt, durchaus identisch ist mit der kosmischen Essenz, welche Ku ist, kann man sich auch nicht über das Wesen der wahrgenommenen Empfindung täuschen, die ebensowenig faßbar ist wie Ku selbst. Das ist die Beobachtungsmethode, die man bei der Geruchswahrnehmung anwendet.

Das Schmecken

– Die Übung der Konzentration im Akt der Geschmackswahrnehmung

Bei der Empfindung eines Geschmacks müssen Sie wissen, daß seine Wahrnehmung letztlich *fukatoku*, nicht erfaßbar ist, da nämlich die fünf Geschmäcke – süß, salzig, bitter, sauer und scharf – ebenso unwirklich sind wie ihre Empfindung, die zuwege gebracht wird von den wechselseitig voneinander abhängigen und miteinander verketteten Faktoren Wurzel (Wahrnehmungsorgan), Objekt der Wahrnehmung und Bewußtsein und deren tiefes Wesen Ku ist, Nichts.

Das Berühren

– Die Übung der Konzentration im taktilen Wahrnehmungsakt

Nehmen Sie eine Tastempfindung wahr, so ordnen Sie auch diese dem weiten Feld der Illusion zu.

Durch den Geist der Konzentration entstehen weder unterscheidende Gefühle, die Begierde oder Abneigung mit sich bringen, noch Illusionen über das Wesen des Tastempfindens. Die Berührung kann dann in seiner wahren Wirklichkeit erfahren werden. Das nennt man die Übung der Konzentration bezüglich des Tastempfindens.

– Die Übung der Beobachtung beim Tastempfinden

Verstehen Sie, daß aufgrund der Tatsache, daß Ihr Körper keine Eigensubstanz besitzt, jede Tastempfindung Täuschung ist und das Produkt der gemeinsamen Wirkung der Wurzel des Berührens (des Tastorgans), des Objekts des Berührens und des Tastbewußtseins, welche alle drei das Ergebnis des Karmas Ihrer Unwissenheit sind.

Wenn man also versteht, daß der Geist, der die Tastempfindung wahrnimmt, wie auch die Empfindung selber Ku sind, kann keine gute oder schlechte Handlung aus dieser Nicht-Unterscheidung entstehen.

Für jede dieser Anwendungen in den sechs Sinnesbereichen können Sie die drei Methoden benutzen, die ich in Bezug auf Zazen erwähnt habe.

Das Bewußtsein

Sie müssen wissen, daß im täglichen Leben die Haltung des Bewußtseins dieselbe sein muß wie beim Zazen. Der Geist muß in allen Situationen aufmerksam die rechte Konzentration und die objektive Beobachtung üben. Den Umständen entsprechend wird man die eine oder die andere Position einnehmen, oder auch beide gleichzeitig.

Da ich nun die Methoden in Bezug auf die Haltung des Bewußtseins beim Zazen und in den sechs Bereichen des Handelns erklärt habe, möge sich der Leser stets, wenn er im Leben über eine von Körper und Bewußtsein verursachte Schwierigkeit stolpert, darauf beziehen.

In seinem Kern besagt das Sutra HANNYA SHINGYO folgendes:

Praktiziert der Bodhisattva in der rechten Art, so ist er auf dem wahren Weg des Mahayana.

Er muß sich in jeder seiner Handlungen in vollkommener Weise konzentrieren und genau beobachten. Ob er ins Samadhi eintritt oder aus ihm heraus, in seinem Geist muß Einheit herrschen. So ragt er hervor als der wahre Bodhisattva des Mahayana, denn er erlangt das unendliche Verdienst, das dem Mushotoku-Geist entspringt.

Wer sich so auf dem Weg des Mahayana übt, wird zu einer unübertreffbaren Dimension von Würde und Adel gelangen.

Bonno

1. Die Beobachtung der Bonno

Erschließung des Begriffs Bonno

Der Ausdruck *bonno* (*klesa* im Sanskrit) bedeutet im weiteren Sinn Illusion. Im Chinesischen setzt er sich zusammen aus zwei Schriftzeichen: *bon* ist das, was stört und verwirrt, *no* ist das, was quält und niederdrückt. Der Ausdruck Bonno bezeichnet also alle geistigen und körperlichen Tätigkeiten, die den Geist verwirren und niederdrücken. (Wir werden sehen, daß die meisten Bonno einen mehr psychischen als physischen Ursprung haben.)

Es gibt zahlreiche Wörter zur Bezeichnung dieser Vorstellung, was nötigenfalls die Wichtigkeit beweisen könnte, die dieser menschlichen Wirklichkeit beigemessen wird – einer zutiefst menschlichen Wirklichkeit, die den Menschen sogleich in seiner ontologischen Ambivalenz begreift: als ein Wesen, das wie alle anderen vom Himmel und der Erde herstammt und sich an deren Verbindungspunkt befindet, das sich jedoch von allen anderen durch die spezifische Bewußtseinsform seiner Psyche abhebt. Diese Besonderheit ist ebenso seine Schwäche wie sein besonderes Privileg. Da beginnt seine Ambivalenz, da entsteht das Bonno, da gründet die Dualität in seinem Seinsbewußtsein, die Rivalitäten und Konflikte. Ein Wesen, das nach dem höchsten Glück strebt und die letzte Bestimmung erahnt, jedoch von seinen Leidenschaften irregeleitet und in seine Leiden hineingestürzt wird. Daher hat die Verwendung des Begriffs „Wirklichkeit" für Bonno nichts Sarkastisches an sich, denn der Begriff Bonno selbst ist durchaus ironisch; von einer Ironie, die meisterhaft ihr Spiel mit den Menschen treibt. Die folgenden Ausdrücke beschreiben dieses Gefangensein recht anschaulich – diese verzerrte Maske, hinter der der Mensch sein eigentliches Gesicht verbirgt, wobei man nicht weiß, ob er aus Schmerz oder Verzückung das Gesicht verzieht: sicher wohl beides. So bedeutet *ro asrana*, „sich den Sinnesorganen zu überlassen", *boru* ist „der schnelle Strom", *ketsu* „das, was fest verbindet", *yaku* „das, was einschränkt und Zwang auferlegt", *baku* „das, was fesselt", *gai* „die verhüllte Weisheit", *ten* „das, was umschlingt, einschließt, sich selbst verschließt", *ke* „das, was bindet", *zuimin* „sich dem Schlaf überlassen".

Der Sanskritbegriff *anusaya* (jap. *zuimin*) bezeichnet die Bereitschaft, Böses zu tun, das Andauern einer latent vorhandenen Neigung dazu. Die Elemente moralischer Unreinheit sind im Leben latent oder offen immer vorhanden. *Anusaya* bezeichnet sie in ihrer latenten, gespeicherten Form. Der Begriff *abhidharma* drückt die Vorstellung von einer ursprünglichen Illusion aus. *Vijnanavada* (*jap. yuishiki*) bezieht sich auf das Bild der gespeicherten Samen (*shuji*), die im Alaya-Bewußtsein enthalten sind, einem „Bewußtseinsreservoir" des Unbewußten, wo sich nach der Geburt die Karmasamen entwickeln. Dies sind die in den Sutras und alten buddhistischen Texten am häufigsten anzutreffenden Bezeichnungen. Dennoch ist diese Aufzählung bei weitem nicht vollständig, denn schließlich gibt es ebensoviele Worte, wie es Bonno gibt, und diese sind stets abhängig von dem, der sie ausspricht.

In den Zentempeln will es die Sitte, daß das neue Jahr durch 108 Gongschläge eingeläutet wird, wobei jeder Schlag das Abschneiden einer der 108 verschiedenen Bonnoarten bedeutet. Insgesamt unterscheidet man zehn grundlegende Bonno, die als Quelle aller Arten von Illusionen gelten, und 98 abgeleitete Bonno (*zuimin*). Letztere teilen sich in zwei Gruppen: die geistigen Bonno, von denen es 88 gibt, und die körperlichen, die aus 10 Arten bestehen.

Die beigefügte Tabelle mag dies verdeutlichen. Auf den ersten Blick ist es beeindruckend festzustellen, daß bei weitem die meisten der Bonno aus dem Intellekt entstehen, und diese sind auch komplexer als die, die aus den körperlichen Handlungen entstehen und nur die Folge einfacher Neigungen sind und direkt und unmittelbar das Ego beeinflussen. Dies gilt zwar ebenso für die Bonno, die aus geistigen Prozessen entstehen, aber diese folgen darüber hinaus einem komplexen Weg und verursachen zahlreiche Rückwirkungen. Natürlich hängt die Aktualisierung der Bonno vom Zusammenhang ab, und es ist klar, je komplexer eine Zivilisation wird, umso komplexer werden auch die Bonno, und dies vor allem die Bonno geistigen Ursprungs. Alle geistigen Bonno sind auf den Bereich der „Vier Edlen Wahrheiten" aufgeteilt. Diese Vier Edlen Wahrheiten sind ein Grundgedanke der Buddhalehre, welcher die Ursache des Leidens und die Methode der Erlösung erklärt. Dies war eine der ersten Lehren, die Buddha nach seinem Erwachen weitergab.

Die erste dieser vier Wahrheiten, *ku*, stellt die Tatsache fest, daß alle Lebewesen leiden. Die zweite, *ju*, erklärt, daß der Grund für das Leiden die Illusion und das Verlangen sind. Die dritte, *metsu*, sagt, daß das Nirvana das von jedem Leid befreite Reich ist. Die vierte, *do*, lehrt, daß das Mittel, um zum Nirvana zu gelangen, die Übung der acht rechten Wege (des „achtfachen Pfades") ist: rechtes Sehen, rechtes Denken, rechtes Sprechen, rechtes Verhalten, rechter Lebensunterhalt, rechtes Bemühen, rechte Aufmerksamkeit, rechte Konzentration (rechtes Samadhi). Die fünf ersten Wege beziehen sich auf die Welt der Illusion, die drei letzten auf die Welt des Erwachens (Satori).

Die grundlegenden Bonno (*kompon-bonno*) werden als solche im Vijnanavada (Lehre von den Bewußtseinsformen) aufgezählt: zuerst kommt die Begierde, dann die Wut, dann die Unwissenheit, die Arroganz, der Zweifel, schließlich die fünf falschen Ansichten (*dristi* oder *goken*) d. h. die Ansichten, die der Lehre Buddhas entgegenstehen.

Die Bonno des Intellekts und die pragmatischen Bonno beziehen sich auf die drei Welten, den Bereich des noch nicht erwachten Menschen: die Welt der Begierden, in der die Geschöpfe besessen sind von sexuellen Wünschen und Sehnsüchten, die Welt der Form, in der die Bewohner keine sexuellen Lüste und Begierden haben, und die Welt ohne Form, in der die Bewohner keine körperliche

ÜBERSICHT ÜBER DIE AUFTEILUNG DER BONNO

	Die 98 abgeleiteten Bonno					
	Intellektuelle (oder spekulative) Bonno			Bonno des Handelns		
Die zehn ursprünglichen Bonno	Welt der körperlichen Wünsche Ku Ju Metsu Do	Welt der Form und der Nicht-Form (physisch) Ku Ju Metsu Do	Welt der Form und der Nicht-Form (metaphysisch) Ku Ju Metsu Do	Welt der körperlichen Wünsche	Welt der Form und der Nicht-Form (biologisch)	Welt der Form und der Nicht-Form (metabiologisch)
1. Begierden, Wünsche	X X X X	X X X X	X X X X	X	X	X
2. Wut	X X X X			X		
3. Unwissenheit	X X X X	X X X X	X X X X	X	X	X
4. Stolz, Hochmut	X X X X	X X X X	X X X X	X	X	X
5. Zweifel	X X X X	X X X X	X X X X			
6. Falscher Glaube an das Ego	X	X	X			
7. Irrglaube im Festhalten an Extremen	X	X	X			
8. Falsche Ansichten	X X X X	X X X X	X X X X			
9. Festhalten am Irrglauben	X X X X	X X X X	X X X X			
10. Festhalten an der Ausübung und Befolgung von Irrglauben	X X	X X	X X			
	10 7 7 8	9 6 6 7	9 6 6 7	4	3	3
	32	28	28			
10		88			10	

Diese Übersicht beweist, daß die intellektuellen Bonno gegenüber den pragmatischen überwiegen.

Form besitzen.

Man unterscheidet gewöhnlich vier Arten von Bonno:

(1) Die tiefen und wenig einflußreichen Bonno,

(2) Die wenig tiefen und einflußreichen Bonno,

(3) Die tiefen und einflußreichen Bonno,

(4) Die wenig tiefen und wenig einflußreichen Bonno.

Die vierte Gruppe ist harmlos und verursacht im allgemeinen keine Verhaltensstörungen. Diese Art von Bonno läßt sich leicht zum Verschwinden bringen. Die erste und zweite Gruppe stellen ebenfalls keine Gefahr dar für ein ausgeglichenes Verhalten gemäß der kosmischen Ordnung.

Bei den Bonno der dritten Gruppe wird aber die Kraft der Kontrolle, der Anpassung und der Aufmerksamkeit von den dunklen Kräften des Unbewußten zersetzt, die auf selbstherrliche Weise die gesamte Persönlichkeit oder zumindest einen Teil von ihr einnehmen.

Man hat durchaus schon oft versucht, die Bonno nach einem Ordnungsschema einzuteilen. Aber allen Einteilungen ist eines gemeinsam: sie sind zwar interessant, können aber nur willkürlich sein, da schon ein einziges Bonno eine Vielzahl von Aspekten umfaßt. So kam man dazu, hauptsächlich die ursprünglichen (oder grundlegenden) Bonno von den aus ihnen abgeleiteten Bonno zu unterscheiden. Dann werden die angeborenen (oder erblichen) Bonno von den erworbenen (Ereignisse, soziales Umfeld, Erziehung usw.) unterschieden. Schließlich wollte man noch pragmatische und spekulative (intellektuelle) Bonno erkennen, die aus unserem von den eigenen Grenzen getäuschten Verstand entstehen. Natürlich greift jede dieser Klassifizierungen in die andere über, aber um nicht zu allzu komplexen und letzten Endes überflüssigen Unterteilungen zu gelangen, habe ich in der Übersichtstabelle nicht zwischen den vererbten und den erworbenen Bonno unterschieden.

Man kann aber soviel sagen, daß die fünf ersten grundlegenden Bonno und ihre Ableitungen bei der Geburt vorhandenen Anlagen des Menschen entsprechen, während die fünf letzten und deren Ableitungen erst erworben werden.

DARSTELLUNG VON ENGI IN DEN DREI WELTEN

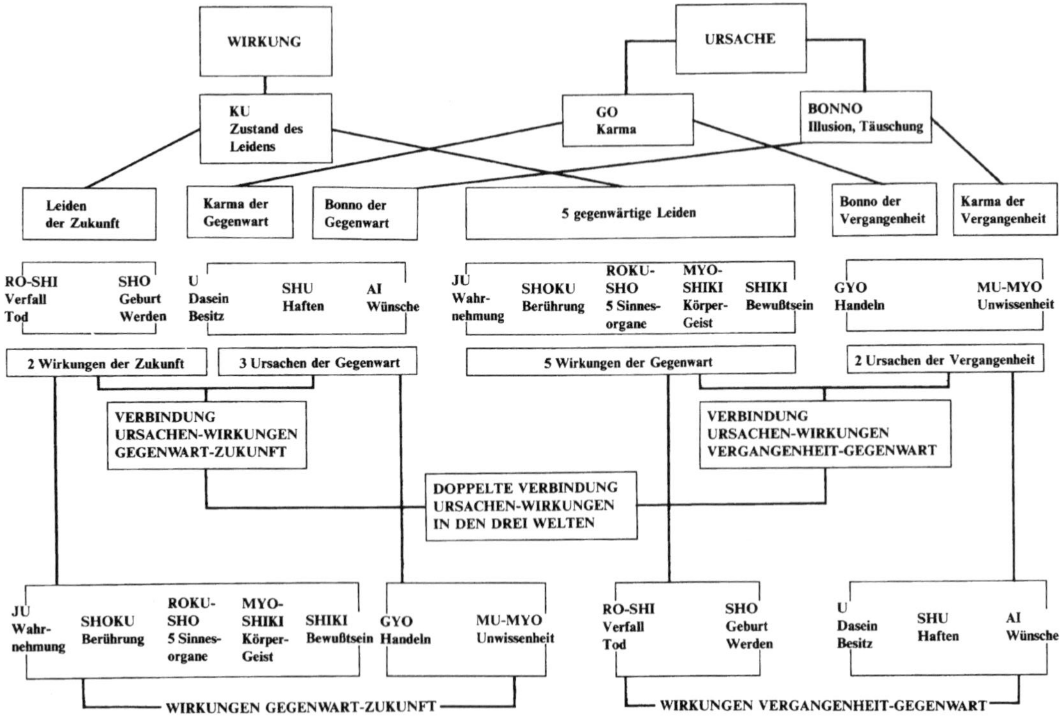

Wie dem auch sei, die Bonno sind immer Früchte des Egos und bringen Egoismus hervor, wie er schließlich in jeder Handlung unseres Lebens sichtbar wird. Daher heißt es auch, daß wir jeden Tag 84 000 Bonno produzieren, also unendlich viele, wie auch unser Handeln unendlich viele Möglichkeiten aufweist. Und das Lotussutra fügt hinzu: „Zwanzig Jahre genügen kaum, um die Exkremente der Bonno zu entfernen." Durch die transzendentale Weisheit, durch die in Samadhi befruchtete Weisheit, müssen wir die Bonno an ihrer Wurzel abschneiden. Aber wir dürfen nicht vergessen, daß die Bonno die Wurzel des Satori sind, und daß dieses umso größer wird, je mehr Platz die Bonno zuvor eingenommen haben. Je dicker das Eis der Bonno ist, desto besser stillt man seinen Durst mit dem Wasser des Satori. Allerdings muß man zuvor das Eis verflüssigen, also die Bonno zu Satori verwandeln. Wie aber soll man zuvor das Eis verflüssigen, also die Bonno zu Satori verwandeln? Wie aber soll diese Transformation, diese Sublimation vor sich gehen, die aus dem Bonnosamen einen Satorisamen macht? Denn es handelt sich tatsächlich um eine Umwandlung, eine Entwicklung, die zu einer qualitativen Veränderung führen soll und nicht zu einer Veränderung des Wesenskerns. Letztere bleibt nämlich unverändert, und das ist auch der Grund dafür, daß man ebensogut Buddha wie auch Dämon werden kann. Es geht mit anderen Worten nicht darum, Unkraut zu jäten und stattdessen gute Samen zu säen, denn letztere können, wenn sie auch potentiell gut sind, unter schlechten Bedingungen kranke Früchte hervorbringen.

Und damit sind wir auch schon beim Kernproblem angelangt, was die Erlangung von transzendentaler Weisheit betrifft: Soll man sich von den Bonno trennen, oder soll man die Weisheit entstehen lassen, ohne dies zu tun? Darum geht es bei der Beobachtung beim Zazen.

Es heißt: „Wenn man den Samadhizustand verläßt, beginnt Sanran, und sobald man Sanran verlassen hat, kann sich Samadhi verwirklichen." Letztlich überlagern und ergänzen sich diese beiden Aspekte des Geistes. Anders ausgedrückt entsteht die höchste Weisheit aus dem Samadhizustand heraus, nachdem der stete Wechsel zwischen Beobachtung und Konzentration zum Ende gekommen ist, wie wenn ein Pendel zwischen den beiden Polen hin und herschwingt, um sie mit immer kleiner werdendem Ausschlag schließlich in einem ruhenden Gleichgewicht zu verschmelzen.

Daraus ersieht man, daß wir es nicht mit Zerstörung, sondern mit Verwandlung zu tun haben. Die Beobachtung der Bonno wird beim Zazen besonders gepflegt, und sie gewinnt die zu ihrem Verständnis notwendige Objektivität. Diese wird während unseres täglichen Lebens dadurch wieder verstümmelt und deformiert, daß wir selbst zum Gegenstand dieser unserer Bonno werden und meist unfähig sind, auch nur den geringsten Abstand zu halten. Beim Zazen manifestieren sich in unserem Bewußtsein all unsere Illusionen, Lüste, Begierden, Wünsche und Leidenschaften, unser Ehrgeiz, unsere Wut, unsere Eifersucht und Eitelkeit. All das taucht aus dem Unterbewußtsein auf, ohne daß wir auch nur eine einzige dieser Illusionen verwirklichen könnten. Sie tauchen in aller Schärfe auf, ziehen vor dem unerbittlichen Auge des beobachtenden Bewußtseins vorbei und vergehen dann wie das Bild, das aus dem Spiegel verschwindet, wenn der Gegenstand davor entfernt wird. Die Kraft in diesen potentiellen Bonno kehrt dann in den „Speicher" zurück, wo die Samen in ihrem reinen, virtuellen Kraftzustand enthalten sind. Dort kann der Same, nachdem man sein wahres Wesen erkannt hat, auf fruchtbarem, durch den objektiven Blick der Beobachtung gereinigten Boden aufgehen.

Wie das Eisen, das in einem Ofen geschmolzen wird, wird nun auch das Bonno geschmeidig. Das Auge der Weisheit wird daraus eher eine Laterne formen, die es beständig vor der Dunkelheit beschützt, das Leben eher ein Schwert. Beide sind nützlich, aber man hüte sich dennoch vor dem Kriegshandwerker, denn er wird sich plötzlich mitreißen lassen, und man fürchte ihn, denn seine Leidenschaften sind nicht zu kontrollieren. Er selbst kennt die Schnelligkeit seiner Bewegungen nicht, er ist wie ein breiter Fluß, dessen Strömen man kaum erkennt. Und um sich über die Schnelligkeit des Flusses klar zu werden, genügt es schon, einen Zweig hineinzuwerfen und zu sehen, wie er davongetragen wird. In gleicher Weise müssen Sie beim Zazen während der Betrachtung Ihrer Bonno wissen: berührt man einen Löwen, der schläft, so brüllt er, daß die Erde bebt.

Die Ursachen der Erzeugung von Bonno

Hierfür muß ich zunächst die grundlegende buddhistische Regel von den zwölf *innen* (auch *innenka* oder *inga*) ins Gedächtnis rufen, also die zwölf ineinandergreifenden Elemente der wechselseitigen Abhängigkeit oder die zwölf Faktoren, deren wechselseitige Reaktionen den Lebensprozeß, das Dasein der Erscheinungswelt bestimmen.

Innenka besteht aus den Schriftzeichen *in* (Ursache) *en*, (Abhängigkeit, Hilfe, bestimmende Handlungen) und *ka* (Wirkung, Ergebnis). *Innenka* bezeichnet also die Interaktionen, die unter den jeweils gegebenen Bedingungen die Ursache mit der Wirkung verbinden. (Im Westen neigt man dazu, dieses Gesetz auf das simple Kausalprinzip zu reduzieren, man wird jedoch in dem Kapitel über das Karma sehen, daß es sich aufgrund eines wichtigen Elements, welches von dem mechanistischen Prinzip der Kausalität nicht in Betracht gezogen wird, ganz grundsätzlich davon unterscheidet, nämlich die Freiheit der Wahl und das Bestehen zahlreicher Möglichkeiten.)

Man findet auch die Bezeichnungen *engi* und *etakisho* mit ähnlicher Bedeutung: *etakisho* bedeutet die Erzeugung aufgrund der Abhängigkeit von äußeren Elementen oder Ereignisfaktoren. *Engi* ist wörtlich übersetzt „das abhängige Erscheinen“, also „die Bedingungen des Erscheinens“; es definiert unter Einbeziehung der „Drei Welten“ (Gegenwart, Vergangenheit und Zukunft) folgenden Prozeß:

– Wir besitzen Bonno,
– Diese Bonno bewirken das Entstehen von Karma,
– Das Karma bringt Leiden hervor,
– Das Leiden läßt von neuem Bonno entstehen.

Das ist der nicht endende Kreis von Bonno, Karma und Leiden.

Es ist die Grundstruktur des gewöhnlich zu beobachtenden Erscheinungslebens. Die Analyse des Gesetzes von den zwölf Innen (also den wechselseitig abhängigen und determinierenden Ursachen) liefert die Erklärung für das Auftauchen der Erscheinungswelt und deren unmittelbare Folge, die Bonno.

Dieses grundlegende Gesetz der buddhistischen Philosophie betrachtet man unter Berücksichtigung zweier einander entgegengesetzter Methoden. Die eine folgt der Evolution, der Chronologie, der Richtung aus der Vergangenheit in die Zukunft, die andere geht den Strom des Evolutionsprozesses zurück. Wir beschreiben hier nur die erste, *ru-ten* im Japanischen. Sie geht aus von *mumyo*, der Unwissenheit als der Ursache jeglicher Existenz, und endet mit *ro-shi*, dem Verfall und Tod.

(1) Mumyo, die Unwissenheit, das erste der zwölf *innen*, ist der jeder Erscheinungsform gemeinsame Faktor. Sie ist die erste und bestimmende Ursache der Erscheinung und bedingt sie. Die Erscheinungswelt existiert nur durch sie.

Der Mensch vor seiner Geburt ist Mumyo, Unwissenheit. Seine Geburt ist die Aktualisierung (oder Inkarnation) seines unwissenden Bewußtseins in der Materie, das während der Seelenwanderung im ewigen, kosmischen Bewußtsein weilte, in Vereinigung mit ihm. Mumyo ist der Hervorbringer der Handlung.

(2) Diese Unwissenheit ist die ursprüngliche Quelle der Bonno und bestimmt *gyo*, die Handlung. Das ist das zweite *innen*. Die Handlung selbst ist durch die Unwissenheit geschaffenes Karma. Auf den menschlichen Bereich übertragen wird dieser Ausgangsfaktor, die Unwissenheit, unterteilt in einerseits die Unwissenheit der Eltern als Ursache der karmischen, sexuellen Vereinigung und damit der Befruchtung und andererseits die karmische Unwissenheit im Bewußtsein des Verstorbenen, das sich inkarnieren will und auf die Vereinigung der Eltern einwirkt.

Die beiden voneinander abhängigen Ursachen führen somit zum Entstehen des Embryos, und das Bewußtsein des Verstorbenen inkarniert sich im Augenblick der Befruchtung, der Manifestation der kosmischen Kraft selbst.

So sind die drei Faktoren, die das Entstehen des Fötus bedingen, also Vater, Mutter und das Bewußtsein des Verstorbenen, alle gleichermaßen „verantwortlich", und nicht etwa nur die Eltern, wie man gewöhnlich annimmt. Das vergangene Karma des Toten will sich verwirklichen und muß die materielle Unterstützung finden, um sich zu manifestieren.

Die beiden Ursachen der Vergangenheit, *mumyo* und *gyo*, Unwissenheit und Handeln, erschaffen die Wirkungen der Welt der Gegenwart, nämlich

(3) *shiki*: das Bewußtsein,

(4) dieses Bewußtsein bestimmt *myo-shiki*, den Namen und die Form, also den Geist und den Körper oder die geistigen Funktionen und die Materie.

(5) Dann entsteht *roku-nyu*, die sechs Sinnesorgane (Augen, Ohren, Nase, Zunge, Körper und Bewußtsein). Während der neun Monate der Schwangerschaft vollzieht der Fötus alle Stadien der Evolution und Mutation der Rassen nach, von der Stufe der Einzeller zu den wirbellosen Tieren, dann zu den Wirbeltieren und Säugetieren bis hin zum unermeßlich differenzierten und komplexen Organismus des Fötus zum Zeitpunkt seiner Geburt. Nach der Geburt entwickeln sich die Anlagen des Neugeborenen im jeweiligen Bezug zu seiner Umgebung.

(6) Mit der Geburt und durch das Körper-Geist-Bewußtsein der sechs Sinnesorgane erscheint *shoku*, der Kontakt, die Fühlungnahme.

(7) Durch den Kontakt, die Berührung, entsteht *ju*, die Wahrnehmung. In diesem Stadium tauchen die Bonno der Gegenwart auf, die da sind:

(8) *Ai*, die Begierden und Wünsche, die von der Wahrnehmung hervorgerufen werden,

(9) *Shu*, das Ergreifen, die von den Wünschen bewirkte Bindung,

(10) *U*, die Bindung, das Haften, der Besitz, das „Lebenwollen", hervorgebracht vom Ergreifenwollen. Das Dasein will nichts wissen vom Nicht-Dasein, es lehnt den Tod ab. Zwei Wirkungen erscheinen nun:

(11) *Sho*, das Werden als elftes Innen, erzeugt vom Willen zum Leben, und

(12) *ro-shi*, Verfall und Tod, das zwölfte Innen, als Folge des Werdens.

Nach dem Tod erzeugt das aus Unwissen entstandene Karma des früheren Bewußtseins von neuem die Handlung, die die Bedingungen hervorbringen wird, unter denen sich der neue lebende Organismus entwickeln kann. So bildet sich der Kreis der Seelenwanderung und der Wiedergeburten.

Die zweite Methode der Betrachtung verläuft entgegengesetzt zur vorhergehenden: beginnend bei *ro-shi*, dem Tod, endet sie bei *mumyo*, der Unwissenheit und entspricht der Betrachtungsweise, die vom Satori ausgeht, *genmetsumon* genannt, „Die Pforte, die zum Auslöschen führt, indem sie zum Nichts, zu Ku zurückführt", von daher auch *kukan* genannt; die Beobachtung, die zu Ku zurückführt. Dieser Betrachtungsweise folgte auch Buddha, als er unter dem Bodhibaum Satori erlangte. Durch sie verstand er den Vorgang der Seelenwanderung.

In dem Augenblick, als er begriffen hatte, daß das Leben Leid und Unbeständigkeit ist, entschloß er sich, sein Prinzendasein aufzugeben und Mönch zu werden. Vor seinen Augen erschienen die menschlichen Bilder des Verfalls, des Leidens und des Todes. *Mujo*, die Unbeständigkeit, quälte ihn, und während der sechs Jahre seines Asketentums und der Kasteiungen, die er nach seiner Flucht aus dem Palast während seiner Lehrzeit bei den Yogis verbrachte, bemühte er sich nur darum, diese quälende Frage zu lösen. Seine Überlegungen führten ihn von *shi*, dem Tod, zu *mumyo*, der Unwissenheit, dem ursprünglichen Grund allen Leidens. Das Satori, das Buddha im tiefen Nirvana unter dem Bodhibaum erlangt hatte, gab ihm die Weisheit, welche ihn die endlose Verkettung von Leben und Tod erkennen ließ. Der Kreis beginnt bei Mumyo und endet bei Mumyo. Durch die Rückkehr zu unserem ursprünglichen, wahren und absoluten Wesen können wir uns von Mumyo, der grundlegenden Unwissenheit der manifestierten Welt lösen. Durch das Auslöschen von Mumyo enden alle Leiden und verwirklicht sich das vollkommene Nirvana.

Im Zen entspricht Mumyo der Schläfrigkeit (Konchin) und der Zerstreutheit (Sanran). Mumyo liegt dann vor, wenn man sich in einem dieser beiden Zustände befindet, das heißt, wenn unser Geist von dem universellen, kosmischen Bewußtsein getrennt ist, wenn er sich der kosmischen Ordnung gegenüber in einer dualistischen Haltung befindet. Insofern ist Mumyo das unmittelbare Ergebnis unseres individuellen, persönlichen Bewußtseins, sein exaktes Abbild und sein Gegenstück.

Meister Keizan schreibt im ZAZEN YOJINKI: „Alle Leiden, die Bonno, Illusionen und Leidenschaften entstehen aus Mumyo. Beim Zazen können wir unser Ego, das ohne bleibende Substanz ist, erleuchten. Der Egoismus ist allein das Produkt von Mumyo. Hat jemand also selbst alle Bonno abgeschnitten, aber Mumyo nicht hinter sich gelassen, kann er nicht als authentischer Buddha oder wahrer Patriarch bezeichnet werden. Um sich also von Mumyo zu lösen, ist die höchste, einzige und geheime Methode die Praxis von Zazen, der königliche Weg, der zum Auslöschen von Mumyo führt."

Es stellt sich also das Problem zu erfahren, woher Mumyo kommt, was dieses „ursprüngliche Unwissen" ausmacht. Das Sutra HANNYA SHINGYO erklärt dies mit den Worten: *mu mumyo yaku, mu mumyo jin.*

Mu mumyo bedeutet das „Nicht-Nichtwissen", *yaku* „und, aber", *mu mumyo jin* „das Auslöschen des Nicht-Nichtwissens", im Reintext: „es gibt weder Unwissenheit noch Auslöschen der Unwissenheit." Was bedeutet also diese Unwissenheit, die weder beginnt noch aufhört? Im SANDOKAI findet man dafür die Bezeichnung *reigen*, die Reinheit des ursprünglichen Geistes. Wie kann also Mumyo erscheinen, wo ja ursprünglich alles Mu-Mumyo ist, Nicht-Nichtwissen, Reinheit, Klarheit, Erwachen?

Es ist indessen allein unser dualistisches Bewußtsein, das diese Frage stellt. Sie kann daher nur in widersprüchlichen, unauflösbaren Begriffen ausgedrückt werden. So erkennt man den Teufelskreis, den die gestellte Frage und das Bewußtsein, das sie stellt, bilden. Nichtwissen und Erwachen sind nicht voneinander verschieden. Jedes ist auf verschiedenen Stufen der genaue Ausdruck zahlreicher Bewußtseinsebenen, die sich auf der Leiter von Involution und Evolution des Manifestierten staffeln, wobei sie grundsätzlich ohne Substanz sind und nur die Haltung des Bewußtseins gegenüber der letzten Wirklichkeit bezeichnen, welche sich im Hishiryobewußtsein des Zazen manifestiert.

In unserem Leben erfahren wir Mumyo, die Unwissenheit, und von ihm ausgehend bilden wir den Gegenbegriff Mu-Mumyo, die Nicht-Unwissenheit.

Die Konzentration in Ku, die letzte Wirklichkeit, enthält potentiell die Ausdehnung in Shiki. Die Ausdehnung in der Erscheinungswelt *shiki* enthält potentiell die Rückkehr zur Konzentration in Ku. Dennoch manifestiert sich das potentielle Shiki überall, wenn es auch nicht existiert. Und das potentielle Ku ist, obwohl es das Nicht-Manifestierte ist, überall in Shiki anwesend.

Unsere ursprüngliche Essenz ist Ku, die Reinheit. Sie enthält potentiell Mumyo (die Unwissenheit), das sich im Kontakt mit einem Objekt, einer Erscheinungsform ohne eigene Wirklichkeit, manifestieren kann. Dabei entsteht eine Subjekt-Objekt-Trennung, durch die wiederum die unzähligen Aspekte der Erscheinungswelt auftauchen.

Ku, das Nichts, unterscheidet sich nicht von Shiki, den Trugbildern, und Shiki nicht von Ku. Die Trugbilder sind Ku, Nichts, ebenso wie die Unwissenheit, die sie hervorbringt. Deshalb gibt es weder Unwissenheit noch Auslöschen der Unwissenheit, und das Satori existiert nur durch Mumyo und Bonno, Unwissenheit und Illusion. So sind Bonno und Mumyo die notwendige Bedingung für das Vorhandensein von Satori.

Es ist also überhaupt nicht notwendig, Mumyo auslöschen zu wollen, ist es doch ohne echte Realität, wie auch wir kein Wesen an sich besitzen.

Wir müssen uns nur auf Ku konzentrieren. Dennoch, da wir selbst Mumyo sind, Unwissenheit, ist es wichtig, Mumyo zu beobachten und zu verstehen, also uns selbst zu beobachten und uns selbst zu verstehen. Es ist aber wiederum nicht nötig, nach Ku zu suchen oder an unsere Existenz oder Nicht-Existenz zu denken. Man muß nur über den Weg des Zazen Mumyo verstehen und damit auch unser Karma, das durch die Ansammlung unserer Bonno-Samen entsteht, die in jeder unserer Nervenzellen gespeichert sind.

Aus diesen Samen setzt sich das Netz des Erinnerungs- und Gedächtnisvermögens von Bewußtsein und Unterbewußtsein zusammen. Das aktualisierte Bewußtsein, das heißt das gefilterte und partielle Gedächtnis, bildet die aktive Quelle der sensitiven, gefühlsmäßigen und intellektuellen Unterscheidung, das heißt sie ist der Ursprung der Bonno. Deshalb heißt es, daß Zazen selbst Satori ist, denn im Zustand tiefen Samadhis (= tiefer Konzentration) und absoluter Weisheit (= Beobachtung) verlöschen alle Arten von Unterscheidung und alle Bonno. Die Bonno auslöschen zu wollen bedeutet, noch ein weiteres Bonno zu schaffen (wie man im zweiten Teil dieses Kapitels sehen wird, das den Heilmethoden gewidmet ist), denn dieses Wollen allein schafft schon Haften.

Das ist ein wichtiger Punkt und in gewissem Sinne die Bruchstelle zwischen dem Mahayana-Buddhismus und den meisten traditionellen Religionen, die an diesem Willen zur Zerstörung der Bonno, des „Bösen", festhalten. Die Lösung des Mahayana für das Problem des „Bösen" (nicht im moralischen Sinn, sondern bezogen auf das Leiden) übersteigt von Anfang an alle Möglichkeiten der Erscheinungswelt und gibt dem Menschen die unmittelbare Kraft, zu seiner tiefen Wirklichkeit, seinem wahren Wesen zurückzukehren, was im Buddhismus mit „Buddhanatur" oder Ku bezeichnet wird.

2. Heilmethoden

Der Weg des Hinayana („Kleines Fahrzeug") stützt sich zu einem großen Teil auf die Unterweisung und Ausübung der Moral. Die Einhaltung der Vorschriften (Sanskr. *sila*, jap. *kai*) steht dabei an erster Stelle, und die „Vernichtung" der Bonno ist die *conditio sine qua non* der Verfolgung dieses Weges. Deshalb ist dieser Weg mehr als jeder andere voll von asketischen Übungen und Kasteiungen, die darauf abzielen, die Bonno zu zerstören. Darum auch geben sich ihm so viele Einsiedler, Eremiten und einsame Mönche hin, die weit von der schmutzigen Welt ihre Zuflucht suchen. Aber in ihrem Geist bleibt die Dualität weiterbestehen: Dualität zwischen einer sichtbaren, gesellschaftlichen, schmutzigen, perversen

Wirklichkeit, die es entschlossen zu fliehen gilt, und dem für sie damit unvereinbaren Ideal einer vollkommen reinen Welt, in der die Bonno ausgelöscht sind.

Die Dualität indessen ist die Königin der Bonno, ja ihrer aller Mutter. Wie konnte und kann ein Weg so tief im endlosen Abgrund der Unterscheidung versinken? Es ließe sich gerade noch akzeptieren, daß ein Mensch eine Zeit lang einer Askese außerhalb der Welt nachgeht, nach der er verwandelt, „regeneriert" in die Welt zurückkehrt, um nun um so besser den anderen zu Diensten zu sein. Es trifft nun aber für die, die in angenehmer Umgebung zurückgezogen für sich dahinleben, meistens das Gegenteil zu: gewisse Formen von Bonno sind zwar verschwunden – und das aus gutem Grund, da ja das direkte Objekt unterdrückt worden ist, wie etwa alle Wünsche, Begierden und Gelüste gegenüber Wesen oder Dingen, die sonst in der Welt gewöhnlich im Überfluß vorhanden sind. Aber andere Arten von Bonno sind nun aufgetaucht, unter denen – abgesehen von der ausschließlichen, entfremdenden Verhaftung in einer bestimmten Lebensform, vor deren Aufgabe man Angst hat – die Unausstehlichste die Neigung zum Stolz ist, das Gefühl, bei „etwas" angelangt zu sein, oder genauer, sich von diesem „etwas", mit dem sich gewöhnliche Menschen weiterhin herumzuschlagen haben, befreit zu haben, der Stolz darüber, im Wahren zu sein, während die anderen sich im Irrtum befinden. So wachsen die falschen Ansichten im Überfluß. Keinen Schritt hat man so auf dem WEG gemacht, vom Rückschritt abgesehen.

Buddha schädigte sich sechs Jahre lang mit asketischen, abtötenden Übungen, die ihn zu nichts anderem führten als zu einem Zustand körperlichen Verfalls fast bis zur Todesnähe und zu einem Geisteszustand, der ständig von Halluzinationen gestört war. Nachdem man ihm zu Hilfe gekommen war, ihn gepflegt hatte, und er durch eine dem Normalen näherstehende Nahrung und Lebensweise seine Kräfte wiedergewonnen hatte, erlangte er nach einigen Tagen friedlichen Sitzens in Meditation die Erweckung. Und die große Lektion, die ihm die vergangenen Erfahrungen – verglichen mit der nun erreichten Verwirklichung – erteilt hatten, war diese:

der Weg der Mitte ist der einzig richtige Weg, dem jeder Mensch um seiner Befreiung willen folgen sollte.

Dieser Weg der Mitte wurde zum Gegenstand derjenigen buddhistischen Lehre, die mit Mahayana, „Großes Fahrzeug", bezeichnet wird im Gegensatz zu der geringer geschätzten – wir werden sehen, warum – Lehre des Hinayana.

Als Beispiel und zum Vergleich möchte ich einige der Methoden, die das Hinayana als Weg zur Zerstörung der Bonno lehrt, darlegen.

(1) *Tai* oder die defensive und repressive Methode. Sie betrifft vor allem die drei grundlegenden Bonno *to* (die Begierde), *jin* (Wut) und *chi* (Unwissen). Diese unterteilen sich noch einmal in 12 Arten von Bonno, denen gegenüber eine bestimmte Haltung (Taktik) eingenommen werden muß, gleich einer Strategie, die man einem Feind gegenüber einnimmt.

(2) *Ten* oder die Methode der Veränderung, die darin besteht, sich beim Auftauchen irgendwelcher Begierden Unreinheiten oder Kadaver vorzustellen oder sie zu betrachten. Diese Beobachtung soll den geistigen Zustand des Meditierenden umwälzen.

Die Methoden des Hinayana führen oft zu Exzessen. So erzählte mir eine junge Frau, daß sie zwei junge Mönche aus Kambodscha, die an einer Fernsehsendung teilnehmen sollten, in der U-Bahn zu begleiten hatte. Der Strenge ihrer Vorschriften entsprechend hatten diese beiden Mönche gefordert, daß zwei Leibwächter sie begleiten sollten, die darauf zu achten hätten, daß kein unerwünschter Kontakt mit Personen weiblichen Geschlechts stattfände. Schließlich entschied man sich für ein Taxi. . .

(3) *Futen* oder die Methode der Nicht-Veränderung. Sie besteht in einer Ableitung der Bonno, ohne daß der Geist des Meditierenden aufgrund einer Erschütterung der Beobachtung zu einer Veränderung gezwungen wird.

(4) *Ten-futen* oder die Methode der Veränderung und Nicht-Veränderung. Sie besteht darin, die beiden vorhergehenden Methoden gemeinsam anzuwenden: Zwei Bonno tauchen auf, sexuelles Verlangen zum Beispiel und Wut. Zwei Methoden sind anwendbar. Auf diese Weise werden die beiden Bonno und die beiden Metho-

den gegeneinander ausgetauscht.
(5) *gu* oder die Methode des Ganzen: Aufgrund der Anwendung der vier vorgenannten Methoden ist sie das Endergebnis, das zum Auslöschen der Bonno führt und erlaubt, mit Hilfe der transzendentalen Weisheit in die Wahrheit einzudringen.

Wenn das Hinayana also so benannt worden ist, nämlich „Kleines Fahrzeug", so wegen der Etappen und des stufenweisen Vorgehens, das seine Lehre ausmacht und in gewisser Weise eine Art Schutzwall darstellt. Es bewahrt zwar die Menschen einerseits davor, sich in den Windungen der Leidenschaften und Illusionen zu verlieren, ist andererseits aber auch eine Barriere, die den Menschen daran hindert, direkt den Zugang zur Wahrheit zu finden. Natürlich, und dies ist der Grund, warum diese Lehre sich bewahrt und immer Anhänger gefunden hat, besitzt das Hinayana das Verdienst, den Schwachen eine Sicherheit zu bieten. Die Kraft dieser Sicherheit besteht nicht darin, daß sie ein fester, unwandelbarer Wert ist, im Gegenteil, diese Sicherheit ist nur illusorisch, da es leider notwendig ist, daß letzten Endes alle unterscheidenden Barrieren von Gut und Böse, von Rein und Unrein, von Wahr und Falsch zusammenbrechen, kurz, alle dualistischen Formen, die den Menschen bestätigen und in seiner Suche stimulieren wie man ein Pferd durch Tätscheln aufmuntert. Das ist der Seinsgrund des Hinayana. Aber jeder muß begreifen, daß sich alle Begriffe eines Tages ihres Inhalts entleeren müssen, damit die Wahrheit erscheint. Darauf zielt das Mahayana mit dem Weg der Mitte ab, der den starken Menschen sofort in das Nicht-Ganze taucht, in den Bereich jenseits des Ganzen, indem es alle Gegensätze unmittelbar vereint und alle illusorischen Begrenzungen durch fortwährend wiederholte Zusammenstöße zersprengt, wie wenn zwei Seifenblasen zusammenprallen und jegliche begrenzende Hülle aufgelöst wird.

So existieren im Mahayana die pragmatischen Methoden zur Zerstörung der Bonno nicht. Die Bonno und ihre Folge, die *kai* (Vorschriften), spielen schließlich eine sehr sekundäre Rolle angesichts dessen, was als höchste Vorschrift gilt und der Weg zur absoluten Auslöschung der Bonno ist: Zazen, in dem sich Weisheit und Samadhi vereinigen. So bleibt als einzige Methode Ku, die absolute Essenz der Wahrheit im nicht geborenen, nicht manifestierten Zustand. In der Auflösung der Bonno mit Hilfe von Ku liegt die wesentliche Philosophie des Zen und des Mahayana überhaupt begründet.

Bevor wir das Thema in all seiner Tiefe angehen, ist es gut, zunächst vor einem Fehler zu warnen, der sich beim Ausübenden des Mahayana einnisten könnte. Man könnte nämlich glauben, daß das Mahayana, jenseits aller Dualität, eine Lehre befürworte, bei der die Aufrechterhaltung der Bonno selbst den Weg ausmache. Das wäre jedoch ein grober Irrtum, der der Lehre Buddhas völlig entgegengesetzt ist und nur das Erbe der zehn grundlegenden Bonno, die jedem bei seiner Geburt zufallen, vergrößern würde. Begierden, Unwissenheit und Wut würden bleiben, was sie sind, d.h. die Illusionen *to, jin* und *chi*, und seinen illusorischen Neigungen zu folgen, ist eine gründliche Verirrung.

Wie kann man aber zum Erwachen oder Satori gelangen, ohne sich mit dem erbitterten, erzwungenen und entfremdenden Wollen verrückt zu machen, die Bonno abzuschneiden?

„Ein einziges Bonno trägt die gesamte Buddhalehre in sich", behaupten die Sutras des Mahayana. Das bedeutet nicht, daß man den Bonno frönen soll, sondern man soll sie im Gegenteil aufmerksam beobachten und Geduld üben. Dadurch wird die Unwissenheit zerstört und der Geist zu seiner wahren Freiheit geleitet.

Kommen wir aber zu dem scheinbaren Widerspruch zurück, der darin besteht, ins Nirvana einzutreten, ohne die Bonno „abschneiden" zu müssen. In gewissen Mahayana-Sutras wird in Bezug auf die Bonno von vier Arten von Menschen gesprochen:

(1) Diejenigen, die ihre Bonno nicht abschneiden und nicht ins Nirvana eintreten: das sind diejenigen, die wie die Tiere leben und nur ihre materiellen Fähigkeiten entwickeln. Sie sind in unserer gegenwärtigen Zivilisation besonders zahlreich.

(2) Diejenigen, die ihre Bonno abschneiden und ins Nirvana eintreten: sie sind selten. Zu ihnen gehören die Asketen und die Moralisten; jedoch setzt ihr Eintritt ins Nirvana die Beendigung des Unterscheidens zwischen Bonno und Moral voraus.

(3) Diejenigen, die ihre Bonno zufällig abschneiden oder nicht und

die auf zufällige Weise ins Nirvana gelangen oder nicht: das ist das Los einer ganzen Reihe derer, die Zazen üben.

Zazen selbst ist Nirvana. Je nach dem Bewußtseinszustand beim Zazen werden die Bonno ruhig oder nicht, wird das Nirvana erreicht oder nicht. Manchmal dämmert man in Sanran dahin, manchmal ist man in Konchin zerstreut, manchmal kommt man ins richtige Gleichgewicht. Allein die Tatsache jedoch zu denken, man habe das Satori erreicht, ist eine geistige Verirrung. Satori ist das Verschmelzen in der Einheit. So gibt es keinen Raum für das geringste Nachdenken darüber.

(4) Schließlich diejenigen, die die Bonno weder abschneiden noch nicht abschneiden und so weder ins Nirvana eintreten noch nicht eintreten: dies entspricht der wahren Haltung, bei der jede Form von Dualismus transzendiert wird.

Jede dieser vier Aussagen wird nun in vier weitere unterteilt, die folgendermaßen analysiert werden:

Zur ersten Aussage:

(a) Die Bonno nicht abschneiden und nicht ins Nirvana eintreten

(b) Die Bonno abschneiden, aber nicht ins Nirvana eintreten

(c) Die Bonno mal abschneiden, mal nicht, und nicht ins Nirvana eintreten

(d) Die Bonno weder abschneiden noch nicht abschneiden und nicht ins Nirvana eintreten

Kommentar:

(a) Ohne abzuschneiden und ohne einzutreten: das trifft für die meisten Menschen zu.

(b) Das ist der Fall bei denen, die nach Askese suchen und sich in der Richtung irren.

(c) Das sind diejenigen, die fortwährend Zazen üben. Sie haben zwar den Sinn von Zazen verstanden, bilden aber weiterhin ihre persönlichen Kategorien; von diesen gibt es sehr viele.

(d) Das sind die, die fortwährend Zazen üben und das wahre Mushotoku verstehen.

Zur zweiten Aussage:

(a) Die Bonno abschneiden und ins Nirvana eintreten

(b) Nicht abschneiden und ins Nirvana eintreten

(c) Abschneiden, ohne abzuschneiden, und ins Nirvana eintreten

(d) Ohne abzuschneiden noch nicht abzuschneiden ins Nirvana eintreten

Kommentar:

In jedem dieser vier Fälle erlangt man Satori und tritt ins Nirvana ein, aber jeder Fall ist verschieden.

(a) Dies ist der Fall bei den Asketen und Moralisten, die sich in der Beobachtung üben und dadurch verstehen. Ihre strenge Moral zerbricht schließlich beim Kontakt mit dem Nirvana. Das ist der Hinayana-Buddhismus.

(b) Das sind diejenigen, die Zazen üben. Sie erlangen unbewußt Satori, ohne die Bonno, die natürlicherweise vorhanden sind, abzuschneiden.

(c) Das sind diejenigen, die Satori durch die Konzentration und die Beobachtung beim Zazen erlangen. Manchmal schneiden sie die Bonno ab, manchmal nicht, und sie gehen ins Nirvana ein.

(d) Ohne abzuschneiden noch nicht abzuschneiden ins Nirwana eingehen: das sind diejenigen, die wahrhaft Satori erlangt haben, und in Harmonie sind mit der kosmischen Ordnung und Wahrheit.

Zur dritten Aussage:

(a) Die Bonno abschneiden oder nicht abschneiden und ins Nirvana eintreten oder nicht eintreten

(b) Abschneiden und ins Nirvana eintreten oder nicht eintreten

(c) Nicht abschneiden und ins Nirvana eintreten oder nicht eintreten

(d) Ohne abzuschneiden noch nicht abzuschneiden ins Nirvana eintreten oder nicht eintreten

Kommentar:

Diese vier Sätze betreffen diejenigen, die Zazen ausüben.

Zur vierten Aussage:

(a) Ohne die Bonno abzuschneiden noch nicht abzuschneiden, weder ins Nirvana eintreten noch nicht eintreten

(b) Die Bonno abschneiden und weder ins Nirvana eintreten noch nicht eintreten

(c) Nicht abschneiden und weder eintreten noch nicht eintreten

(d) Abschneiden oder nicht abschneiden und weder eintreten noch nicht eintreten

Kommentar:

Diese vier Sätze beschreiben in allen Fällen die korrekte und authentische Haltung.

Diese sechzehn Aussagen plus die vier Grundaussagen bilden die zwanzig Haltungen, die den Eintritt oder Nicht-Eintritt ins Nirvana festlegen.

Der Eintritt ins Nirvana darf nach der Mahayanalehre kein Ziel an sich sein. Das Hinayana dagegen bemüht sich um das Nirvana als letztes Ziel, als Befreiung, die in ihrem Bemühen nichtsdestoweniger individualistisch bleibt. So kann dies nur scheitern, denn die Befreiung setzt das vollkommene Loslassen seiner selbst voraus, das, was im Leben dem echten Altruismus entspricht, dem Mitgefühl ohne Grenzen; deshalb kann der ernsthaft und aufrichtig Übende sich letzten Endes nur dem Mahayana zuwenden.

So gründet das Bodhisattvaideal auf dem Gelübde, alle Wesen zur höchsten Befreiung zu führen, selbst aber erst dann Befreiung zu finden, wenn er sein Gelübde erfüllt hat. Deshalb muß man jenseits des Satori sein, will man dem Mahayana wahrhaft folgen. Das Nirvana ist der Berg, den es zu besteigen gilt, aber man muß auch den Weg zurück kennen, damit man den Sprung in den gefährlichen Strom der Gesellschaft tun kann.

Wie bei den vier ersten Aussagen, die sich auf den Eintritt oder Nichteintritt ins Nirvana beziehen, wird der Zustand jenseits des Nirvanas mit vier neuen Aussagen definiert, wobei sich jede wieder aus vier Sätzen aufbaut, die die Richtigkeit oder den Irrtum der Haltung festlegen.

(1) Die Bonno nicht abschneiden und nicht jenseits des Nirvanas sein

(2) Die Bonno abschneiden und jenseits des Nirvanas sein

(3) Die Bonno abschneiden oder nicht abschneiden und jenseits oder nicht jenseits des Nirvanas sein
(4) Die Bonno weder abschneiden noch nicht abschneiden und weder jenseits noch nicht jenseits des Nirvanas sein
Jede dieser Aussagen wird folgendermaßen analysiert:

Zur ersten Aussage:
(a) Die Bonno nicht abschneiden und nicht jenseits des Nirvanas sein
(b) Die Bonno nicht abschneiden und jenseits des Nirvanas sein
(c) Nicht abschneiden und jenseits oder nicht jenseits sein
(d) Die Bonno nicht abschneiden und weder jenseits noch nicht jenseits des Nirvanas sein
Kommentar:
(a) Dies entspricht den gewöhnlichen Menschen und auch den Asketen, die in den Bonno des Moralismus und Dogmatismus dahindämmern.
(b) Dies entspricht dem Bodhisattva, der sich mit Körper und Geist jenseits der Erscheinungsformen befindet.
(c) Das ist der Zustand des Bodhisattvas, der sich jenseits von Ku und den Erscheinungsformen befindet, aber eben als Bodhisattva in der Lage ist, sich in den Schmutz der Welt zu begeben, um den Menschen zu helfen.
(d) Das ist die echte Wahrheit, die körperlich erfahren und gelebt wird. Sie übersteigt jede Dualität zwischen der Erscheinungswelt und der Welt des Absoluten, die sich in tiefer Einheit auf derselben Ebene befinden.

Zur zweiten Aussage:
(a) Die Bonno abschneiden und jenseits des Nirvanas sein
(b) Die Bonno abschneiden und nicht jenseits des Nirvanas sein
(c) Die Bonno abschneiden und jenseits oder nicht jenseits des Nirvanas sein
(d) Die Bonno abschneiden und weder jenseits noch nicht jenseits des Nirvanas sein
Kommentar:

(a) Dies beschreibt die Asketen, die in die Gesellschaft zurückgekehrt sind, um die anderen an ihrem eigenen Gewinn teilhaben zu lassen. Damit helfen sie dem Buddha.
(b) Dies beschreibt die Asketen, die sich im vollkommenen Nirvana ausgelöscht haben. Sie haben keine Beziehung mehr zur Welt der Erscheinungen.
(c) Dies beschreibt die Asketen, die bald das Nirvana für sich allein genießen, bald dessen Wohltaten an andere verteilen.
(d) Dies ist die kosmische Wahrheit selbst.

Zur dritten Aussage:
(a) Die Bonno abschneiden oder nicht abschneiden und jenseits oder nicht jenseits des Nirvanas sein
(b) Die Bonno abschneiden oder nicht abschneiden und jenseits des Nirvanas sein
(c) Die Bonno abschneiden oder nicht abschneiden und nicht jenseits des Nirvanas sein
(d) Abschneiden oder nicht abschneiden und weder jenseits noch nicht jenseits des Nirvanas sein
Kommentar:
(a) Dies beschreibt den Bodhisattva, der durch Konzentration und Beobachtung in Ku eingetreten ist und der den leidenden Wesen dessen Wohltaten vermitteln kann.
(b) Der (durch die Praxis von Konzentration und Beobachtung) von der Erscheinungswelt befreite Bodhisattva, der in diesem Zustand der Befreiung bleibt.
(c) Der Asket, der sich durch Konzentration und Beobachtung im Nirvana auslöscht.
(d) Die höchste kosmische Wahrheit, deren Verwirklichung von der Tiefe der Konzentration und der Beobachtung von Körper und Geist abhängt.

Zur vierten Aussage:
(a) Die Bonno weder abschneiden noch nicht abschneiden und weder jenseits noch nicht jenseits des Nirvanas sein
(b) Die Bonno weder abschneiden noch nicht abschneiden und jen-

seits des Nirvanas sein
(c) Weder abschneiden noch nicht abschneiden und nicht jenseits des Nirvanas sein
(d) Weder abschneiden noch nicht abschneiden und jenseits des Nirvanas sein, ohne jenseits davon zu sein
Kommentar:
(a) Das ist die tiefe Konzentration von Körper und Geist.
(b) Das ist der Bodhisattva, der jenseits der Welt der Erscheinungen und der Welt des Absoluten den Menschen in tiefer Konzentration und mit umfassendem Mitgefühl dient.
(c) Dies beschreibt den Asketen im Zustand der Konzentration.
(d) Das ist der Zustand der Vollkommenheit des Bodhisattvas, der das Ganze in sich trägt und von der Erscheinungswelt bis hin zum absoluten Ku alle Dimensionen verkörpert.

Dieser Weg beinhaltet die Abkehr vom Verhaftetsein, die Abkehr von der Fixierung auf die eine oder andere Haltung bezüglich Verbannung oder Beibehaltung der Bonno.

Die eine Haltung, die darin besteht, sich passiv dem Ununterbrochenen Strom der Bonno zu überlassen, sie nicht zu bekämpfen, ist eine verantwortungslose Form der Unbewußtheit. Sie ist Ursprung und treibende Kraft im beständigen Kreis der Wiedergeburten.

Die entgegengesetzte Haltung jedoch, die Verbannung der Bonno, wie es im Hinayana Praxis ist, ist aufgrund der Geisteshaltung, die der Übende dabei einnimmt, ihrem Wesen nach eine Art von „Wahnsinn". Er kapselt sich ab in der Furcht, die Vorschriften zu verletzen und deshalb nicht zur Befreiung gelangen zu können. Er lebt in ständiger Furcht vor Leben und Tod zugleich. Sein Dasein gleicht dem eines Gejagten und vom Feind Verfolgten und wird sich kaum jemals jenseits der drei Welten befinden. Der wahre Bodhisattva der Mahayanalehre bindet sich nicht an die Verteufelung der Bonno. Er hat den Mut, dem Leben und dem Tod entgegenzusehen und verzichtet auf das Nirvana, um den Menschen zu helfen, zum Erwachen zu gelangen. Er selbst begibt sich mit voller Absicht in die Welt der Unreinheit, der Gefahr, doch bewußt und mit doppelter Aufmerksamkeit. Darin liegt der Schlüssel für die

Haltung des Mahayana und die Lösung für die Probleme, die die Existenz der Bonno aufgibt: der Befreiungsprozeß findet statt mittels Klarheit, Aufmerksamkeit und Wachheit. Diese Aufmerksamkeit ist der Zustand echter, richtiger Spannung, wie sie der Übende beim Zazen besitzt. Anders ausgedrückt ist es die Spannung sich selbst gegenüber, die zur wahren Rückkehr führt, eine Rückkehr, die nur dank des Denkens in der Dimension von Ku stattfindet und die in Ku endet. Ziel und Mittel vereinigen sich, da das Selbst an sich und alle Dinge Ku sind. Der Bodhisattva, der diese in Ku gelöste Nicht-Dualität versteht, sucht nicht mehr nach der Bestätigung von Ku. Für ihn sind Bonno und Satori der Ausdruck der Universalität von Ku.

Bonno und Satori sind voneinander abhängig, und diese Abhängigkeit scheint zunächst verwirrend. Solange jedoch im Geist der Gegensatz Bonno – Satori noch besteht, ist kein einziger Schritt zur Befreiung getan. Die Suche nach einem Ziel, Satori eingeschlossen, ist ein Fehler des verirrten Bewußtseins, verirrt durch den von ihm selbst geschaffenen Begriff der dualistischen Trennung. Dieser Begriff ist es, der von der Wahrheit entfernt und zur Illusion hinführt. Er ist überhaupt das größte Bonno und verkörpert die Falle, in die leicht all diejenigen fallen, die meinen, etwas bereits zu kennen, wenn sie es nur benennen. Deshalb heißt es in einem buddhistischen Spruch: „Wenn du dem Buddha begegnest, gib ihm dreißig Stockschläge." Die Wahrheit läßt sich nicht benennen. Obwohl sie vollkommenes Wissen ist, ist sie Wissen ohne Namen, das heißt ohne Dualität zwischen dem erkannten Objekt und dem erkennenden Subjekt. Das erkannte Objekt und das erkennende Subjekt sind in ein und derselben Wirklichkeit miteinander verschmolzen, das eine im anderen integriert und so ohne jegliche Trennung.

Diese Bewußtseinsverfassung kann man nur jenseits des unterscheidenden Bewußtseins erreichen. Sie ermöglicht eine nichtdualistische Wahrnehmung der Welt, und sie ist die Grundhaltung eines Bodhisattvas gemäß der Mahayana-Lehre.

Der Bodhisattva betrachtet die Bonno ohne Unterscheidung gleichzeitig als Krankheit und als Medikament. Es geht nicht darum, sie zu bannen oder zuzulassen. Der freie Mensch findet ohne Hindernis jenseits von Leben und Tod, jenseits von positiv und negativ die Öffnung nach draußen, wobei diese Öffnung die Gegensätze transzendiert. Er verkörpert selbst diese Öffnung. Die Umwandlung der Bonno geschieht dann von alleine, ganz natürlich, nach dem Gesetz der Wechselbeziehung zwischen Ursprung und Ziel, wobei Ursprung und Ziel gleichen Wesens sind.

So wird das Bonno nicht mehr als das schädliche Böse an sich aufgefaßt, es ist nicht mehr nur das Üble, das es zu verbannen gilt. Es wird vielmehr auch als die Quelle eines notwendigen und nützlichen Guten aufgefaßt, ganz wie die Wurzeln für die Zweige nötig sind. Innerhalb eines weiten Blickfeldes erlischt der Dualismus von selbst. Die wahre Haltung gegenüber den Bonno besteht also weder darin, sich ihnen hinzugeben, noch sie zu bekämpfen.

Wenn man jedoch ohne egoistisches Streben, *mushotoku*, konzentriert bleibt und auf die Wirkungskraft der Bonno achtet, eine Kraft, die ursprünglich, grundsätzlich und wesentlich einheitlich und ohne Farbe ist, eine nur potentielle, allem immanente Kraft, so manifestiert sich das Bonno nicht als Bonno (denn das Bonno ist Bonno im negativen Sinn nur für ein begriffliches und unterscheidendes Denken), sondern es kommt einfach durch eine Handlung zum Ausdruck, die die notwendige, sich selbst genügende Manifestation des Potentiellen ist. Sie ist notwendig, weil sie dem Manifestationsfeld des kosmischen Potentials angehört, welches in sich selbst eine eigene Seinsnotwendigkeit besitzt, und sie genügt sich selbst eben aus diesem Grund. Mit anderen Worten: da Bonno nicht verschieden ist von Ku, hat der Begriff nicht die Bedeutung, die man ihm gewöhnlich aufgrund eines dualistischen Denkens gibt. Der Mushotoku-Geist, der nicht nach Gewinn sucht und sich nichts aus Verlust macht, erfaßt die Tatsachen des Lebens nicht mehr durch die jeweiligen Verzerrungen des Egos. Er abstrahiert von den zahlreichen Faktoren, aus denen die subjektive Interpretation besteht und erkennt die Wirklichkeit so, wie sie ist, ohne sie in irgendeiner Weise zu verändern.

So besteht im Mahayana der Weg zur Heilung von den Bonno allein in der Öffnung des Bewußtseinsfeldes und die dadurch geschaffene rechte geistige Verfassung für das rechte Üben. Der Begriff Bonno als Gegensatz zu Satori ist selbst schon ein Produkt des unterscheidenden Denkens und als solches unverbesserlich und unteilbar. Deshalb sind auch viele Übende auf ihrer Suche gescheitert, weil sie sich auf eine strenge, von außen auferlegte und durch begriffliches und dualistisches Denken verdorbene Moral stützten. Sie schließen sich auf diese Weise in einen Teufelskreis, in dem eine Unterscheidung die andere hervorbringt und wo trotz der täuschenden Anzeichen eines Auslöschens das Bonno nur eine Formveränderung erfährt. Im Mahayana jedoch geht es im Gegensatz dazu von Anfang an um eine echte Veränderung, genauer, das Bonno wird zum ursprünglichen Wesen aller Dinge zurückgeführt, dem schöpferischen Antrieb der kosmischen Kraft. Diese „Angleichung" kann nur mit Hilfe des Mushotoku-Bewußtseins geschehen, das von Natur aus in Harmonie ist mit der kosmischen Ordnung. Dieser Bewußtseinszustand nun, der den egozentrischen Dualismus übersteigt, bringt die Ausführung individueller Handlungen in Gleichklang mit dem kosmischen Rhythmus. Durch diese Haltung (die Erkenntnis der Relativität aller Dinge) wird es schließlich möglich, die Bonno vorüberziehen zu lassen, sie auftauchen und von alleine verschwinden zu lassen, ohne ihren Lauf weder positiv noch negativ zu beeinflussen. Obwohl sie uns berühren, dringen die Erscheinungen nicht störend in die Tiefenschichten unseres Geistes mehr ein und werden zur dynamischen Lebensader unseres Seins. Deshalb heißt es: „Bonno soku bodai", die Bonno selbst sind das Satori, gleich wie die Lotosblüte ihre Wurzel im Schlamm der Sümpfe hat. Das Satori verwirklicht sich unbewußt in uns durch die natürliche Umwandlung der Bonno, und als Folge erwacht beim Anblick derer, die leiden, der Geist des Mitgefühls.

Vier Methoden der Erziehung

Der Bodhisattva des Mahayana verfügt über diverse Methoden, die leidenden, in Illusionen und Leidenschaften verstrickten Menschen zu leiten und zu erziehen. Unter den häufigsten sind auch vier, die vom Buddha selbst gelehrt wurden. Es sind dies die vier *siddhantas*, die in den Sutras folgendermaßen beschrieben werden:

Die erste, die gesellschaftliche Methode, bestand darin, sehr viel Takt und Diplomatie anzuwenden bei denen, die nicht vorbereitet waren, der Buddhalehre zu folgen, ganz gemäß der Haltung Buddhas diesen Menschen gegenüber. Da er um den Überdruß wußte, auf den diejenigen stoßen, die sich zwingen, dem WEG zu folgen, die ihn mit Willensanstrengung ausüben, dann jedoch ermüden und ihn aufgeben, munterte er sie im Gegenteil dazu auf, ihren Neigungen nachzugehen und zeigte ihnen den Weg, der zum weltlichen Genuß führt. Er ging sogar soweit, ihnen davon abzuraten, den WEG zu praktizieren, indem er ihnen die Schwierigkeiten schilderte, denen sie begegnen würden. Dies wirkte sich auf Dauer so aus, daß die Neugier der Leute geweckt wurde und sie sich nach und nach zu seiner Lehre bekehrten.

Bei der zweiten Methode geht man auf die Wesensmerkmale eines jeden einzelnen ein und nutzt eine günstige Gelegenheit, die Lehre zu vermitteln. Durch die Persönlichkeit des einzelnen, seine Physiognomie, sein Verhalten, seine Ausdrucksweise, gelangt man zum Verständnis des individuellen Karmas und kann so jeden, sobald der geeignete Moment gekommen ist, auf die ihm gemäße Art und Weise unterweisen, um ihn zur Erweckung des wahren Glaubens an die Lebenskraft des Geistes zu führen.

Die dritte Methode ist die Zazen-Praxis: auf dieser Stufe beginnt die wahre Unterweisung. Durch Zazen kann man einen Geschmack vom wahren Glück bekommen. Erreicht man das wahre spirituelle Glück im Dharma, so verringern sich die Bonno und auch das schlechte Karma, die Quelle allen Leidens. Dieses Glück färbt ab in jeder Handlung des Lebens, verfeinert und reinigt die Begierden und verwandelt das Karma ohne willentliche Anstrengung.

Die vierte Methode ist die höchste, sie ist das Satori selbst und ähnelt dem Shiho (der Bestätigung) im Soto-Zen. Wenn der Schüler bereit und der geeignete Augenblick gekommen ist, benützt der Meister ein geschicktes und passendes Mittel, um seinen Schüler schnell zur echten Wahrheit zu führen und zur wahren Freiheit des Satori erwachen zu lassen.

Die Sutras erklären, daß derjenige, der nicht wenigstens eine dieser vier Lehrmethoden annimmt, der Verwirrung anheimfällt, in den unentwirrbaren Windungen von Begierde und Liebe herumirrt und, da er wiederum andere stört und verwirrt, in die Hölle (*nakara*) geworfen wird. Das Ideal des freien, nicht einzugrenzenden Menschen ist so auf immer verloren.

Weiter heißt es in den Sutras: „Die Dunkelheit kann den Schatten der Bäume im Dunkel der Nacht nicht sehen. Das himmlische Auge jedoch kann es.“ Das Licht lebt in der Finsternis, aber das menschliche Auge sieht bei den tausenden von Hindernissen, die es zwischen sich und die Weisheit stellt, nur die Finsternis. Wie die Kerze, die man anzündet, verjagt das himmlische Auge die Dunkelheit.

Dies ist auch der Inhalt eines Verses des SANDOKAI:

Das Licht ist in der Dunkelheit.
Schaut nicht mit finsterem Blick.
Die Dunkelheit ist im Licht,
Schaut nicht mit leuchtendem Blick.

Und der folgende Vers lautet:

Licht und Dunkel
stehen einander gegenüber,
Doch das eine
Hängt ab vom andern
Wie der Schritt des rechten Beines
Von dem des linken.

Alle Wesen, alle Erscheinungen und alle Täuschung geht zurück auf Ku. In Wirklichkeit gibt es weder Täuschung noch Nicht-Täuschung, weder richtig noch falsch, weder Dunkel noch Licht. Das Licht ist die Vollkommenheit des Dunkels, und das vollkommen Dunkle wird zum Licht. Das Dunkel, welches das Licht enthält, ist nicht dunkel, denn im Grunde ist alles Licht, alles ist

Buddhanatur, alles ist Strahlung des kosmischen Bewußtseins. Obwohl der Ursprung des Geistes Licht ist, läßt ihn der finstere Blick dunkel erscheinen und bemerkt nicht das Licht, das dem Dunkel innewohnt. Da darüber hinaus das Licht die Welt der Unterscheidungen ist (die sichtbare Welt, in der die Erscheinungen wahrnehmbar sind) und die Dunkelheit das Reich der Gleichheit (die Welt, in der die Erscheinungen nicht mehr genau wahrzunehmen sind), kann man also sagen, daß das Licht nicht das Licht ist und das Dunkel nicht das Dunkel, oder auch daß das Licht zum Dunkel wird und das Dunkel zum Licht. Anders ausgedrückt ist das Licht der Erscheinungswelt das Dunkel des himmlischen Auges, und die Dunkelheit der Erscheinungen ist die Quelle des allem zu Grunde liegenden Lichts.

Ebenso ist es mit den Bonno. Es ist weder anzuraten, sie zu verjagen noch sie zu hegen, denn obwohl die Täuschungen der Dunkelheit auftauchen, sobald das Licht unserer Weisheit erlischt, bleibt doch die Tatsache, daß das wahre Licht der Weisheit des Mittleren Weges ewig im Inneren unseres tiefen und unveränderbaren Wesens leuchtet. Der Schlamm kann den Glanz des Diamanten nicht trüben, nur verbergen.

Wenn wir zutiefst verstehen, daß die Dunkelheit der Bonno identisch ist mit dem Licht der großen Weisheit, kann der wahre Satori-Geist sich in uns verwirklichen und damit den Schleier der Illusion zerstören. Zusammen mit dem Satori-Geist erscheint das echte Mitgefühl, das uns tief mit dem Nächsten verbindet, uns in seinen Geist eindringen läßt, uns er selbst werden läßt. Eine solche, natürlich gelebte, echte Nächstenliebe, ohne Vorurteile, ohne Hintergedanken und ohne den geringsten Gedanken an eine Belohnung, im Mushotoku-Geist, läßt uns für uns selbst, für unser Ego, unsere Bonno und unser Karma sterben und gibt dem Geist seine Freiheit, eine Freiheit, die den dahinziehenden Wolken in der Unendlichkeit des Himmels gleicht.

Die Krankheiten

Die westliche Medizin definiert Krankheit als eine Veränderung der physiologischen (funktionell oder organisch) oder psychischen Verfassung des Körpers sowie der geistigen Fähigkeiten und des Verhaltens. Diese Veränderung wird meist von einem Gefühl des Leidens begleitet, auf das die überspezialisierte westliche Medizin mit ebenso spezialisierten Therapiemaßnahmen antwortet, die den Kranken auf der Ebene der unmittelbar zu beobachtenden Symptome heilen und erleichtern sollen, leider jedoch ohne sich um die tieferen Gründe und den weit zurückliegenden Ursprung der Krankheit noch um die Begleiterscheinungen der betreffenden Therapie zu kümmern.

In früheren Zeiten war die westliche Medizin der therapeutischen Wahrheit näher; sie betrachtete die Krankheit aus globaler und komplexer Sicht und war ebenso um die Heilung des Geistes als auch um die Heilung des Körpers bemüht. Bedauerlicherweise hat sie sich übermäßig spezialisiert und jedes Gefühl für Synthese verloren, während sich in gleichem Maße das analytische kartesianische Denken entwickelt hat und sich spezialisierte, lediglich auf bestimmte, recht begrenzte Ziele gerichtete Methoden durchgesetzt haben. So hat sich die westliche Medizin, indem sie zu einer positivistischen und rein rationalen, abstrakten Wissenschaft wurde, von der ärztlichen Wirklichkeit entfernt.

Ganz anders ist es mit der Medizin des Ostens. Die Krankheit wird hier stets im Zusammenhang mit der Ganzheit des Lebewesens gesehen und dieses als das Ergebnis einer beträchtlichen Vielzahl untereinander abhängiger und sich gegenseitig ergänzender Gegebenheiten. So wird nicht nur die physische und psychische Verfassung des Patienten in Betracht gezogen, sondern auch alle äußerlich und innerlich wahrnehmbaren und nicht wahrnehmbaren Einflüsse, also die Kraftfelder seiner Umgebung, die Erbfaktoren, seine moralischen Vorstellungen, seine Stimmungen, sein Temperament und auch die dunklen Kräfte seines manifesten wie latenten Karmas (die ruhende Gesamtheit seiner vergangenen Handlungen, die von seinem persönlichen genetischen Erbe und seinen derzeitigen Eigenschaften als individualisiertes Wesen bestimmt ist). Die Medizin bildet im Osten einen wesentlichen Bestandteil des Gesamtwissens und steht in enger Beziehung zu den anderen Natur- und Geisteswissenschaften. Für einen östlichen Geist kann das auch gar nicht anders sein, denn er sieht in der Krankheit das Ergebnis verschiedener Faktoren, die ebenso dem physiologischen wie auch dem geistigen Bereich zugehören und deren Diagnose oft philosophischer Annäherung bedarf. Einem auf Synthese ausgerichteten intuitiven Denken, das von einer einheitlichen und unendlichen Schau des Universums ausgeht, entspricht notwendigerweise eine ebensolche Annäherung an die Erscheinungen. Analog verfährt das analytische westliche Denken methodisch, positivistisch und dualistisch.

Die Krankheiten nehmen im Rahmen dieses Werkes eine wichtige Stellung ein. Dies ist verständlich, denn der pathologische Zustand ist in der Tat nicht nur die Manifestation einer organischen oder funktionellen Unordnung in einem bestimmten Teil des Körpers infolge einer von außen kommenden toxischen Substanz, sondern er ist exakter Ausdruck und karmische Kehrseite der Bonno – der Leidenschaften, Wünsche und Begierden. Die Vernachlässigung der rechten Konzentration und Beobachtung – Ausdruck der Unwissenheit des in Bruch mit der kosmischen Harmonie und der einheitlichen Ordnung des Universums lebenden Egos – führt, wenn auch nicht zu Krankheit im eigentlichen Sinn, so doch zu Störungen und Leiden. Die Vier Edlen Wahrheiten Buddhas lehren nichts anderes als eben dieses Leiden, dessen Ursprung das Ego ist, das heißt die Unwissenheit als Schöpferin der

Unordnung und der körperlichen sowie geistig-seelischen Störungen. Die „Therapie“, die er zur Auslöschung allen Leidens lehrte, verdrängt von vornherein alle anderen Medizinen und Therapien in dem Maß, als sie die sofortige Heilung von Körper und Geist durch das Eintauchen beider in das Samadhi, den reinen Urzustand, herbeiführt.

Man muß zeitlich nicht weit zurückgehen, um in Bezug auf Krankheit auf den Begriff „Dämon“ zu stoßen, und man findet die selbe Bezeichnung, wenn es sich um Wünsche und Leidenschaften handelt. Daraus erkennt man die enge Verbindung, die die Weisen der Vergangenheit zwischen Bewußtseinsverfassung und Gesundheitszustand herstellten!

„Krank sein bedeutet, dem *takuhachi* (= Rundgang der Mönche, um Essensspenden aus der Bevölkerung einzusammeln) fernbleiben zu müssen.“

„Krank sein bedeutet, zum Bettler zu werden.“

„Krank sein bedeutet, nicht mit der Sangha der Mönche Zazen üben noch mit ihnen essen zu können.“

So drücken die buddhistischen Sutras ihre Sicht vom Kranksein aus. Stets sprechen sie von ihm als etwas, das im Gegensatz steht zu der Fähigkeit, eine gewöhnliche Alltagshandlung auszuführen. Krankheit wird also in den asiatischen Ländern immer als Verlust an Energie, Mangel an Gleichgewicht oder schlechte Aufteilung der Energie betrachtet. Das ist die Bedeutung der Schriftzeichen *byo* (krank) und *ki* (die Kraft des Universums, die Vitalität, aber auch Geist oder Wille). *Byoki* bedeutet also wörtlich: kranker Geist und Wille, gestörte Verbindung zum kosmischen Kraftpotential.

Gesundheit setzt das normale Funktionieren der Vitalkräfte voraus. Ein Organismus ist dann krank, wenn seine Vitalität geschwächt ist. Was aber sind diese Lebensfunktionen? Es sind die im Organismus bewirkten Umwandlungsprozesse der äußeren Elemente wie Wasser, Erde, Luft und Strahlungen, die ihm die zu seinem Bestehen nötige Kraft verleihen. Wenn die Vitalkraft abnimmt, wird der Organismus geschwächt, und unser Homöostasievermögen verringert sich: die im Körper fließende Energie (was darunter genau zu verstehen ist, erkläre ich im folgenden) kommt aus dem Gleichgewicht, und die Krankheit findet nun einen günstigen Nährboden!

In einem Sutra heißt es: „Krank sein bedeutet, einen oder mehrere Aspekte der 404 Krankheiten zu besitzen." Diese 404 Krankheiten teilen sich in vier Gruppen, nämlich

- die 101 Krankheiten der Luft,
- die 101 Krankheiten des Feuers,
- die 101 Krankheiten des Wassers, und
- die 101 Krankheiten der Erde.

Diese Theorie bildet die Basis für die gesamte östliche Medizin, deren Therapieformen die Aufrechterhaltung oder Wiederherstellung des funktionellen Gleichgewichts unter den vier Grundelementen zum Ziel hat.

Es ist unmöglich, in diesem Kapitel das weite Gebiet östlicher Therapiemethoden ausführlich zu behandeln, dafür sind spezialisierte Werke vorhanden. Die wichtigen und zum Verständnis des Textes notwendigen Punkte werden hier zwar der Reihe nach beschrieben, aber hauptsächlich ist dieses Kapitel dem Studium der Diagnose- und Behandlungsmethoden gewidmet, die im Zen üblich sind, sei es mit Hilfe von Zazen oder anderer, klassischer Methoden. Im letzten Teil des Kapitels schließlich wird, ausgehend vom Standpunkt der Buddhalehre und in tiefer Verbindung mit dem Karma stehend, eine philosophische Annäherung an die jeweilige Krankheit versucht.

1. Die Beobachtung

Die Symptome

Wenn es darum ging, Krankheiten aufzuspüren, so hat sich die östliche Medizin anfangs auf eine sehr einfache Wissenschaft gestützt, die darin besteht, die Vorboten einer Krankheit durch die Betrachtung des Äußeren oder durch Anhören der Stimme zu erkennen. Einer gründlicheren Diagnose dient sodann die differenzierte Beobachtung des Pulses. Er kann genauere Auskunft über den Ursprung und die Art der Krankheit geben. Ich selbst kann Ihren Gesundheitszustand am Klang Ihrer Stimme beim Sprechen oder beim Rezitieren des HANNYA SHINGYO feststellen. Am Klang Ihrer Stimme kann ich mir ein Bild vom Karma, den Wesenszügen und den körperlichen sowie geistigen Krankheiten einer jeden Person machen. Die westliche Medizin hat diese einfachen Methoden vergessen. Jeder symptomatische Zustand ist bei dieser Art von Medizin meist erst dann erkennbar, wenn die Entwicklung der Krankheit schon recht fortgeschritten ist und eine beträchtliche Veränderung des Körpers stattgefunden hat.

Hier einige einfache Beispiele der östlichen Methoden:

Nehmen wir die Gesichtsfarbe: ist sie trüb, blaß, erloschen und sind die Extremitäten (Füße oder Hände) trocken, so kann man auf eine Erkrankung der Leber schließen. Ist sie grünlich, so weist das auf ein Herzleiden hin. Ist sie einmal zu dunkel, einmal zu hell, so kann man darin Symptome einer Lungenschwäche erkennen. Ist die Haut nicht elastisch genug, so deutet das auf eine Schwäche der Nieren. Die Krankheiten können so am Aussehen oder beim Berühren irgendeines Körperteils erkannt werden. Ist die Augapfelhaut zum Beispiel rot oder gelb, so weist das auf eine Erkrankung der Leber hin. Ebenso handelt es sich um ein Leberleiden, wenn weiße Flecken im Auge zu sehen sind und der Puls zu langsam geht.

Sind die ersten Symptome einmal erkannt, lassen sich die Krankheiten leicht heilen. Im Zen gibt es dafür bestimmte Techniken, die lange Zeit geheimgehalten wurden, da sie gefährlich sein können, wenn sie nicht richtig angewendet werden (siehe den zweiten Teil dieses Kapitels über die Heilmethoden).

Krankheiten entstehen immer durch einen Mangel an Gleichgewicht im Energieaustausch der verschiedenen Teile des Organismus untereinander. Dies bringt eine Verkettung zahlreicher Folgereaktionen mit sich. Ein Beispiel: die Darmfunktion ist schwach (Schwäche des Energieaustauschs), indirekt werden die Nieren davon betroffen und bringen Blasenstörungen und Herzkomplikationen mit sich. Das schlechte Funktionieren des Herzens wiederum hat einen negativen Einfluß auf die Unterleibsorgane, den Darm und die Geschlechtsorgane. Wie bei allem im Universum, bestehen eben auch unter den Organen tiefgreifende Wechselbeziehungen.

Erschließung des Begriffs Ki

Was in der Philosophie und der Medizin des Ostens den Strukturen ihren Zusammenhalt und ihre Organik verleiht und die Verbindungslinien zwischen ihnen herstellt, ist die kosmische Kraft und Lebensenergie, die im Japanischen mit *ki* bezeichnet wird.

Die Chinesen hatten lange vor den Erkenntnissen der modernen Physik erkannt, daß Materie und Energie ein und dasselbe sind und daß sie aus Ki bestehen, der allem innewohnenden Kraft des Universums. Diese Kraft wirkt passiv (*yin*) oder aktiv (*yang*). Dieses Gesetz sah man schon früh als ein universelles Prinzip, und man betrachtet Mikrokosmos und Makrokosmos als von ihm durchdrungen. Yin und Yang, verharrende und aktive Kraft, bringgen einander wechselseitig hervor, ganz dem universellen, sie tiefgründig miteinander verbindenden und wechselseitig einander bedingenden Prinzip folgend. Aus diesem wechselseitigen Hervorbringen entstand das Wissen um jene Dynamik, die Ki eigen ist. Aus der Komplementarität wiederum folgt das Wissen um die Relativität: ein Pol existiert nur in Abhängigkeit – relativ – zu einem anderen Pol, ebenso wie der Tag nur in Abhängigkeit zur Nacht besteht. So ist dieses Ki seinem Wesen entsprechend das Unfaßbare, Unsichtbare, nicht Spürbare. Es läßt sich allein durch die Wahrnehmung der Verwandlungen innerhalb der sich unserem Bewußtsein darstellenden Erscheinungswelt erfassen.

Diese raumzeitliche, relative Erscheinungswelt, an der wir als lebende Struktur teilnehmen (d.h. reich an energetischem Austausch), verdankt seine Existenz und Einheitlichkeit also ausschließlich dem ihm innewohnenden Ki, welches Systeme wechselseitiger Beziehungen hervorbringt, sie aufrechterhält, zur Entwicklung bringt und wieder auflöst. Die Erscheinungswelt selbst ist nur die momentane Wandlungsform dieses essentiellen, ewigen Ki, das sich in der unendlichen Vielzahl der Veränderungen auf der Ebene des Energieaustauschs kondensiert oder verstreut.

Die Pulsdiagnose

Eine andere in der östlichen Medizin sehr verbreitete Methode zum Erkennen von Krankheiten besteht im Befühlen des Pulses. Im Westen wendet man diese Methode auch an, doch geht man hier viel weniger weit als im Osten und gibt sich zufrieden mit dem Zählen der vom Herzen an die Pulsader weitergeleiteten Schäge, um so den Rhythmus der Herzmuskelkontraktionen festzustellen. Im Gegensatz dazu liest man in der östlichen Medizin aus zwölf verschiedenen Pulsqualitäten zahlreiche Hinweise auf jede der zwölf Funktionen des Organismus (die sechs Organe und sechs Eingeweide betreffend) ab. Man hat an der Arterie beider Handgelenke, wo der Puls am spürbarsten ist, drei Punkte festgelegt, die in der chinesischen Medizin der Dreiheit Erde–Mensch–Himmel entsprechen, eine Dreiteilung, die man auf allen Ebenen im Mikro- und Makrokosmos antrifft und die Auskunft gibt über das Verhältnis von Yin und Yang und über deren Synthese. Auf unterster Ebene entsprechen sich Erde und Beine, auf der mittleren Mensch und Unterleib/Oberschenkel, auf der oberen Himmel und Brustkorb/ Kopf.

Anschließend hat man jedem Puls eines der fünf Elemente zugeteilt. Das Feuer wurde sowohl dem linken als auch dem rechten Puls zugeordnet; so entsprechen dem linken die drei Elemente Wasser, Holz und Feuer, dem rechten Feuer, Erde und Metall. Darüber hinaus wurde für jeden der sechs Pulse ein innerer (tief gelegener, dem Inhalt und Blut entsprechender) und ein äußerer (oberflächiger, dem Behälter und Gefäßwänden entsprechender) Puls unterschieden. So entsprechen den sechs Stellen zwölf Pulse, wobei jeder mit einer der zwölf Körperfunktionen in Zusammenhang steht. Die Methode des Abtastens ist gleichzeitig einfach und sehr komplex, denn sie verlangt eine genaue Kenntnis der Rhythmen von Tag und Jahreszeiten, der Energieabläufe verschiedener Organe und Elemente und ihrer Beziehungen untereinander.

Der Puls wird mit drei Fingern gleichzeitig befühlt: Zeigefinger, Mittelfinger und Ringfinger. Durch dieses Betasten kann man den Ursprung des gestörten energetischen Gleichgewichts erkennen und der Krankheit, schon bevor sie sich manifestiert hat, mit Hilfe einer entsprechenden Behandlung Einhalt gebieten. So wird der potentiell Kranke im Osten bereits vor Ausbruch seiner Krankheit geheilt.

Innere, beim Zazen spürbare Symptome

Durch die Beobachtung beim Zazen lassen sich die Krankheiten unserer Organe leicht feststellen, denn Zazen verstärkt unsere Sensibilität. Es genügen, um eine sichere Diagnose aufzustellen, einige einfache Tatsachen, wie zum Beispiel die Objekte der Sinnesorgane. Die Farben etwa haben alle eine Bedeutung, und gemäß dem reichen Analogiesystem des Ostens hängt jede mit einem bestimmten Organ zusammen. Wenn Sie beim Zazen die Augen schließen und dann eine blaugrüne Farbe vorherrscht, so deutet das auf eine Erkrankung der Leber. Wenn rot dominiert, Ihre geistigen Bilder ebenso von rot bestimmt sind und Sie Angst empfinden, so sind das eindeutige Anzeichen einer Herzerkrankung. Gelb hängt mit der Milz zusammen, Schwarz mit den Nieren, Weiß mit der Lunge.

Es kann auch vorkommen, daß Sie eine Folge von verschiedenen Farben sehen, was von der wechselseitigen Funktionsabhängigkeit der Organe zeugt. Die vorherrschende Farbe bezeichnet dabei das ursprünglich kranke Organ. Wenn zum Beispiel ganz zu Anfang rot erscheint und dann von blaugrün abgelöst wird, so bedeutet das, daß die kranke Leber das Herz beeinflußt. Ist die Reihenfolge umgekehrt, so ist es das kranke Herz, das auf die Leber wirkt.

Ebenso verhält es sich auch mit den Objekten der anderen Sinnesorgane: die Töne, die Gerüche, die Geschmacksarten und die körperlichen Empfindungen. Ein saurer Geschmack zum Beispiel weist auf einen schlechten Zustand der Leber hin, ein bitterer taucht auf mit einer Funktionsschwächung des Herzens.

Darüber hinaus weckt Zazen die Sensibilität in der Wahrnehmung von Schmerzen. So kann man beim Empfinden eines schmerzhaften (Akupunktur-)Punktes, der im normalen Leben nicht zu spüren ist, wissen, daß ein bestimmtes Organ durch ein Zuviel oder Zuwenig an Energie geschwächt ist.

Die fünf Elemente oder „Anhäufungen“ (*go-un*), aus denen die Erscheinungswelt besteht

Es sind dies *shiki, ju, so , gyo, shiki.*

Sie sind der augenblickliche, in ständiger Evolution befindliche Ausdruck von Ku, dem ewigen Potential. In Ku befinden sie sich in ihrer Möglichkeitsform und unterscheiden sich darin nicht von Ku selbst, welches die grundlegende, universelle kosmische Kraft darstellt. Beim Entstehen der Erscheinungswelt differenzieren sie sich und bilden die fünf „Wurzeln“ oder „Ursprünge“. Ku bleibt dabei immanent, eine feste, unwandelbare, einheitliche Kraft. Aufgrund seiner potentiellen Natur ist es die Energiequelle, welche Bewegung, Wechsel und Differenzierung, all diese Attribute der Erscheinungswelt, leitet. Das Ineinanderverschmelzen ist vollkommen. Potentielles und Manifestiertes bilden ein und dieselbe Realität. So sind die fünf „Anhäufungen“ selbst Ku (*go un kai ku*) und dieses deren höchster und einheitlichster Ausdruck.

Shiki ist die Bezeichnung für jegliche Art von Materie und alle Sinnesobjekte. *Ju* bezeichnet die Wahrnehmungen, *so* die Phantasie und die geistige Vorstellungskraft, die aus der Kombination der sechs Sinnesobjekte und Sinnesorgane entstehen. Mit *gyo* wird die Handlung bezeichnet, aber es drückt auch Unbeständigkeit aus, Wechsel, Stufen, Zeit, Evolution, Rassen. Es ist also die aus natürlicher Entwicklung oder einem Willensakt hervorgehende Verwandlung. Was das zweite *shiki* angeht – es wird durch ein anderes Schriftzeichen dargestellt –, so ist damit das Auffassungsvermögen, das Erkennen, das mentale Bewußtsein gemeint, im Gegensatz zum ersten *shiki*, das das körperliche (unbewußte) Bewußtsein

GRUNDLAGEN DER MEDIZIN UND PHILOSOPHIE DES FERNEN OSTENS

1. Yin und Yang

Yang	Yin
Richtung	
zum Himmel	zur Erde
zum Tag	zur Nacht
zur Energie	zur Materie
zum Licht	zur Dunkelheit
zur Wärme	zur Kälte
nach außen	nach innen
Bezug	
Männlichkeit	Weiblichkeit
Fülle	Leere
Ausdehnung	Zusammenziehen
Nicht-Manifestierung	Manifestierung
Klang	Stille
Bewegung	Ruhe
Geist/Vorstellung	Materie

Gesetz der Bewegung von Yin und Yang

YANG BRINGT YIN HERVOR YIN BRINGT YANG HERVOR

Beide bewahren während dieses Vorgangs ihre spezifischen Merkmale. Man kann also sagen:

Yin ernährt Yang .... also bringt Yin Yang hervor

Yang beschützt Yin .... also bringt Yang Yin hervor

ALLES YIN IST YANG ALLES YANG IST YIN

Wenn Yin zunimmt, nimmt Yang ab, und umgekehrt.

2. Die fünf Elemente: kosmologische und physiologische Entsprechungen

	HOLZ	FEUER	ERDE	METALL	WASSER
Energien	Wind	Wärme	Feuchtigkeit	Trockenheit	Kälte
Jahreszeiten	Frühling	Sommer	Spätsommer	Herbst	Winter
Raum	Osten	Süden	Zentrum	Westen	Norden
Farben	Grün	Rot	Gelb	Weiß	Schwarz
Bewegungen der Energie	Wachstum, Geburt	Höchste Aktivität	Gleichgewicht, unbewegliches Zentrum	Abnahme Verfall	Geringste Aktivität
Organe	Leber	Herz	Milz, Bauchspeicheldrüse	Lungen	Nieren, Nebennieren
Eingeweide	Gallenblase	Dünndarm	Magen	Dickdarm	Harnblase
Geschmack	sauer	bitter	süß	scharf	salzig
Geruch	stinkend	beißend, erstickend	wohlriechend	ekelerregend	moderig
Körperschichten	Muskeln	Blutgefäße	Fleisch	Haut	Knochen, Mark
Gefühle	Wut	Freude	Meditation, Nachdenken	Angst, Beklemmung	Furcht
Sinne	Sehvermögen	Sprache	Geschmack	Geruchssinn	innere Öffnungen
Haustiere	Huhn	Ziege, Schaf	Rind	Pferd	Schwein
Getreide	Weizen	roter Mais	Hirse, gelber Mais	Reis, Hafer	Bohnen
Planeten	Jupiter	Mars	Saturn	Venus	Merkur
symbol. Zahl	8	7	5	9	6

GESETZE ODER ZYKLEN VON ERZEUGUNG UND ZERSTÖRUNG

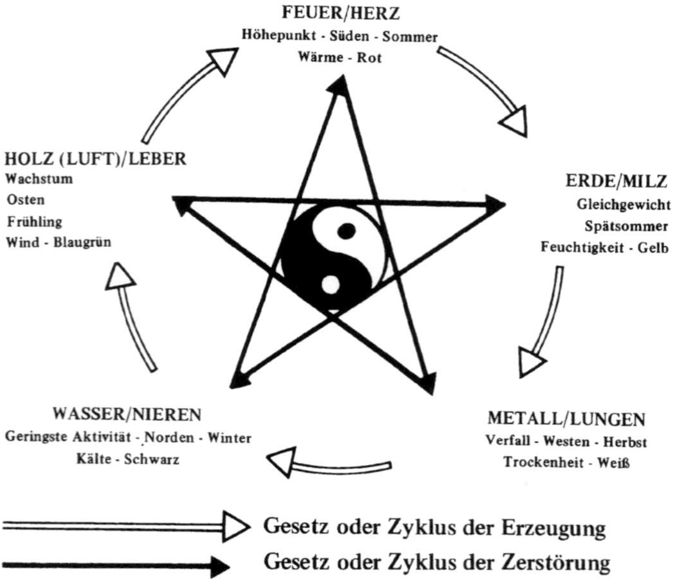

Diese klassische graphische Darstellung stellt in klarer Form das Gesetz der wechselseitigen Abhängigkeit dar, welches die Funktion der Organe untereinander und ihre wechselseitige Erzeugung beherrscht:

- die Leber wird von den Nieren aus erzeugt,
- die Nieren werden von den Lungen aus erzeugt,
- die Lungen von der Milz aus,
- die Milz vom Herzen aus,
- das Herz von der Leber aus.

Kein Organ besitzt demgemäß eine eigene Substanz, sondern existiert aufgrund von wechselseitigen energetischen Beziehungen, wie alle Strukturen der Erscheinungswelt.

bedeutet.

Jedes dieser fünf entspricht einem der fünf Elemente und einem Organ des Körpers. *Shiki*, das körperliche Bewußtsein und das der sichtbaren Welt, entspricht dem Element Erde und regiert Milz und Bauchspeicheldrüse. *Ju*, die Wahrnehmungskraft, bezieht sich auf das Element Feuer und regiert das Herz. *So*, der Geist der Vorstellung und Phantasie, entspricht dem Element Luft und regiert die Leber. *Gyo*, der Geist von Mutation und Wandlung, entspricht dem Element Wasser und regiert die Funktion der Nieren und Nebennieren. *Shiki* schließlich, der Geist des mentalen Bewußtseins und der unsichtbaren Welt, entspricht dem Element Metall und wirkt auf die Lungen.

Das – vorübergehende – Zusammenspiel dieser fünf Grundbestandteile erhält alle Formen der Erscheinungswelt am Leben. Diese fünf Kräfte stehen untereinander in Verbindung und bringen einander hervor. *Shiki*, das individualisierte und unterscheidende Bewußtsein, entsteht aus *gyo*, der Handlung in der Zeit, der Bewegung, dem Wechsel. *Gyo* kommt von *so*, dem begrifflichen, dualistischen Denken. *So* entsteht aus *ju*, den Wahrnehmungen. *Ju* wird von *shiki*, den Sinnesobjekten und allen sichtbaren Formen hervorgebracht. *Shiki* entsteht aus dem unterscheidenden Bewußtsein, *shiki*.

Das Ganze ist unteilbar und das Ergebnis des ursprünglichen Unwissens (*mumyo*), welches selbst wieder die Frucht der illusorischen Erscheinung dieser Welt ist.

Die Ursachen

Die Krankheit erscheint, wenn sich der Stoffwechsel des Körpers verändert. Diese Veränderung tritt durch eine Störung im Gleichgewicht des Energieflusses zwischen den Organen auf. So erkrankt der Organismus entweder infolge eines Übermaßes an Energie oder aus Energiemangel (=fehlende Vitalität). Traditionsgemäß unterscheidet man fünf Hauptgründe für das Auftauchen dieses gestörten Vitalitätsgleichgewichts.

(1) Falsches (moralisches und körperliches) Verhalten. Ein buddhistisches Sutra erklärt das Auftauchen von Krankheiten folgendermaßen: „Als das gute moralische und körperliche Verhalten der Vergangenheit nachzulassen begann, tauchte die Krankheit auf."

Das Beachten der Kai (Vorschriften) ist also zur Heilung nötig.

(2) Die Ernährungsweise ist unausgeglichen oder unrein; übermäßiger Genuß oder Mangelerscheinungen.

(3) Die irrige Praxis gewisser Arten von Meditation (*fusho*). Auch dies kann der Ursprung von Krankheit sein. Die Zahl derer, die unter der Leitung eines falschen Meisters auf ihrer Suche nach dem WEG in die Irre geraten, ist sehr groß. Und dabei entstehen schnell sowohl körperliche als auch geistige Krankheiten. Ein Meister, der eine authentische Lehre verbreitet, ist deshalb von allergrößter Bedeutung.

(4) Die Krankheiten, die dem entspringen, was in den Sutras „dämonische Kraft" genannt wird, das heißt dem Egoismus und der ständigen Suche nach persönlicher Befriedigung materieller wie spiritueller Art. Für den Zen-Schüler ist dies eine Warnung vor den Irrtümern des Hinayana, welches auf eine Weise vorgeht, die nicht absichtslos, nicht *mushotoku* ist. Mushotoku bedeutet: ohne Ziel, ohne Gedanken an persönliche Vorteile. Geistige Verwirrungszustände und physiologische Störungen können das Resultat einer solchen Haltung sein. In diesem Fall müssen die buddhistischen Mantras und Sutras rezitiert werden. Mit ihrer starken exorzierenden und beschwörenden Wirkung können sie durchaus heilend eingreifen.

(5) Der Einfluß des Karmas und sein genetisches Weiterbestehen. Der Weg der Heilung besteht in der Zazenpraxis. Die Klarheit der Beobachtung, die dabei stattfindet, führt zum tiefen Verständnis des eigenen Karmas und bildet in sich selbst schon die Voraussetzungen (aber nur die Voraussetzungen) zur Heilung. Dieses Verständnis muß im täglichen Leben durch eine Handlungsweise fortgesetzt und erweitert werden, die geeignet ist, das Karma positiv umzugestalten. Hier kommen wir wieder auf die Einhaltung der Kai und das richtige Verhalten.

Zu den genannten muß noch ein weiterer Grund für das Auftauchen von Krankeiten hinzugefügt werden: die Aufnahme von giftigen Fremdstoffen sowie Bakterien und Viren. Bei letzteren bricht die Krankheit aus, wenn das Feld (der Körper) schwach ist. Ist der Organismus jedoch widerstandsfähig, besitzt er also eine starke Vitalität und die Fähigkeit, Antikörper hervorzubringen, wird die Infektion neutralisiert.

Wenn eine Krankheit ausbricht, gibt es dafür im allgemeinen nicht nur einen einzigen Grund. Die wechselseitigen Beziehungen sind zahlreich und komplex, und aus diesem Grund darf sich der Therapeut nicht nur auf die psychophysiologischen Gegebenheiten beziehen, sondern muß auch Bescheid wissen über die karmischen, moralischen und spirituellen Bedingungen des Kranken.

Der Zazenübende sollte sich oft daran erinnern, daß „man sich um die Wurzeln und nicht um die Blätter kümmern muß", wie es im SHODOKA heißt. Er sollte also eher vorsorgen und vorbeugen, anstatt sich später heilen zu müssen. Krankheiten bringen jede Ordnung durcheinander – die psychophysiologische Ordnung des Kranken, die Ordnung der Gesellschaft, die Ordnung der Sangha (der Gemeinschaft der Mönche) und die des *dokan* (des geregelten Lebens im Tempel) – und stören schließlich die kosmische Ordnung selbst. Der Zustand der Konzentration, des Samadhi, ist dadurch nicht mehr zugänglich, und dies führt nicht nur zu einem Verlust der unbewußt durch Zazen erlangten Verdienste, sondern zu einem Anwachsen der karmischen Fehler, die ihrerseits Einfluß haben auf zukünftige Handlungen. „Krankheiten sind zu vergleichen mit dem Versuch, einen auf der Wasseroberfläche schwimmenden Beutel aufplatzen zu lassen oder eine Brücke zu zerstören", heißt es in einem Sutra. Der richtige Bewußtseinszustand geht verloren und ebenso die Reinheit des Körpers. Der Zustand der Konzentration wird vernichtet wie eine Brücke zerstört wird. Die *sila* (die Vorschriften, *kai*) zerplatzen auf der Wasseroberfläche.

Jede Krankheit ist, vom pathologischen Standpunkt aus gesehen, eine Veränderung des Gleichgewichts unter den fünf Elementen, die dem Lebewesen innewohnen. Um dieses Gleichgewicht des Stoffwechsels zu stören, genügt es, wenn auch nur eines dieser Elemente in zu großem oder zu geringem Maß vorhanden ist.

Wenn von außen kommende Energien wie Luft, Wärme, Kälte, Trockenheit, Wind und Nahrung vom Organismus im Übermaß aufgenommen und assimiliert werden, sodaß dadurch ein Ungleichgewicht in den zugeordneten Elementen innerhalb des Organismus entsteht, so bezeichnet man diese Energie als schlecht oder „pervertiert".

Es geschieht dabei folgendes: das äußere Element (Wasser zum Beispiel) wird das entsprechende innere Element aktivieren, um während seiner jahreszeitlich bedingten Zerfallsperiode (in diesem Fall Spätsommer) sein unzulängliches Funktionieren auszugleichen. Für das Holz ist die Jahreszeit, in der das Element seinen geringsten quantitativen Wert hat, der Herbst und die beste der Frühling. Sommer und Winter geben ihm einen mittleren Wert. Das Feuer verschwindet im Winter, befindet sich auf seiner Höhe im Sommer und hat seinen mittleren Wert im Frühjahr und Herbst. Das Metall verschwindet im Frühjahr, erreicht sein Maximum im Herbst und seinen mittleren Wert im Sommer und Winter. Das Wasser verschwindet im Sommer, erreicht sein Maximum im Winter und hat einen mittleren Wert im Frühjahr und Herbst. Die Erde bleibt neutral. Aber es zeigt sich manchmal, daß das innere Element im Übermaß vorhanden und zu stark ist. In diesem Fall nennt man die überflüssige Energie schlechte (pervertierte) Energie, denn sie erzeugt anormale, nicht in den Rahmen passende Kraft und läßt so den Organismus erkranken.

Jede pervertierte Energie, die im inneren Element im Übermaß vorhanden ist, wird nun sofort in das Feld des beherrschten Elements eindringen, wenn dieses auf natürliche, also jahreszeitlich bedingte oder auch andere Weise geschwächt ist.

Pervertierte Erdenergie wird zum Beispiel in das Feld der Wasserenergie eindringen, sobald dieses geschwächt ist – wie im Sommer oder infolge übermäßiger und damit schwächender Verausgabung. Das damit seinerseits pervertierte Element Wasser greift nun das Element Feuer in dessen schwacher Zeit an, also im Winter, oder im Anschluß an ungewöhnliche Anstrengungen, und macht sich in seinem Feld breit. Wenn keine Behandlung erfolgt, setzt sich dieser Zyklus fort, kehrt schließlich zur Erde zurück und beginnt von neuem. Deshalb muß, sobald die ersten Symptome – wie im folgenden beschrieben – auftauchen, so schnell wie möglich die entsprechende Therapie angewandt werden, wie sie im Zen gelehrt wird.

Ist das Element Erde pervertiert, so ist der Körper schwerfällig, an einigen Stellen verhärtet (man findet schmerzhafte Punkte, an denen ein energetischer Schub nötig ist), an anderen schlaff. Das betroffene Organ ist der Magen. Da die Insulinabsonderung ungenügend ist, kann Diabetes entstehen. Ist das Element Wasser pervertiert, quillt der Körper auf und wirkt gedunsen. Die Tränen- und Speicheldrüsen verstärken ihre Sekretion. Der Kreislauf (infolge geringerer Produktion von Adrenalin in den Nebennieren) und die Harnwege sind geschwächt, wodurch rheumatische Beschwerden auftauchen können. Ist das Element Feuer zu stark vertreten, erhitzt sich der Körper; die Knochen und Gelenke schmerzen, das Atmen fällt schwer, und Herz und Gehirn werden von der Körperhitze beeinträchtigt. (Ein Geheimnis guter Gesundheit liegt darin, stets die Füße warm und den Kopf kühl zu halten.) Da Dünndarm und das Herz angegriffen sind, besteht die Gefahr von Herz- und Gefäßkrankheiten. Wird das Element Metall angegriffen, so werden Bronchien und Luftröhre in Mitleidenschaft gezogen, wobei dies bis zur Tuberkulose führen kann. Darüber hinaus können Hautkrankheiten entstehen. Ist schließlich das Element Holz betroffen, entstehen Symptome an der Leber und den Gefäßen. Außerdem ist der Geist ständig in Unruhe. Fehlhandlungen und Vergeßlichkeiten wiederholen sich, Blähungen können auftreten.

Zur wechselseitigen Beziehung der Energieelemente untereinander kommt also noch die Beziehung zwischen den Organen. Die an einem Organ manifestierten, krankhaften Symptome stehen oft gar nicht in direkter Verbindung zu diesem Organ, sondern man muß ihren Ursprung viel weiter entfernt in einem vorher betroffenen Organ suchen. Dies soll durch die nun folgenden Beispiele deutlich werden.

Wenn jemand zum Beispiel Symptome an der Lunge aufweist, die Atemwege erkrankt sind, der gesamte Bereich zwischen Brustkorb und Kopf schmerzt, der Patient also empfindliche Achseln, schwere Schultern und das Gefühl hat, als laste ein Gewicht auf seinem Kopf, wenn er Schwierigkeiten hat beim Atmen, besonders beim Einatmen, so handelt es sich sicher um ein Lungenleiden. Dennoch kann der Ursprung auf das Herz zurückgehen, welches auf die Lungen einwirkt und sie beherrscht, oder noch weiter, nämlich ein schlechtes Funktionieren der Nieren. Auf jeden Fall kompensieren und verändern die Organe untereinander die Krankheiten: wenn die Lungen also wenig Vitalkraft besitzen, das Herz aber genügend Energie, diese Lungeninsuffizienz zu kompensieren, so kann die Krankheit aufgehalten werden. In diesem Fall dominiert das Element Feuer das Element Metall, dessen Energie zu schwach ist. Anders ausgedrückt werden die Lungen vom Herzen besser durchblutet und der Gasaustausch dadurch begünstigt.

Ähnlich verhält es sich mit gewissen Symptomen im Halsbereich. Ein gereizter, geschwollener Hals kann zu Gaumenschmerzen, Nasenbluten und manchmal zu einer Vermehrung der Tränensekretion führen, verbunden mit Nasenhöhlenbeschwerden und der Beeinträchtigung des Geruchssinns. Der Ursprung dieser Symptome ist im Herzen zu suchen, und es muß das Energiegleichgewicht des Elements Feuer wiederhergestellt werden.

Ein anderes Beispiel: Spürt man bestimmte Schmerzen an den Nieren infolge einer Funktionsstörung des Urogenitaltraktes, oft verbunden mit Hörschwierigkeiten, so sind nicht die Nieren der Ursprung, sondern die Milz und Bauchspeicheldrüse. Es können Gelenkprobleme auftauchen in Form von Entzündungen, denen Herzgefäßstörungen mit Druck- und Erstickungsgefühlen folgen. Zudem wächst die Infektionsgefahr, da durch die Funktionsstörung der Milz weniger weiße Blutkörperchen und infolgedessen weniger Antikörper gebildet werden.

Der Ablauf ist folgender: das Element Erde hebt, wenn es im Übermaß vorhanden ist, die nun unzureichende und damit unwirksam gewordene Funktion der Milz und der Bauchspeicheldrüse auf und bedrängt das Element Wasser. Die Nebennieren, das entsprechende Hauptorgan, vermindern infolgedessen ihre Produktion von Adrenalin (mit Einfluß auf Herz und Kreislauf), Geschlechtshormonen und Cortison, dessen Mangel Gelenkschmerzen hervorruft. Die zu befolgende Therapie besteht also darin, das energetische Gleichgewicht des Erdelements wiederherzustellen, wobei übermäßige Zuckeraufnahme vermieden und die Sekretion der Bauchspeicheldrüse (Insulin) sowie das Lymphsystem der Milz (Produktion von weißen Blutkörperchen, die gegen Infektionen schützen) stimuliert werden muß.

Um das energetische Gleichgewicht der Elemente wiederherzustellen, kann die Therapie entsprechend der traditionellen östlichen Medizin durch Moxibustion, Akupunktur oder Shiatsu erfolgen. Die Zen-Lehre besagt allerdings, daß allein schon die richtige Haltung und Atmung, wie man sie beim Zazen praktiziert, ausreichen. Darüber später mehr. Für den Zazenübenden ist es jedenfalls wichtig zu wissen, daß die Punkte, die beim Zazen schmerzen, eine Bedeutung haben: die durch Zazen hervorgerufene Stimulierung des allgemeinen Tonus „weckt" auf den Meridianen die Punkte, die den betroffenen Organen oder Funktionen entsprechen. Man darf nun nicht versuchen, vor dem Schmerz zu fliehen, indem man die richtige Haltung und Atmung aufgibt. Diese müssen im Gegenteil strengstens beibehalten werden, um so eine Stärkung der schwachen Energien zu ermöglichen. Darüber hinaus ist die Atmung der feinste und wirksamste Energieleiter: als Verbindung zwischen Himmel und Erde ernährt sie, vom Immateriellen kommend, die Materie und stimuliert die beiden Energieströme, die durch unseren Körper laufen: den vitalen, materiellen – das Blut – und den kosmischen und immateriellen – das Ki. Beide Ströme hängen voneinander ab und erzeugen einander wie Tag und Nacht.

Mangelndes Gleichgewicht in der Ernährung

Enthält die Ernährung nicht die zum Funktionieren des Organismus notwendigen Elemente oder ist die Nahrungsmenge zu gering oder auch übermäßig, so wird der Mensch krank. Die Nahrung ist ein Medikament zum Schutz des Körpers, und als solches muß man es würdigen. Hingegen ist *die* Krankheit unserer Zeit der Überfluß, der den Bereich der Ernährung ebenso befallen hat wie alle anderen Konsumbereiche.

Die Nahrung muß klug, das heißt instinktiv – denn der Körper kennt seine Bedürfnisse – dosiert werden und sollte weder unter noch über der für die Erhaltung der Gesundheit nötigen Menge liegen. Der Körper kennt seine Bedürfnisse, man muß ihn nur fühlen und handeln lassen, er wird von sich aus die ihm entsprechenden und für ihn notwendigen Nahrungsmittel aussuchen. Folgt man der kosmischen Ordnung, so entsteht die Harmonie von selbst. Geschmäcker aber, Vorlieben und übertriebene Auswahl verhindern die freie, natürliche Entscheidung und stören das Gleichgewicht. Diese Disharmonie führt zur Krankheit. Ich habe immer engen Dogmatismus und systematisierende Haltungen in Bezug auf die Ernährung, wie auch auf alles andere, abgelehnt.

Soweit möglich, sollte man den Genuß von Fleisch vermeiden, jedoch ist eine zu kategorische Haltung, wie sie manche Makrobiotiker und Vegetarier einnehmen, immer schlecht. Sie spiegelt einen engen Geist, der sich durch weiteres Verharren in dieser Haltung noch weiter verstärkt, und so wird die Haltung im übrigen Leben ebenso dogmatisch, begrenzt und ängstlich.

In den Zentempeln bekommen die Mönche niemals tierische Produkte, obwohl Zen lehrt, daß man fähig sein muß, alle Barrieren zu überwinden, alle Tabus frei von Egoismus und furchtlos zu überschreiten. Das ist die Einstellung des echten Bodhisattvas, wie ich sie weiter oben definiert habe. Sie richtet sich, der kosmischen Ordnung entsprechend, nach den Bedürfnissen der leidenden Menschheit und verschanzt sich nicht hinter Theorien, die angeblich für den Menschen bestimmt, aber im Grunde nur das Produkt von Egoismus und Angst sind. Man muß krank werden können, wenn die Menschheit es braucht, man muß für die anderen leiden und sich zugrunderichten können.

Das schließt nicht aus, daß man, wenn man allein ist, seine Nahrung in natürlicher Weise kontrollieren kann und soll.

Die Nahrungsmittel stehen in Beziehung zu den fünf Elementen und werden nach fünf grundlegenden Geschmacksrichtungen eingeteilt. Im Zen kommt als Synthese der fünf eine sechste dazu, die „Nicht-Geschmack", „Idealgeschmack" oder ganz einfach der „Geschmack des Zen" genannt wird.

Die meisten Tiere und insbesondere der Mensch brauchen eine Nahrung, die ihnen folgendes zukommen läßt:
– eine ausreichende Menge an Energie, entsprechend dem Alter, dem Geschlecht und der Tätigkeit des Betreffenden,
– Kohlenhydrate (Glukose, Stärke, Zellulose), Eiweiß und Fette,
– Mineralsalze (Eisen, Kalzium, Phosphor, Magnesium, Natrium, Kalium, Jod, Kupfer etc.)
– Vitamime,
– Wasser,
– Ballaststoffe, die der Nahrung die zur Ausscheidung nötige Konsistenz verleihen.

Jeder dieser Bestandteile befindet sich in bestimmten Nahrungsmitteln, deren Zufuhr die Energie der fünf Elemente aktiviert: die Kohlenhydrate (aus Milch, Früchten, Süßigkeiten, Getreide und Nährmitteln) verstärken die Energie des Elements Holz (das Übermaß wird in der Leber und den Muskeln gespeichert) und des Elements Erde, wobei die Insulinabgabe zunimmt und ein Übermaß als Fettzellen abgelagert wird. Die zahlreichen in Fleisch, Fisch, Eiern und Milchprodukten vorkommenden Eiweiße liefern Energie an das Element Feuer, ebenso gewisse Mineralsalze. Das besonders in Milchprodukten vorkommende Kalzium, das nötig ist zum Aufbau des Knochensystems und der Zähne, kräftigt das Element Wasser. Flüssigkeitsaufnahme verstärkt die Funktion der Harnwege. Nicht verdauliche Bestandteile (besonders einige schwere Fette) sowie Gewürze stimulieren die Energie des Elements Metall und aktivieren die Darmperistaltik.

Im normalen Alltagsleben findet man die passende Nahrung gemäß der Körperwärme und dem Bedarf an Kalorien. Und – ich wiederhole es – die Wahl der Nahrung geschieht auf ganz natürliche Weise, wenn man seinem Körper beim Leben zuhört – so man zuhören kann.

Ein letzter Rat, der noch einmal zeigt, daß es genügt, der kosmischen Ordnung zu folgen, um harmonisch zu leben: ziehen Sie exotischen Importartikeln einheimische Produkte vor, leben Sie also in enger Symbiose mit Ihrer Umgebung.

In einem buddhistischen Text heißt es: „Wenn ihr euch von rohen Nahrungsmitteln ernährt, von Resten und Abfall, so nährt deren Essenz das Blut, und das was übrig bleibt, verschwindet durch die beiden Körperöffnungen, und die feine Essenz (gemeint sind die Hormone) wird in den Geschlechtsorganen aufbewahrt." Seit langem hatte man im Osten erkannt, wie wichtig die Erneuerung des Bluts für die Aufrechterhaltung einer guten Funktion des Organismus ist. In den Sutras heißt es, daß „der Staub sich nur mit reinem Wasser zurückzieht", und sie bestanden darauf, daß „die Körperwärme im unteren Teil des Körpers konzentriert werden muß", dort, wo die energetische Übertragung der verdauten Nahrungsmittel ins Blut stattfindet. Durch seine spezielle Atemtechnik, bei der die Luft bis in den Unterleib hinabgedrückt wird, gibt Zazen dem Darm die Wärme, die für die wichtigste Phase der Umwandlung verdaulicher Stoffe im Krummdarm, dem dritten Teil des Dünndarms, nötig ist. Unsere Lebensweise in einer kopflastigen Zivilisation jedoch führt eher zu einer Konzentration dieser Wärme in der Hirnrinde. Dies wird zur Ursache mehr oder weniger ernster Erschöpfungszustände und verringert die Lebensdauer. Die Konzentration in Samadhi ist die beste Methode, das Gleichgewicht im Gehirn wiederherzustellen. Das Denken wird damit wieder ganzkörperlich, und die im Ruhezustand befindliche Gehirnrinde läßt das wahre Bewußtsein all unsere Zellen durchdringen.

Fusho, die irrige Zazenpraxis

Eine irrige Zazenpraxis kann ernsthafte körperliche und geistige Störungen mit schwerwiegenden Folgen hervorrufen.

Zazen ist ein Nahrungsmittel, es ist die universelle, allen zugängliche Nahrung des Geistes. Macht man jedoch Fehler, so kann es zu einem echten Gift werden und weiht denjenigen, der davor flieht oder damit aufhört, wie ein Lebewesen ohne Nahrung zum Tode.

Was bedeutet irrige Zazenpraxis?

„Die Art und Weise, Zazen zu üben, hängt untrennbar mit der vorhandenen oder nicht vorhandenen Dualität Eures Meisters zusammen", sagt Meister Dogen im GAKUDO YOJINSHU. „Je nach dem, ob der Meister echt oder falsch ist, wird das Erwachen des Schülers echt oder nicht echt sein", fügt er hinzu. Erwachen – das heißt im religiösen Sprachgebrauch nicht mehr und nicht weniger als eine Verfassung vollkommener, absoluter geistiger und bewußtseinsmäßiger Gesundheit. Das bedeutet, daß alles, was nicht zum Bereich des Absoluten und Vollkommenen gehört, alles, was einteilt, kategorisiert, zerstückelt, in Begriffe faßt, unterscheidet, entgegensetzt, dualisiert und trennt, alles, was zum Raumzeitlichen gehört und mit dem menschlichen Denken in Verbindung steht, als krankhafter Zustand betrachtet wird. Das Erwachen ist also ein Zustand, bei dem die Gegebenheiten von Raum und Zeit keinen Einfluß mehr haben, hinfällig geworden, überwunden sind. Es ist die Rückkehr zum Normalzustand des Geistes, den Dogen mit *hishiryo* bezeichnet: das kosmische Bewußtsein, das absolute Denken, das über alle Grenzen hinausgeht.

Bei der Betrachtung dieses vollkommenen und absoluten Zustands, zu dem Zazen führt (das heißt *shikantaza*, die absolut richtige Sitzhaltung, die das Ich zu *shinjin datsuraku* führt, dem vollkommenen Loslassen von Körper und Geist), kann man sich aber auch die Irrtümer, das Durcheinander und die Übel vorstellen, zu denen ein schlecht gelehrtes Zazen führt. Das ist die Gefahr zahlreicher Pseudomeditationen, bei denen die Betrüger in ihrer Verantwortungslosigkeit keine Grenzen kennen. Sie sind schuld an den allergrößten Verirrungen. Deshalb ist es wichtig, daß auch und gerade die Anfänger sich unter die Leitung eines echten Meisters begeben. Denn „wenn man keinen echten Meister hat, ist es besser, gar nicht erst anzufangen", sagte Dogen.

Ein Schüler, der es ablehnt, der Leitung eines Meisters zu folgen, kann nur noch weiter in Verirrung und Chaos geraten. Allein die Ablehnung, der richtigen Lehre zu folgen, ist das offensichtliche Zeichen einer falschen, gestörten und kranken Geisteshaltung. Ursache davon ist das Ego; das Ego an sich ist die Krankheit.

Wenn das falsch praktizierte Zazen ein Ursprung von Krankheit ist, so besteht im authentischen Zazen der einzige Weg, der den Geist in eine Verfassung vollkommener Gesundheit versetzen kann.

Meister Keizan gibt im ZAZEN YOJINKI („Bemerkungen über die Aufmerksamkeit beim Zazen") folgende Hinweise: „Wenn ihr euch in Konchin befindet, müßt ihr euren Geist zwischen den Augenbrauen konzentrieren. In Sanran müßt ihr ihn auf die Nasenspitze lenken oder auf das *kikaitanden* im Unterbauch. Wenn der Geist ruhig ist und weder Konchin noch Sanran herrscht, ist es besser, ihn auf das Oval zu richten, das durch die Stellung der Hände gebildet wird oder auf den Punkt, an dem sich die Daumen berühren."

Zazen ist nur richtig, wenn man wirklich Shikantaza übt, den wahren Satori-Zustand, wo nichts sich verändert, bewegt, handelt, verschwindet, wo sich die vollkommene, gestaltlose Festigkeit manifestiert, *daijo* genannt, das große Samadhi und die absolute, gestaltlose, große Weisheit, *daichi*.

Der Dämon

Der Mythos vom Dämon ist universell. Der Dämon weilt in den Tiefen der unterirdischen Welt. Er symbolisiert die Kräfte des Instinkts, die aus dem Unterbewußtsein hervorquellen und kann aufgrund seiner Macht den Göttern ähnlich sein. Er verkörpert alle Kräfte, die das Bewußtsein stören, verdunkeln und schwächen, die es zurückführen zum Unbestimmten und Zweideutigen. Er ist sowohl der Versucher als auch der Henker: darin besteht seine Doppelgesichtigkeit. Auch muß er unheilbringend und zerstörerisch sein. Er verwirrt denjenigen, der ihm verfällt und macht ihn zum Spielzeug der verborgenen, unbewußten Kräfte. Ohne ihn jedoch, ohne den Instinkt, kann nichts sich entfalten. Er ist die notwendige Voraussetzung für die Menschwerdung.

Zen sieht das Dämonische also in dieser Ambivalenz. Der Dämon wird mit den Bonno identifiziert, mit den Leidenschaften, den Illusionen. Er eignet als Krankheit dem Ego, dem Egoismus und jeglicher Art von Anhaftung (selbst an Buddha, das Gute und die Wahrheit). Er ist die Verkörperung des gierigen Suchens, der heimlich ausgeheckten Pläne, der Berechnung. Er ist unbeständig, wankelmütig, launenhaft. Bald ist er freudig, bald verärgert. Der Geist des Dämons schillert immer zwischen den Polen Vergnügen und Mißfallen, von Zufriedenheit und Unzufriedenheit, von Suche und Flucht. Er heißt auch *ushotoku*, der Geist der Leidenschaft, der nach den Dingen der Erscheinungswelt strebt. Sein Gegenteil ist *mushotoku*, das Nicht-Suchen, der von jeder Bindung, jedem Wunsch befreite Geist. Es ist der Geist, der um das Vergängliche und die Unbeständigkeit jeder Erscheinung weiß, der begreift, daß im Wesentlichen alles Ku ist und es demnach nichts zu erlangen gibt.

Wenn ein von Leidenschaften erfüllter Geist an sich schon zu bedauern ist, soweit es den weltlichen Bereich des Lebens betrifft, wird er doch äußerst bemitleidenswert, wenn es den Bereich der Religion anbelangt. Und zahlreiche Religionen täuschen sich hier.

So findet man im Geist der Gläubigen oder Anhänger von Religionen häufig eine starke Neigung zu Hoffnung auf irgend etwas, auf eine Belohnung. Diese Neigung gründet in einer egoistischen Handlungsweise, welche nach einer Kompensation verlangt, einer Belohnung, und somit einen Mangel bekundet. Dieser Mangel ist das Nichtverständnis des universellen, unendlichen, grenzenlosen Ku.

Nachdem die Barrieren Unterscheidung und Dualität aufgehoben sind, jede Grenze des Egos verschwunden ist, besteht die wahre religiöse Haltung darin, diese Universalität selbst zu sein, zu diesem Unbegrenzten zu werden. Bei seiner Praxis ein Ziel zu haben oder auch nur die geringste Hoffnung auf ein Verdienst zu hegen, verbannt die religiöse Haltung sofort an die Gegenpole dessen, was sie sein sollte: vollkommen desinteressiert, Körper und Geist loslassend, ein Zustand reiner Konzentration, in dem es keine Gedanken gibt, kein Vorurteil, kein Gefühl, keine Empfindung, ein Zustand, der nur aus der richtigen absichtslosen Haltung, das ist Shikantaza, entstehen kann.

Aus der vollkommenen Heiterkeit des in der Bewegungslosigkeit ruhenden Körpers erstrahlt gleichzeitig die vollkommene Heiterkeit des Geistes, ohne Bewegung in Raum oder Zeit. Das bedeutet, den ursprünglichen Zustand unseres Geistes wiederzufinden, der jede Dimension übersteigt und sich in nichts einschließen läßt. Er wird deshalb auch mit einem Begriff bezeichnet, der das nicht zu Benennende ausdrückt: *fukatoku*, das, was weder vom Geist noch vom Körper, noch vom Denken, Tun oder Reden ausgedrückt werden kann.

Wenn der Wind nach Westen weht, werden die Wolken nach Westen getrieben. Der Geist ähnelt der Wolke, die sich vom Wind der Bonno, dem Wind des Karmas leiten läßt. Von der Geburt bis zum Tode irrt er umher, wo der Wind hinweht und wie es dem Dämon gefällt.

Das Karma

Alles, was zur Gestaltung eines Individuums gehört, bildet sein Karma, anders ausgedrückt ist alles, was das Inividuum vom Universum unterscheidet, Frucht des Karmas und selbst Karma. Wir werden im folgenden Kapitel noch ausführlicher auf dieses wichtige Thema eingehen, denn es bildet die Quelle aller Fragen, die sich dem Menschen angesichts seiner selbst und der Welt, die ihn umgibt, stellen.

In dem Bereich, der uns hier beschäftigt – die Ursachen der Krankheiten –, will ich ganz einfach die Wichtigkeit dieses Faktors unterstreichen, den die derzeitige (vor allem die westliche) Medizin kaum registriert.

Die Gesamtheit der vergangenen und gegenwärtigen Handlungen, die dem Individuum seine ihm eigene Beschaffenheit verleihen, heißt *karma*. Die Handlung allein wird mit *karman* bezeichnet. Wenn man versteht, daß jede gute oder schlechte Handlung, die bewußt von Körper, Sprache oder Geist ausgeführt wurde, unweigerlich eine Frucht hervorbringt, die wächst und reift und schließlich in Form eines guten oder schlechten Lohns entweder an ihren eigenen Urheber oder seine Nachfahren zurückkehrt – wenn man das begreift –, kann man verstehen, welche Bedeutung das Karma beim Auftauchen von Krankheiten und geistigen oder körperlichen Störungen hat.

Man kann zunächst einmal das genetisch von den Eltern vererbte Karma festhalten, dessen Ursprung bis zum Beginn der Menschheit zurückzuverfolgen ist. Dazu kommt das von Geburt an durch die Familie, die Erziehung sowie das soziale und berufliche Milieu erworbene Karma.

Das Karma der Vorfahren kann manchmal mehrere Generationen lang nachwirken. Das ist für den Arzt im Osten selbstverständliches Grundwissen. Bevor er Arzt im gewöhnlichen Sinne ist, ist er insbesondere ein Weiser, der immer, wenn er Gelegenheit dazu hat, Informationen über das Leben der Vorfahren seines Patienten einholt. So kann er mit Hilfe der empirischen Tatsachen bei einem Patienten Beziehungen herstellen zwischen dem Auftauchen gewisser Krankheiten und der früheren Lebensweise dieses Menschen oder seiner Vorfahren. Daraus leitet er bestimmte, heute wie damals gültige Gesetze und von daher eine Verhaltenstherapie ab, bei der dem Patienten in Koordination mit der rein physiologischen Betreuung bestimmte Verhaltensmaßregeln vorgeschrieben werden. Denn sobald man beginnt, das Karma zu studieren, kommt man nicht umhin, auch die Kai (Vorschriften) zu beachten, die unmittelbar mit dem Karma zusammenhängen. Eine Karmatherapie besteht notwendigerweise aus Regeln, die den von den Kai geforderten Moralvorschriften folgen.

Das buddhologische Gesetz vom Karma lehrt, daß das überlieferte, Leiden erzeugende, karmische Erbe abgeschnitten werden kann mit Hilfe von Geduld und Ausdauer, den beiden Haupttugenden. Sie lassen das Leiden verschwinden und ermöglichen die wahre Befreiung.

Wenn zum Beispiel häufig Tiere getötet wurden oder Morde vorgekommen sind, so wird sich dieses Karma lange Zeit in den Nachkommen des Kriminellen in Form von körperlichen (Lebererkrankungen, Sehstörungen) und geistigen Störungen fortsetzen. Dies wird so lange dauern, bis sich unter den Nachfahren jemand findet, der beschließt, dieses Karma zu beenden, indem er sich an die Kai hält und sich angesichts der Leiden, denen er ausgesetzt ist, in Geduld übt.

In gleicher Weise hat man für jedes von einem Blutsverwandten überschrittene Kai solche Gesetze gefunden.

So verweist eine Herzschwäche in Verbindung mit Störungen der Geschmackswahrnehmung auf früheren Alkoholmißbrauch. Ein schlechtes Funktionieren der Nieren in Verbindung mit Störungen der Gehörorgane läßt eine Vergangenheit vermuten, in der verbotene sexuelle Beziehungen (Ehebruch, Inzest) gepflegt wurden. Eine Krankheit der Milz bedeutet, daß in der Vergangenheit häufig gelogen, phantasiert und geprahlt wurde. Lungenkrank zu sein und Funktionsstörungen im Nasenbereich zu haben, ist ein Anzeichen für eine alte und starke Neigung zum Diebstahl, zur Erpressung und zum Raub.

Man kann von der Moral sagen, daß sie eine Art Universalität besitzt, und obwohl man sie aufgrund der vielen Regeln als konventionell und relativ betrachtet, entspricht sie doch in ihren großen, grundlegenden Prinzipien einer Skala von Werten, die für den Menschen von allgemeiner Gültigkeit sind. Man kann feststellen, daß es keinen großen Unterschied gibt zwischen der christlichen und der buddhistischen Moral und zwischen diesen beiden und der Philosophie der Existenzialisten oder der Moral der Primitivvölker.

Der Respekt vor dem anderen und vor der Freiheit ist in der Tat ein wesentlicher Zug, der jeder Moral zugrundeliegt. Darüber hinaus sind die Begriffe aber dehnbar genug, um es dem einzelnen zu erlauben, die Bedeutung hineinzulegen, die er darin sehen will.

So sieht man es jedenfalls im Zen als Vertreter des Mahayana. Obwohl die fünfte Regel zum Beispiel vorschreibt, keinen Alkoholmißbrauch zu treiben, muß dieses Gebot dennoch je nach den Umständen (Ort, Zeit etc.) verändert werden. So denkt sich ein Zen-Meister bei der Erziehung seines Schülers nichts dabei, diesen trinken zu lassen, ja, er trinkt sogar mit, wenn es nötig ist. So verhält es sich mit all den fünf grundlegenden Kai, die von Buddha bis zu uns heute überliefert worden sind. Sie haben sich seit ihrem Inkrafttreten vor mehr als 2500 Jahren nur sehr wenig verändert, und wenn, dann mehr in Bezug auf ihren hierarchischen Wert als auf ihren Inhalt, was über die Tradition hinaus noch einmal von dem universellen, Raum und Zeit übersteigenden Charakter der Moral zeugt.

Was das erste Kai („nicht töten") angeht, so gibt es zahlreiche Zengeschichten, die von dessen Nichtbeachtung zeugen. Es möge nur an die Geschichte von Meister Nansen erinnert werden, der mitten in einen Streit seiner Schüler um eine Katze geriet. Da sie auf eine ganz wesentliche Frage ihres Meisters nicht antworten konnten, schnitt dieser mit einem Säbelhieb die Katze in zwei Teile. . . Oder die Geschichte von Gensha, der seinen Vater ertrinken ließ, um Mönch werden zu können – und später wurde er sogar ein großer Meister. Sicher, es sind immer die Meister, die die Kai überschreiten (in den meisten Fällen, um ihre Schüler zu erziehen), und das ist nichts besonderes, denn das Hishiryobewußtsein, das absolut ist und über jede Begrifflichkeit hinausgeht, ist für sie ein natürlicher und beständiger Zustand. Auf dieser Ebene handelt es sich eigentlich nicht mehr um eine Überschreitung, und die Moral hat keinen Moralwert mehr, obwohl sie sie weiterhin genau als solche ihren Schülern lehren, und zwar in dem Maß, in dem diese noch in der Welt der Relativität gefangen sind, die Dualität noch nicht überschritten haben und ihr Karma gereinigt werden muß. Alle von außen her und oberflächlich gesehen unmoralisch wirkenden Handlungen des Meisters zielen darauf, die Grenzen des dualistischen Geistes des Schülers zu sprengen.

All das soll nicht bezwecken, die Funkion der Kai zu mindern. Sie spielen bei denen, die sich in ihrem karmischen und bedingten

Leben herumschlagen, eine sehr wichtige, unersetzliche Rolle, und man darf nicht vergessen, daß im Zen das höchste Kai Zazen ist, durch welches das Unbewußte abgeklärt wird und das durch seine unbewegte Konzentration frei macht von vergangenen Taten und, ohne neue zu erschaffen, zur vollkommenen Haltung von Körper und Geist führt. Die Beichte hat immer eine wichtige Rolle in der Religion gespielt. Im Zen entspricht sie dem „Tod" des Schülers, in den der Meister ihn stößt, wie einen Ertrinkenden, den man noch zusätzlich unter Wasser hält. Der begangene Fehler, das heißt das Schuldgefühl, das aus einer Handlung entsteht, wird mit dem Bild des Ertrinkens in Zusammenhang gebracht: die Panik, die Angst, das „Rette-sich-wer-kann", die Hoffnung, das Bedürfnis, „herauszukommen", erreichen ihren Höhepunkt. Aber indem man um sich schlägt, schluckt man immer mehr Wasser und dämmert seinem eigenen Ende entgegen. Dann sobald der Kopf unter Wasser getaucht wird, schlägt alles um, wendet sich, stürzt ein. Es bleibt nichts anderes übrig, als loszulassen, denn alles verläßt uns. Das Festhalten endet, alle Stützen brechen zusammen, wir treffen auf unser eigenes Nichts. In diesem Augenblick kann man gleichzeitig leben wie auch sterben, da es weder zum Leben noch zum Sterben etwas zu tun gibt.

Dieser Zustand ist das Satori. Darin besteht die tiefgreifendste Heilung des Karmas.

Moderne Krankheiten

Unsere moderne, industrialisierte Zivilisation trägt, erregt und beängstigend wie sie ist, alle Keime der Krankheiten, die ihr ähneln, in sich. Im allgemeinen entstehen diese aus einem Ungleichgewicht im Gehirn. Die Aktivität des autonomen Nervensystems ist über das normale Maß hinaus geschwächt, die Gehirnrinde dagegen übertrieben stark. Das ist eine häufige Erscheinung, die heutzutage aufgrund der Form, die unsere Zivilisation angenommen hat, in immer stärkerem Maß zu beobachten ist. Sie ist, so kann man sagen, so strukturiert, daß sie die Entwicklung eines egozentrischen Individualismus auf Kosten des Gemeinschaftsgefühls fördert. Der Mensch fühlt sich isoliert in einer heterogenen Umwelt, in der er mehr und mehr seine Individualität verliert. Die Anonymität macht aus ihm eine Schachfigur, die die Rolle, die sie in ihrem gesellschaftlichen Universum spielt, nicht mehr erkennt, ebensowenig wie die Verantwortung, die sie trägt. Durch den Zerfall der überkommenen Strukturen kann niemand mehr – weder die Familie noch die gesellschaftliche Umgebung, noch der Bezug auf ein Wertesystem – seinem angeborenen Bedürfnis nach Anerkennung entsprechen. Diese ständige *tabula rasa* von Werten, die er für gesichert hielt, dieses durch die Schnelligkeit der Evolution (der „Revolutionen") bedingte, wiederholte Infragestellen des gesamten Umfeldes schaffen in ihm ein Unsicherheitsgefühl, Unwohlsein, Angst und Schwindel, alles typische Merkmale des Menschen von heute. Dem sei hinzugefügt, daß er auf Grund seiner auf der einen Seite künstlichen und verfälschten, auf der anderen Seite unbeständigen, fortschrittssüchtigen und „revolutionären" Umgebung mehr und mehr von den natürlichen, biologischen Rhythmen abgeschnitten wird und infolgedessen einen andauernden, für seine (mehr oder weniger gelungene) Integration in seine Umgebung notwendigen, Anpassungsprozeß erdulden muß.

Eine Zivilisation wird jedoch gefährlich, wenn sich in der Bevölkerung epidemiehaft eine Krankheit ausbreitet, die da heißt Verlust von Motivation und Idealen. Wer davon betroffen ist, steht einem entscheidenden Dilemma gegenüber, dem er in oft dramatischer Weise zu entfliehen sucht. Es gibt für ihn drei Möglichkeiten:

– Ist die körperliche Vitalität stark, die geistig-seelische Energie jedoch zu schwach, ergibt sich eine Neigung zu psychotischen Zuständen wie Phobien, Depressionen und Manien, Hysterie, Schizophrenie, Persönlichkeitsspaltung, Paranoia, Halluzinationen, Delirium, Wahnsinn.

– Ist die geistig-seelische Energie stark, die körperliche Vitalität jedoch schwach, neigt der Betroffene zum Selbstmord. Anläßlich eines depressiven Zustands (Haß gegen sich selbst, Gewissensbisse, Perfektionismus, Gefühl von Machtlosigkeit, Komplexe etc.) ist die Gelegenheit günstig, um zur Tat zu schreiten.

– Während im ersten Fall der Ausweg darin besteht, im Wahnsinn dahinzudämmern, und im zweiten, durch den Tod zu entfliehen, so ist die dritte Möglichkeit genaugenommen keine Flucht, da sich in diesem Fall der Mensch im Umfeld seines Leidens abrackert. Dies endet schließlich in einer nihilistischen Haltung gegen das, was von den Institutionen übrigbleibt, genauer ausgedrückt gegen das, was in regelmäßigen Abständen zur Institution erhoben wird. Er tritt dem entgegen, das seine Eigenschaft der Unfehlbarkeit längst verloren hat und nun ständig bestritten und in Frage gestellt wird. Wieder ist hier das Fehlen von sicheren und tief glaubhaften, verläßlichen Werten, in denen der Mensch sich erkennt und auf die er seine Seinsmotivation gründen kann, verantwortlich. Manifest wird dieser Zustand in sogenannten Randgruppen, Umstürzlern, Anarchisten und Asozialen. Findet nun diese Verweigerung der Anpassung keine Kompensation, das heißt Neueingliederung in ein anderes, dem alten, abgelehnten entgegengesetztes Milieu (die Sucht zum Beispiel oder die Anhängerschaft an neue, dem Wesen nach revolutionierende Ideologien oder Gesellschaften oder auch okkulte Vereinigungen etc.), so tritt eine Reihe psychosomatischer Symptome auf. Diese sind genau der Ausdruck der Streßsituation, die dann entsteht, wenn der Organismus schlecht auf das reagiert, was er als Aggression eines Milieus empfindet, das von ihm bewußt oder unbewußt wenn nicht abgelehnt, so doch leidend erduldet wird. Alle krampfartigen Symptome wie Herzanfälle verursachende Nervenkrämpfe, Herzklopfen, hochgradige Krampfanfälle, Asthma, Schwindel und Zittern sind ebenso Ausdruck davon wie organische Erkrankungen: sehr häufig sind Magenerkrankungen, chronische Darmkrankheiten, Hormonstörungen, chronische Luftröhrenentzündungen, Mundhöhlenblutungen mit Ursprung im Magen, Blinddarmentzündung, krankhafte Magersucht, Diabetes, Migräne, Pulsunregelmäßigkeiten etc. Ebenso gehören dazu die Neurosen, Hysterie, Zyklothymie, Asthenie, Antriebsschwäche, Besessenheiten und Phobien, Apathie, Epilepsie und gewisse psychosomatische Derivate wie Frigidität, Impotenz und Perversionen. Alle diese Krankheiten erfordern natürlich eine spezifische ärztliche Behandlung. Dennoch gewährt die

Medizin auch da nur eine kurze Linderung für Beschwerden, deren tieferer Ursprung existenziell bedingt ist. Es muß also zunächst einmal das Gleichgewicht zwischen den beiden Gehirnteilen wiederhergestellt werden, indem das Stammhirn, das das gesamte organische und hormonelle Geschehen lenkt und koordiniert, reaktiviert und die Gehirnrinde beruhigt wird und ihre Ganzheit innerhalb des Nervensystems wiederfindet. Zazen ist dafür die beste Methode, indem es dem Menschen seine wirkliche, das heißt in seiner Essenz kosmische, nicht gegenständlich gebundene Dimension wiedergibt. Indem er zu seinem Ursprung zurückfindet, wächst der Mensch über die zeitlich bedingten Gegebenheiten der Erscheinungswelt hinaus und macht sich frei von den Pseudohindernissen, die er selbst errichtet, um sein Ich zu schützen.

2. Zen-Therapie

Zen wird mehr und mehr zum Gegenstand wissenschaftlicher Untersuchungen. Man muß nur eine etwas spezialisierte Zeitschrift aufschlagen, um dort bald eine Rubrik zu finden, die diesem Thema gewidmet ist. Die trotz allem seit langem skeptische Wissenschaft öffnet sich allmählich dem weiten Universum der Meditation, ein Begriff, der sehr vieldeutig und komplex ist, auf jeden Fall schwierig einzugrenzen, da es ein recht weites Feld umfaßt und es zahlreiche Praktiken gibt. Noch schwieriger ist er jedoch in wissenschaftlicher Terminologie zu analysieren, da er nur wenige Beziehungen zur Wissenschaft besitzt. Meditation kann nicht gemessen werden, da sie in ihrer Essenz über alle raumzeitlichen Gegebenheiten des gewöhnlichen Bewußtseins hinausgeht. Die Wissenschaft untersucht nun also Zen, genauer Zazen, und wie jede Wissenschaft betrachtet sie es nicht von innen, sondern von außen.

Was kann sie also mit Hilfe der Mittel, die ihr zur Verfügung stehen, sehen? Quantitative Resultate, die auf Oszillographen erscheinen, Zahlen und Meßergebnisse, die mit anderen Zahlen und anderen Meßergebnissen verglichen werden. Anders ausgedrückt die Wahrnehmung dessen, was bleibt, wenn das Leben aus dem Lebewesen verschwunden ist, die der bloßen Erscheinung.

Die wissenschaftliche Analyse schafft Vektoren, legt Bezugspunkte fest, stellt Koordinaten auf und vergleicht die Ebenen untereinander in zwei Dimensionen. Ihr schwerwiegendster Makel: sie vergißt die lebendige Dimension der Vertikalen. Es mangelt ihr in der Tat das Leben, die Dimension des Bewußtseins fehlt ihr unwiderruflich. Das ist, wie wenn man um einen Berg herumgeht, ihn von allen Punkten aus beobachtet, aber niemals weiß, welch wundervollen Blick man vom Gipfel aus hat. Aber schließlich will das die Wissenschaft auch gar nicht, ist nur dies ihr erklärtes Ziel, und so kann man es ihr nicht vorwerfen.

Was sucht sie zu beweisen? Daß eine gewisse Situation gewisse Wirkungen herbeiführt? Sicherlich! Das Publikum wird zufrieden sein, da ja die Wissenschaft Beweise erbracht hat. . . aber welches Publikum? Derjenige, der den Weg sucht, hat mit diesen Dingen nichts zu tun. Die Tatsachen, auf die er sich bezieht, bringen andere Saiten zum Schwingen, als es der brandneue Beweis tut. Und das übrige Publikum – es schluckt nur einmal mehr eine neue Information – für seinen überfüllten Magen ohnehin unverdaulich –, wenn es überhaupt Notiz davon nimmt. Es bleibt eine dritte Kategorie, das Publikum der Neugierigen, interessiert, aber skeptisch. Die Wissenschaftler sagen es, also glaubt man es. . . Und warum nicht einmal interessehalber ausprobieren – so wie man eine neue Creme ausprobiert, deren Wirksamkeit gegen Falten überall gerühmt wird und bei der man nach Möglichkeit sofortige Resultate erwartet . . .

Aber dieses arme Publikum weiß nicht, daß die Ergebnisse, die es erwartet, nicht dem Bereich der Erscheinungen angehören. Je ungeduldiger es wird, desto weniger erreicht es. Aber was sollen, wenn man Zazen praktiziert, Motivationen? Seine Weite und Tiefe erschließen sich mit der Zeit von allein.

Was die wissenschaftliche Neugier selbst angeht, so wird sich auch da die Wissenschaft mit nichts mehr als der formalen, entvitalisierten, blutlosen, zwar interessanten, aber doch so völlig leeren Hülle zufrieden geben müssen. Vielleicht genügen diese Informationen ihren Nachforschungen und ihren in der Folge improvisierten Anwendungen. Man kann jedoch nicht umhin, diese Haltung als oberflächlich zu bezeichnen. Ein Zenspruch umschreibt dies mit den Worten „sich um die Blätter kümmern, aber die Wurzeln vergessen". Wenn dies jedoch ein Zenmeister seinem Schüler mit entschiedenem Ton sagt, so drückt er sich umgekehrt aus: „Laß die Blätter, und kümmere dich um die Wurzeln!" Und das ist es auch, was wir hier tun wollen, wenn wir von „Zen-Therapie" sprechen, denn diese erfordert, um überhaupt möglich zu sein, daß man Zazen lebt, daß man es lange Zeit übt, daß man in seine Tiefen taucht, zum Ursprung der Wurzeln, in den tiefen Zustand der Konzentration.

Die Konzentration

Dieser Zustand der Konzentration führt zu einer gesteigerten Wahrnehmung unserer Vitalität, in der das Leben jeder Zelle im durch Zazen erweckten Körperbewußtsein gegenwärtig wird, sodaß unser gesamtes Wesen vollständig an seinem eigenen Leben teilnimmt. Das Bewußtsein ist kein Selektionsmechanismus mehr für Informationen, sondern wird zum Ort tiefster und vollständiger Erkenntnis des gesamten Wesens. Dies führt in Bezug auf die Krankheiten zu folgendem: wenn es in unserem Körper eine organische oder funktionelle Schwäche gibt, wird die zirkulierende Energie, die die Informationen transportiert, diese Informationen so weit tragen, bis sie einen potentiell freien Punkt findet, wo sie sie hindurchschicken und mitteilen kann. Dabei stellt sich heraus, daß der gewählte Punkt ein Akupunkturpunkt auf dem Meridian des entsprechenden Organs ist. Befinden wir uns in diesem Fall in tiefer Konzentration (Samadhi), wobei sich die Funktionen der Gehirnrinde (insbesondere das Gefühls- und Wahrnehmungszentrum) im Ruhezustand befinden, ist die Information nicht wahrnehmbar. Im Zustand der Beobachtung jedoch wird unserem Bewußtsein die Information in Form von Schmerzen zugeführt.

Manche Anfänger begehen den Fehler zu glauben, daß Zazen – vielleicht wegen der strengen Haltung – Schmerzen hervorruft. In

Wirklichkeit geschieht das Gegenteil. Zazen spielt die Rolle eines Katalysators und Aufdeckers. Das Übel wird enthüllt, noch bevor die Schwelle der Krankheit erreicht ist. Die Heilung vollzieht sich mit Hilfe der Konzentration, die auf den schmerzhaften Punkt gerichtet sein muß. Die Konzentration muß verlängert und wiederholt werden bis zum Auslöschen des Schmerzes, was bedeutet, daß das energetische Gleichgewicht wiederhergestellt und die mögliche Krankheit neutralisiert ist. Im Falle zu starken Schmerzes ist es allerdings besser, man lenkt seine Konzentration auf den in der östlichen Medizin so wichtigen Punkt der Lebensenergie namens *kikai-tanden* (*kikai* = Ozean des Ki; *tanden* = Bereich, Feld des Wesentlichen, der Essenz).

In einem Sutra heißt es: „Unser Leben tritt durch den Nabel ein und aus. Wenn wir durch ihn atmen, können wir *mujo*, die Unbeständigkeit tiefgründig verstehen.“ So übt die Kraft der Konzentration ihre Macht aus in der Regeneration der lebendigen, belebenden kosmischen Energie, die den Menschen durchfließt. Durch die Öffnung, die durch die Stille geschieht, stellt die kosmische Urkraft das Wesen in seiner Gesamtheit wieder her.

Die Atmung

Die Atmung ist unter den Lebensfunktionen eine Besonderheit insofern, als sie zwar ganz natürlich verläuft, ohne daß man in den Prozeß eingreifen müßte, aber man kann sie auch bewußt und willentlich in Rhythmus und Amplitude kontollieren.

Die Atmung beim Zazen ist gekennzeichnet durch eine lange, ruhige und tiefe Ausatmung, die bis unter den Nabel hinabreicht und ausstrahlt in das Energiezentrum des Körpers (das Kikaitanden), wo die Energie verstärkt und neu belebt wird. Dann folgt die kurze, kräftige Einatmungsphase. Mit langer Zazenerfahrung wird diese Art des Atmens ganz natürlich und automatisch, und zwar nicht nur während der Zazenübung, sonden auch im Alltag und sogar im Schlaf.

Diese Atemmethode erlaubt es (zusammen mit der richtigen

Zazenhaltung), die Aktivität des Bewußtseins zu kontrollieren, ja sogar anzuhalten. Der Mensch wird in tiefe Konzentration versetzt, und die Harmonie innerhalb der Triade Himmel–Erde–Mensch ist hergestellt. Dies nennt man im Zen „der kosmischen Ordnung folgen".

Rein von der psychosomatischen Seite her gesehen ist dieser Zustand von allergrößtem Nutzen, denn körperlich und geistig befinden wir uns damit in der bestmöglichen Verfassung. Diese Zen-Atmung ist nämlich ein wirksames Mittel zur Förderung des Kreislaufs, und das gute Funktionieren der Organe hängt von deren Durchblutung ab. Viele Menschen leiden heute an Magen- und Darmbeschwerden, die meist von einer starken Blutkonzentration im Gehirn einerseits und einer schlechten Durchblutung des Unterbauchs andererseits herrühren. Das ist einer der Mängel unserer Zivilisation, in der der Mensch es nicht mehr vermag, Ruhe in seinem Geist zu schaffen. Täglich wird er von Tausenden von Reizen überschwemmt und nährt so einen unaufhörlichen Strom von ebenso hinderlichen wie nutzlosen Gedanken.

Darüber hinaus verlangsamt diese Atmung den Puls, der Atemrhythmus wird regelmäßig und begünstigt dadurch die geistige Konzentration wiederum erheblich. Die Mantras und Sutras (abgesehen von der Tatsache, daß sie an sich schon einen wichtigen Beitrag zum Studium und Verständnis des WEGES bilden) sind, wenn sie in regelmäßigem und weitem Atemrhythmus rezitiert werden, bei der friedlichen Herstellung geistiger Konzentration von erheblicher Bedeutung.

Shikantaza, diese Kraft der natürlichen Heilung, wurde lange Zeit von den Weisen der Vergangenheit das „Manna des Mitleids Buddhas" genannt. Sie sahen darin insbesondere ein unschätzbares Gut zur geistigen Heilung, die durch das Auslöschen der Bonno (der Wünsche, Leidenschaften, Emotionen und Gefühle), das Verjagen der Dämonen des Egos, die für alle Leiden verantwortlich sind, bewirkt wird.

Bestimmte buddhistische Abhandlungen geben detaillierte Erklärungen über die therapeutische Anwendung gewisser Atemformen, die dazu dienen, das harmonische Gleichgewicht im Körper wiederherzustellen. Sie wurden lange Zeit geheimgehalten wegen der Gefahren für diejenigen, die sie mit schlechter Absicht oder auf unpassende Weise benutzen.

Im ganzen zählt man elf Arten:

(1) *Jo-soku* oder die obere Atmung: das ist eine Atmung, die auf dem Druck der Ausatmung basiert. Diese beginnt langsam und verstärkt sich, je mehr sie in den Bauch hinabsteigt. Sie vertreibt Konchin, die Schläfrigkeit und Trägheit des Geistes.

(2) *Ge-soku* oder die untere Atmung: sie ist die Umkehrung der vorhergehenden. Die Kraft der Ausatmung ist anfangs stark und verringert sich, während sie in den Bauch gelangt. Diese Atmung ist sehr wirksam gegen Sanran.

(3) *Man-soku* oder die volle Atmung: die Einatmung füllt den Brustkorb aus. Sie ist sehr wirksam bei zu trockenen oder abgemagerten Körpern.

(4) *Sho-soku*, die „brennende" Atmung, ist mit sehr viel Vorsicht zu benutzen und nur im Falle großer Schwäche der Sexualorgane. Sie wirkt darüber hinaus bei Blutandrang.

(5) *Zocho-soku* oder die lange und zunehmende Atmung: sie stimuliert schwache Energien. Zusammen mit der ersten, der hohen Atmung, nimmt sie beim Zazen eine wichtige Stellung ein.

(6) *Metsue-soku*, die verschwindende und abnehmende Atmung: das Gegenstück zur vorigen. Sie stellt das Gleichgewicht bei überschüssigen Energien wieder her.

(7) *Dan-soku* oder die warme Atmung besteht in der maximalen Konzentration der Ausatmung in den Unterbauch. Hilft bei zu viel Kälte.

(8) *Rei-soku* oder die kalte Atmung: die Einatmung ist voll, die Ausatmung am Anfang stark und nimmt dann schnell ab. Hilft bei zu viel Hitze.

(9) *Sho-soku*, die stoßende Atmung: *sho* bedeutet „stoßen, angreifen, schlagen". Sie ist gut bei schlechtem Blutkreislauf, bei Blockierungen und Verstopfungen. Sie begünstigt das Ausscheiden von Giften. Wie es das Schriftzeichen *sho* andeutet, ist die Ausatmung hart und kurz.

(10) *Ji-soku*, die verlängerte Atmung hilft bei Zittern und bei

Schauern, die zum Beispiel von einer zu großen Einnahme von Aufputschmitteln herrühren. Sie ist lang und ruhig.
(11) *Wa-soku*, die harmonische und friedliche Atmung, nährt und harmonisiert die fünf Elemente (Erde, Wasser, Luft, Feuer, Metall) und hilft im allgemeinen bei allen Krankheiten, deren Ursache ein energetisches Ungleichgewicht ist.

Die Benutzung dieser elf Methoden erlaubt die Heilung aller pathologischen Zustände, und selbstverständlich verlangt der Gebrauch dieser Techniken zumindest am Anfang die Unterweisung durch einen echten Meister, wenn man schwere, vor allem psychische Störungen vermeiden will. Darüber hinaus wenden sie sich an kranke Menschen, das heißt für Anfänger und Gesunde ist die klassische Zen-Atmung ausreichend.

Meister Dogen hat sich im FUKANZAZENGI, den „Regeln für die Zazen-Praxis", damit begnügt, die Atmung auf folgende Weise zu beschreiben: „Die Atmung sei ruhig und lang."

Im Zen legt man die Betonung von jeher nicht so sehr auf Atemmethoden, sondern viel mehr auf die Haltung. Wenn diese korrekt ist, folgt die Atmung in der Tat von alleine. Darüber hinaus wurde zur Zeit Meister Dogens dem tastenden Suchen des Schülers ein bedeutender Spielraum gelassen, da er selbst die seiner augenblicklichen Verfassung am besten entsprechende Methode entdecken sollte. Der friedliche, unbewegte und stille Zustand der Konzentration hat seine tiefe Wurzel in der Haltung und in der Atmung: eine unruhige und stoßweise Atmung läßt im Bewußtsein Bilder und Gedanken entstehen, das so seine Konzentration verliert und das reine Shikantaza verjagt.

Nach einer anderen Einteilung gibt es noch acht weitere Arten von Atmung. Sie werden in ihrem zerstörerischen Aspekt dargestellt, um zu unterstreichen, mit welcher Vorsicht ein Übender sie benutzen muß:
(1) *Die schwere Atmung*: die Konzentration auf die Ausatmung wird übertrieben, was eine Vergrößerung des Elements Erde mit sich bringt und das Erscheinen entsprechender Symptome bewirkt.

(2) *Die leichte Atmung*: die Einatmung herrscht vor und bringt einen Überschuß an Luftenergie als Träger der Gedanken mit sich. Man erreicht Sanran.
(3) *Die kalte Atmung*: das ist dieselbe Atmung wie zuvor, nur an einem kalten Ort. Das Element Wasser wird dabei vorherrschend.
(4) *Die warme Atmung*: die Ausatmung ist heftig und stoßweise, was die Erwärmung des Körpers bewirkt. Wenn sie zu lange ausgeübt wird, nimmt das Element Feuer überhand.
(5) *Die abgehackte Atmung*: die Ausatmung ist kurz und ihre Frequenz zu stark. Das Element Erde nimmt zu.
(6) *Die weiche Atmung*: die Einatmung ist zu lang und zu langsam. Das Element Metall ist im Übergewicht.
(7) *Die gemäßigte Atmung*: die Einatmung ist sanft, ruhig, geschmeidig. Das Element Wasser neigt dazu, zu überwiegen.
(8) *Die rauhe Atmung*: die zu starke Ausatmung wird hart und rauh, manchmal sogar laut. Das Element Feuer überwiegt.

Diese acht Atmungsarten sind entsprechend der jeweiligen Energieschwäche anzuwenden. Das Energiegleichgewicht im Körper wird durch sie wiederhergestellt. Jedoch darf man sie nicht zu lange benutzen, weil man sonst durch ein Übermaß von neuem riskiert, das Gleichgewicht zu zerstören.

Die Energie (Ki)

Auf Japanisch heißt eine starke Atmung *kisoku. Ki* bedeutet „Willen, Aktivität, Energie“. Das Kanji *soku* besteht aus zwei Teilen, oben „ich, sich“ und unten „Geist“. *Soku* bedeutet also „jemandes Geist“, und *kisoku* ist der Geist, der mit Hilfe der Atmung Energie (Vitalität) wird und gleichzeitig die Energie, die Geist wird.

Man unterscheidet sechs Arten von Ki: *sui, ko, ki, ka, kyo* und *shi*. Jeder dieser Energien entspricht eine bestimmte Atemmethode.
(1) *Sui* entspricht einer Atmung, die gleichzeitig durch Mund und

Nase geht, insbesondere die Ausatmung. *Sui* bedeutet „blasen, ausatmen". Durch *sui* ist es möglich, ein Übermaß an Wärme und auch Aggressivität loszuwerden.
(2) *Ko* wird auf dieselbe Art und Weise erreicht, aber die Ausatmung ist leichter. Wenn man sie betont, entsteht *sui*.
(3) *Ki* ist wirksam bei der Beruhigung von Schmerzen oder der Verringerung der im Körper enthaltenen Luft. Bei manchen hört man beim Zazen immer eine Art Magengurgeln. Dies weist auf Blähungen hin. Es kann durch eine Atmung dieser Art behoben werden. *Ki* versinnbildlicht auch die Zufriedenheit.
(4) *Ka* ist im Gegensatz dazu der Ausdruck von Wut. Es bedeutet wüten. Die entsprechende Atmung ist keuchend und sehr heftig.
(5) *Kyo* bedeutet „Erfindung, Fiktion" und entspricht einer imaginären Atmung. Bei ihr wird der Atem zurückgehalten. Die Einatmung ist ausgeprägter als die Ausatmung.
(6) *Shi* ist stimulierende, belebende Energie, sie läßt die Müdigkeit verschwinden.

Durch diese sechs Energien, die aus den erwähnten Atmungsarten entstehen und bewußt ausgeübt werden, können Krankheiten geheilt werden. *Sui* und *ko* sind zwei Arten von Energie, die insbesondere den Geist heilend beeinflussen können. *Kokyu* bedeutet „Atmung", aus *ko* „Ausatmen" und *kyu* „Einatmen". Diese sechs Energien, die bewußt durch die Atmung geweckt werden, haben großen therapeutischen Wert.

Sui und *ko*, die aus einem ruhigen Atemrhythmus mit großer Amplitude entstehen, sind günstig für die Heilung des Geistes.

Kyo, welches aus einer künstlichen Atmung entsteht, das heißt verbunden mit mehr oder weniger langem Anhalten des Atems, ist besonders dazu geeignet, Krankheiten der Leber und Galle zu heilen. Die letztgenannten Organe spielen eine wichtige Rolle bei der Entstehung geistiger Bilder und Begriffe.

Ka-Energie ist dazu geeignet, Erkrankungen der Lunge zu heilen, *ki* wirkt auf Erkrankungen der Milz und *shi* auf solche der Nieren.

Die beiden ersten Energien, *sui* und *ko*, nennt man natürlich, denn sie werden von Atmungsarten hervorgebracht, die weder gelernt werden müssen noch sich auf ein besonderes Anwendungsgebiet beziehen.

Ki, ka, kyo und *shi* nennt man spezifische Energien wegen der Besonderheit ihres Wirkungsfeldes und der Übung, die die Atemtechniken, durch die sie entstehen, erfordern.

Das Kanji *ka* bezeichnet die „Reizbarkeit". Wenn ein Wutgefühl aufsteigt, wird die Atmung abgehackt und keuchend, und sie unterstützt diese Emotion. Entsprechend muß man sich durch eine passende ruhige und tiefe Atmung beruhigen, die die Wirkungen der Energie *ka* neutralisiert und friedlich stimmt. Der Energie *kyo* – „Erfindung, Phantasie" – entspricht ein melancholischer, träumerischer Zustand, bei dem die Atmung wiederum der Stimmung ähnelt: sie drückt sich aus durch lange, tiefe und weit voneinander entfernte Seufzer.

Wenn Schmerzen auftauchen, besonders in den Gelenken, muß man eine Atemweise anwenden, die die dritte Energieform (*ki*) weckt. Wenn das Ki, die Energie, dazu neigt, sich im oberen Teil des Körpers (Brustkorb und Kopf) festzusetzen, stellt sich eine ungesunde Erwärmung ein, die der Ursprung von Herz- und Gefäßkrankheiten, Kopfschmerzen, Migräne und Neurosen sein kann. In diesem Fall müssen jene Atmungsarten angewandt werden, die *sui* oder *ko* wachrufen.

Tritt ein Ohnmachtsanfall oder Bewußtseinsverlust ein, muß man beim Wiederaufwachen so atmen, daß die starke Energie *ka* zum Fließen kommt. Leidet man an trockenem Husten und Halsentzündung, kann die Atmung, die die Energie *kyo* wachruft, das Zurückhalten des Atems und das Ausatmen durch den Kehlkopf, diese Entzündung hemmen. Müdigkeit wird leicht durch *shi*, die sechste Energieform, behoben.

Die natürliche Kontrolle dieser sechs Energien (Ki) sorgt für eine adäquate Atmung und das gute Funktionieren der fünf Organe und der fünf Eingeweide. Darüber hinaus wird dadurch das energetische Gleichgewicht im Körper wiederhergestellt.

Zu Beginn des Zazen ist es empfehlenswert, einmal lang und kräftig durch den Mund auszuatmen, um sich von der ganzen schlechten Luft, die in den Lungen steckt, zu befreien. Das Zazen kann anschließend mit der ersten Einatmung durch die Nase beginnen. Das ist die Bedeutung des Ausdrucks *ko-bi*: Zunächst wird die warme und schlechte Luft durch den Mund (*ko*) herausgelassen, anschließend die frische und reine Luft durch die Nase (*bi*) eingeatmet. Zudem hat das Erwecken der frischen und reinigenden Ki-Energie schmerzstillende Wirkung.

Alle diese Methoden wurden im Soto-Zen lange Zeit geheimgehalten. Die Meister wußten wohl davon, verbreiteten sie aber nicht. Sie unterrichteten nur die Schüler, die das *shiho* (das Siegel der Transmission) erhalten hatten, davon, also diejenigen, die sicher fähig waren, diese Methoden zu verstehen und sie weise zu benutzen, denn Fehler in diesem Bereich können schwere Folgen haben.

Sicher soll man beim Zazen kein Ziel haben, weder Gesundheit noch Satori. Die einzig richtige Haltung, um das Unendliche zu empfangen, ist die, ihm die Türen weit zu öffnen, es durch alle Öffnungen eindringen und bis in die kleinste Zelle strömen zu lassen. Wir müssen davon überwältigt werden, damit es sich in uns niederläßt; das heißt, wir müssen unser Ego kapitulieren lassen. Durch Zazen, durch das Loslassen unser selbst im Zustand der Konzentration (Samadhi) geschieht dies ganz von selbst. Das ist Mushotoku, das Nicht-Suchen nach etwas zu Erlangendem.

Zazen öffnet zum Ganzen. So ist es selbst denen, die nur eine begrenzte Vorstellung von seiner Dimension haben, unmöglich, darin nur eine Art Therapie zu sehen, eine einfache Harmonisierung von Körper und Geist. Das Bewußtsein ist stets an den Körper gebunden, und von der Stellung des Körpers in Raum und Zeit hängt der Zustand des Bewußtseins ab. Gleichermaßen ist auch der Körper Bewußtsein. Herauszufinden, welches von beiden eher da war, ist eine falsche Fragestellung. Das Denken beeinflußt die Haltung des Körpers, der Körper wirkt auf das Denken. Es herrscht vollkommene Gleichzeitigkeit und wechselseitige Verschachtelung. Die vollkommene und absolute Unbeweglichkeit des Körpers führt das Bewußtsein zu einem Zustand vollkommener Heiterkeit.

Beim Zazen wird der Stoffwechsel und alle physiologischen

Austauschfunktionen (die Atmung) verlangsamt und manchmal sogar aufgehoben, so als ob die vom Bewußtsein transzendierte Macht der Zeit auch vom Körper transzendiert würde.

Die Konzentration auf die Atmung und die Aufmerksamkeit hinsichtlich der Körperhaltung führen diesen Zustand vollkommener, keiner Unterstützung bedürftiger reiner Konzentration (Samadhi) herbei. Die kosmische Energie durchdringt und erfüllt dabei den Körper, gleichwie ein Strom sein Flußbett ausfüllt.

Diese Energie gibt dem, was in uns ist, Farbe. Sie prägt Struktur, Rhythmus und Kraft. So sind wir in den Augen derjenigen, die zu sehen wissen, vollkommen transparent, wie das Holz, das brennt und dessen Grad an Trockenheit oder Feuchtigkeit der Holzfäller an der Farbe des Rauches erkennt.

Dieser Rauch ist unser Atem. Er ist ganz besonders aufschlußreich für unsere körperliche und geistige Verfassung. In einem Kendo-Wettkampf beachtet der Kämpfer vor dem entscheidenden Schritt die körperlichen Bewegungen seines Gegners gar nicht, er sieht und hört nur das, was er aus seiner Atmung erfährt und schlägt zu, wenn der Gegner gerade einatmet, sich also aufgrund einer Energieleere in einer schwachen Position befindet. Beim Ausatmen hingegen ist er stark. Bewegt sich die Energie abwärts in den Unterbauch, so erreicht sie qualitativ und quantitativ ihren höchsten Wert. Sie wirkt befriedend, konzentrierend, konvergierend und zentripetal. An ihrem negativen Pol (der kein negativer Aspekt der Energie an sich ist, sondern nur einer des Körpers, in dem sie gerade schwächend wirkt), neigt sie zu Konchin, dem Dahindämmern.

Beim Einatmen verhält es sich gegensätzlich: es macht leidenschaftlich, wirkt zerstreuend, divergierend und zentrifugal. Es bringt Sanran hervor. Die Energie ist nach oben gerichtet, auf die höher gelegenen Organe im Brustkorb und im Kopf und wirkt sich günstig auf alle geistige, schöpferische Arbeit aus. In ihrem positiven Aspekt ist sie also schöpferisch. In Europa gibt es ja den Ausdruck „eine Inspiration haben“, und Inspiration bedeutet „Einatmung“. In Japan sagt man, daß man bei der Ausatmung schöpferisch ist, aber das ist ein anderes Problem, das mehr mit dem chronologischen Unterschied zwischen dem Moment der Einatmung (Inspiration) und dem eigentlichen schöpferischen Augenblick zusammenhängt. Der negative Aspekt der Einatmung jedenfalls enthüllt sich, sobald man einen Blick auf den Menschen unserer Zeit wirft. Der Menschheit ginge es besser, würde sie ihre Energie mehr auf das Ausatmen konzentrieren. In sicher allen Bereichen gäbe es so weniger Verirrungen und weniger Leiden.

Die Kraft der Vorstellung

In Indien war es üblich, daß ein Leprakranker, wenn er gesunden wollte, sich vorstellte, sein Blut sei Milch. Manchmal gelang es ihm, dadurch geheilt zu werden. Andere stellten sich vor, daß ein guter Geist in sie einzöge und zu ihrer Krankheit würde. Einige wurden gesund, aber viele andere erfuhren nicht die geringste Verbesserung ihrer Lage. Sicher spielt der Faktor Glaube eine wichtige Rolle in dieser Art von Therapie. Heute ist sie zu einer angewandten Wissenschaft namens Autosuggestion geworden und wird unter verschiedenen Bezeichnungen praktiziert.

Sicher ist die Macht des Geistes über den Körper groß. Aber man braucht nicht so weit zu gehen wie die Hindus und findet im Zen eine ähnliche Form der Therapie mit Hilfe der Vorstellung. Sie besteht jedoch mehr darin, seine Krankheit zu vergessen (indem man die Konzentration auf etwas anderes lenkt), als sich etwas anderes vorzustellen. Das Zen hat sich dieser Methode jedoch nur im Falle harmloser Leiden bedient, etwa Erkältungen, wo sich der Betroffene vorstellt, wie die Feuerenergie ihn tief durchdringt und die übermäßige Kälte, die sein Leiden verursacht hat, zerstört. Eine solche Haltung begünstigt sicher die Heilung. Diese Methoden haben aber dennoch mehr mit dem tibetanischen Buddhismus, dem Hinduismus und dem Theravada-Buddhismus zu tun, bei dem ein Sutra 72 Methoden solcher praktischen Anwendungen beschreibt.

Wenn der Organismus sein inneres funktionelles Gleichgewicht und das äußere in Bezug auf seine Umgebung – wozu auch eine spontane Anpassungsfähigkeit gehört – aufrechterhält, so nennt man das heute wissenschaftlich Homöostasiefähigkeit. Die östliche Medizin hatte diese Prinzipien schon vor Jahrtausenden verstanden. Die ersten Abhandlungen über Akupunktur, die direkte Anwendung davon, berichten von den Maßnahmen, die bei einem Mangel an Homöostasiefähigkeit getroffen werden.

Akupunktur, Moxibustion (Wärmebehandlung) und Shiatsu (Fingerdruckbehandlung) sind die verschiedenen Formen derselben Therapie. Wenn ich diese Techniken als zur Zentherapie gehörend erwähne, so deshalb, weil man sie in Zen-Kreisen sowohl in China als dann auch in Japan sehr geschätzt und sie mit Hilfe der durch Zazen gewonnenen Einsichten ständig korrigiert und verbessert hat.

In einem Sutra heißt es: „Wenn man in einem echten Dojo lebt, kann man nicht krank werden, denn die körperliche und geistige Kraft treibt alle Dämonen in die Flucht. Das Ki des Zazen erfüllt die Luft des Dojo, das der Buddha beschützt." Das ist sicher wahr, wenn es auch in den Zentempeln immer einen Raum für eventuell Kranke gab, eine Art Krankensaal, wo Akupunkturnadeln, Moxas und Heilpflanzen nebeneinander benutzt wurden.

Dieser Raum war wichtig, um Kranke mit ernsteren Beschwerden oder auch mit ansteckenden Krankheiten abzusondern, denn die Regel in den Zentempeln schrieb vor, daß die Mönche alle zusammen im Dojo oder einem Gemeinschaftsraum schlafen mußten.

Die eigentliche Therapie ging mehrere verschiedene und parallele Wege. Die Krankheit wurde als die Einmischung eines Dämons betrachtet. Es wurde der Meister oder der oberste der Mönche befragt, der dann einen ersten Exorzismusversuch unternahm. Der kranke Schüler wurde vor den Meister geführt, der ihm mit seinem *kotsu* (einem kurzen Krummstab) eine unbestimmte Anzahl von Schlägen auf den schmerzhaften Punkt gab, an dem sich die Krankheit ausdrückte. So sollte das schlechte Ki (der Dämon) fliehen. Stellte sich das nicht ein, wurde der Kranke in den Pflegesaal geführt, wo man ihn einer ganz speziellen Behandlung unterzog.

Diese Behandlungsformen haben sich über Jahrhunderte gehalten, wobei die einen entwirrt, vereinfacht und systematisiert, die anderen mit empirischem Wissen angereichert wurden.

Die Akupunktur, die Moxas (getrockneter Beifuß) oder die Einnahme von Heilpflanzen bilden die schnellsten Methoden auf dem Weg zur Heilung. Aber noch heute gebraucht man am häufigsten Shiatsu (Fingerdruckbehandlung) als ganz einfache Technik. Sie besteht darin, mit den Fingern, insbesondere dem Daumen, auf gewisse Energiepunkte zu drücken, die den kranken Organen entsprechen.

Eine radikale Methode, um dem Kranken die ihm fehlende Energie wiederzugeben, besonders im Falle von Krämpfen und manchmal sogar bei einem Schlaganfall, besteht darin, so stark wie möglich mit eingeknicktem Zeigefinger auf das Kikaitanden zu drücken, und dann den Finger hin und her zu drehen. Dies sollte wiederholt werden, bis der Kranke erwacht. In diesem Augenblick muß ganz plötzlich auf diesen Punkt geschlagen werden.

Ein anderer wichtiger Punkt für solche Fälle von Energiedefizit befindet sich genau links neben dem fünften Rückenwirbel: die Schultern werden fest umfaßt und das Knie schlägt unvermittelt auf diesen Punkt. Die richtig verabreichten Kyosakuschläge sind natürlich ebenso wirksam und beleben die komplexen Energiezentren am Halsansatz.

Die Geschichte des Handauflegens beginnt wahrscheinlich mit der des Menschen. Kann man deshalb überhaupt von einer Geschichte sprechen wie bei der Akupunktur?

Die Macht der Hände erwies sich als Tatsache, was gleichzeitig das Gesetz vom Körpermagnetismus mit sich brachte. Die Zenmeister jedenfalls verstanden dessen Bedeutung, umsomehr als durch die tägliche Zazen-Praxis ihre Kraft gegenüber den gewöhnlichen Handauflegern in großem Maße stieg. Seitdem wird es sehr oft praktiziert und hat sich selbst unter den Laien ausgebreitet, die darin heute nicht mehr ein von der Gnade Buddhas bewirktes Wunder sehen, sonden die simple Anwendung eines Naturgesetzes.

Dennoch bleibt der Glaube ein wichtiger Faktor. Bei den Skeptikern wird diese Methode niemals ebenso wirksam sein. Man entdeckt hier wieder, wie überall sonst, die Bedeutung der Psychosomatik und die Macht der Suggestion (hier noch mehr, da es mit dieser Art von Therapie kein Eindringen von äußeren Elementen gibt, die heftige chemische Reaktionen bewirken würden; selbst die Akupunktur kann angesichts dieser Behandlungsweise noch als roh angesehen werden).

Legt man die Hände auf das kranke Körperteil (es ist besser, zuvor Zazen zu praktizieren), wird die kosmische Energie mit Hilfe eines Leitfluids übertragen, das jeden Teil unseres Körpers durchströmt und besonders stark an den Fingerspitzen und der Handfläche wirkt. Um noch wirksamer zu sein, können die Hände in direkten Kontakt mit dem Körper gebracht werden und dort einen leichten, den Atemrhythmus begleitenden Druck ausüben (Druck bei der Ausatmung, Loslassen bei der Einatmung). Dabei kann innerlich das HANNYA SHINGYO rezitiert werden, wobei durch die in den Sutras selbst enthaltene Kraft die Kraft des Heilers verstärkt wird.

Diese zwei Arten der Behandlung, Shiatsu und Handauflegen, verlangen von dem, der sie praktiziert, natürlich recht viel. Die dem Heiler eigene Energie bildet das eigentliche Therapeutikum, und so kommt er auch meist erschöpft und „ausgelaugt" aus diesen Sitzungen heraus. Aber es gibt auch Methoden, die den Heilenden selbst weniger, ja fast gar nicht in Anspruch nehmen.

In der recht verbreiteten Pflanzenheilkunde sind 200 Heilpflanzen zusammengestellt worden, die entweder in ihrer natürlichen Form oder auch als Tee oder Umschlag verwendet werden.

Schließlich betrachtet man auch die Nahrung selbst als eine Arznei: die Grundnahrung, eine Art Allheilmittel für alle Stoffwechselbeschwerden, ist die Vollreis-(*genmai*-)Suppe. Regelmäßig gegessen (zum Beispiel jeden Morgen eine Schale voll), wirkt sie als ausgezeichnetes Vorbeugungsmittel. Sie kann eine große Anzahl von Krankheiten neutralisieren, wenn man sie tagsüber anstelle anderer Nahrung so oft man will zu sich nimmt. Manche anderen Nahrungsmittel, zum Beispiel Pflaumen, werden so behandelt, daß man sie nur in medikamentösen Dosen anwenden kann: die Umeboshi (so heißen diese Pflaumen, nachdem sie mehrere Monate in Salz eingelegt wurden) nimmt man morgens nüchtern mit etwas Tee zu sich. Sie sind gut für das Funktionieren von Magen und Darm und die Belebung des Blutkreislaufs. Darüber hinaus sind sie, wenn man sie entkernt und auf die Schläfen legt, ein ausgezeichnetes Mittel gegen Migräne, Kopfschmerzen und Neuralgien. Umschläge aus geriebenen Äpfeln haben dieselbe Wirkung. Die Einnahme von gekochten und dann gebratenen Karotten wirkt sich günstig auf die Funktion der Nieren aus. Wenn man die Mandeln der Pfirsichkerne auskocht oder unter eine Speise mischt, so wirkt das ausgezeichnet auf den Hormonhaushalt der Frau. Diabetes kann durch mehrmals täglich eingenommene Kürbiskerne oder trockene Feigen und ein Glas gekochtes Wasser am Morgen eingedämmt werden. Gegen Schlaflosigkeit esse man Zwiebeln oder frische Lauchsprossen. Die Funktion des autonomen Nervensystems wird dadurch verbessert. Der Beispiele gäbe es noch viele. Die Behandlung mit Hilfe von Pflanzen und Früchten ist allgemein bekannt. Unterschiede innerhalb der angewandten Produkte gibt es nur in Abhängigkeit von der geographischen Lage.

Die in den Zentempeln übliche Ernährungsweise jedenfalls hat immer angestrebt, Ausdruck einer idealen, sorgfältig ausgewogenen und dadurch Krankheiten vorbeugenden Nahrung zu sein. In diesem Sinne haben die Zenmönche immer die Rolle von Vorläufern gespielt.

Wie ich zuvor schon erklärt habe, entsteht jede Krankheit infolge eines Mangels an Gleichgewicht zwischen der binären Dynamik (der Yin-Yang-Dynamik) und der Dreierstruktur des Organismus und ihrer entsprechenden Elemente in der Mitte. Die Dreierstruktur entsteht aus der zweiteiligen Dynamik: gleichzeitige Gegenwart der beiden Rhythmen Yin und Yang in einem dritten, vereinenden Begriff. Das Ganze bildet die Architektur Erde – Mensch – Himmel, wobei der Mensch, gleichzeitig von Erde und Himmel stammend, die Synthese der beiden darstellt. Auf funktional-physiologischer Ebene existiert diese doppelte Dynamik in Form von zwei Wechselbeziehungen, bei der die eine auf die Nerven bezogen ist (vegetatives und motorisches Leben), die andere auf chemische Prozesse (Nahrungsaufnahme/Verdauung/Ausscheidung, Atmung, Stoffwechsel). Aus dem mangelnden Gleichgewicht dieser beiden dynamischen Wechselbeziehungne mit der Umgebung entsteht die Krankheit. Bei diesem Energieungleichgewicht ist jede Zelle des Körpers betroffen. Diese Tatsache bildet die Basis der gesamten östlichen Medizin (Akupunktur). Die Mönche haben jedoch immer die einfache Zazen-Praxis vorgezogen, um das organische Gleichgewicht wiederherzustellen. Sie brauchten so nicht mit den Nadeln einzugreifen.

Der Zenmeister, der die Haltungen beobachtet, erkennt intuitiv den Gesundheitszustand des Übenden. Er kann dementsprechend handeln. Er korrigiert die Haltung, achtet dabei besonders auf die schwachen und schmerzhaften Punkte und verabreicht das Kyosaku. Das ist das wahre Mitleid des Bodhisattvas jenseits der Hilfe, die er denen gibt, die sich in seiner direkten Umgebung befinden. Er läßt durch ihre verwandelten Gemüter die lebendige Quelle des Friedens und der Freude fließen, etwas, was die Menschheit so sehr braucht.

Einer unserer Schüler hatte Krebs. Die Ärzte konnten nichts mehr für ihn tun. Ich sagte zu ihm: „Legen Sie Ihr *rakusu* auf die Stirn und rezitieren Sie das *dai sai gedappuku*, das Kesa-Sutra, so oft Sie können, und glauben Sie daran!“ Nur der Glaube konnte ihm in diesem kritischsten aller Augenblicke helfen. Und er hat ihm geholfen . . . Der Glaube ist wirklich die Quelle des Weges. Man muß glauben, vollkommen, ohne Gegenstand, *mushotoku*, ohne irgendein Anhaften.

Man kann unsere Lage vergleichen mit der eines Verdurstenden, der in der Wüste verloren ist. Seine fieberhafte Suche nach einer Wasserquelle läßt ihn nach Süden laufen, weil er glaubt, sie sei dort. Als er aber nichts findet, verzweifelt er, fällt in sich zusammen, seufzt, klagt . . . Wasser! . . . Dann, in einer Art plötzlicher Erleuchtung, wendet er sich nach Norden, sicher, dort etwas zu finden. Nichts . . . Dann nach Osten, dann nach Westen . . . und sein Leiden nimmt ständig zu. Schließlich taucht seine letzte Chance auf: sicher befindet sich das Wasser in der Tiefe der Erde, unter seinen Füßen. Er gräbt und gräbt bis zur Erschöpfung. Aber noch immer keine Spur von Wasser.

Man darf weder nach etwas suchen noch irgendeiner Sache ausweichen wollen. Die fünf Sinne werden in dieser Metapher durch die Suche nach den fünf Richtungen dargestellt. Der eine rennt nach Süden auf der Suche nach Genüssen des Gaumens, nach Norden, um sanfte Melodien und süße Stimmen zu hören, nach Westen, um dem Lärm zu entgehen und gute Düfte einzuatmen und nach Osten, um der Pest zu entgehen und wunderschöne Farben zu genießen: schließlich gräbt man ein Loch in den Boden, um sich von der Sonne und von Küssen und Umarmungen verwöhnen zu lassen. Aber dann verdunkelt sich alles: der Geschmack wird schal, die Musik zum Lärm, die Düfte zu Gestank, die Farben trüb, die Zärtlichkeiten erstickend. Man kann das Unbeständige nicht festhalten, es nicht bewegungslos machen oder auch nur den geringsten Aspekt davon ergreifen. Ebensowenig kann man davor fliehen, sich ihm entziehen, ihm den Rücken zuwenden.

Durch seine Unbeweglichkeit, seinen unzerstörbaren Ernst den Wirkungen seiner Handlungen gegenüber (und sie in diesem Sinne transzendierend) erwacht der Geist. Er versteht, daß es nichts gibt, nichts Solides, nichts Festes, das bleibt und das einem Dasein entsprechen würde. Die Erscheinungen ziehen an den Wünschen vorbei, und alles zieht durch alles hindurch vorbei, ohne irgendwo Halt zu machen. Das ist die Transzendenz, und das zu verstehen ist die transzendentale Weisheit.

Den Illusionen entegengehend, unterliegen wir ohne Unterlaß der Seelenwanderung, müssen wir immer wieder in den drei Welten – *tridhatu* im Sanskrit, *sanjai* im Sino-Japanischen – wiedergeboren werden. Es gibt unendlich viele Welten in einem unendlichen Raum, aber jede von ihnen besteht aus drei Ebenen. Jede dieser Ebenen trägt in sich die Dualität der Pole Anziehung-Abstoßung, die die Handlungen bestimmen, welche entweder Suche oder Flucht bewirken.

(1) Die erste Ebene, *yoku-kai* (*kama-dhatu*), entspricht dem Zu-

stand der Wesen, die dem Durst und dem sexuellen Verlangen verfallen sind (Verdammte, Dämonen, Tiere, Menschen, usw.),
(2) die folgende, *shiki-kai* (*ruja-dhatu*), ist der Bereich alles Sichtbaren, des Körperlichen und Materiellen, aber führt nicht zu Begehrlichkeit. Aus Liebe zum Sichtbaren gibt es bestimmte Religionen, die Verbildlichungen suchen;
(3) die dritte Welt oder *mu-shiki-kai* (*arujya dhatu*) ist ohne Form bzw. immateriell. Unsere räumlichen Gegebenheiten lassen sich nicht mehr darauf anwenden, aber die der Zeit bleiben. Das ist die Welt der körperlosen Götter. Hierarchiemäßig ist es die höchste der drei Welten, die Welt der Kräfte und der Freuden, aber immer noch, da nicht von Verlangen frei, zu *samsara* gehörig.

Solange die geringste Lust nach einer Suche, der geringste Schatten eines Gedankens, der kleinste Raum für Dualität besteht, haften wir am Rad der Wiedergeburt. Das bedeutet, Wasser in der Wüste zu suchen. Doch schließlich ist man auf der Suche nach dem WEG: „Ich folge dem Weg, ich suche den Weg." Der Weg ist unter euren Füßen, in eurem Geist!

Der Geist nimmt teil an dem aus den Illusionen entstandenen Prozess von Verlangen/Handlung. Hört er auf zu wünschen, so hört er auch auf zu handeln und wird so aus seiner Unwissenheit erwachen. Das Verlangen ist das Baumaterial unseres Karmas, der Grund unserer Existenz in der Erscheinungswelt. Das bedeutet, daß das Karma abzuschneiden keine leichte Sache ist, sonst wären wir nicht da. Wir wären umso weniger da, als das Karma abzuschneiden dem vollkommenen Tod gleichkommt. Das Karma ist von Geburt an vorhanden, es ist die Geburt selbst, das Erscheinungsleben und das Verlangen nach dem Haften an diesem Leben, an einem eingebildeten Ego. Das ist die Krankheit der Illusion, die Handlung des Egos um seiner selbst willen, eine sich selbst einschließende Bewegung, die alles absorbiert, was es für ihre Substanz braucht, wie eine vom Krebs befallene Zelle. Wie sie, so ist auch das Ego dem Tod geweiht, entweder durch Umwandlung (Heilung) oder durch Ansteckung der Umgebung und gemeinsame Verwesung.

Den Weg zu finden, der zur ersten Art des Todes führt, dem Tod seiner selbst, das war das Ziel, das sich alle Religionen setzten. Als Mittel dazu gaben sie sich die Praxis der Meditation und die Einhaltung der Vorschriften (jap. *kai*).

Natürlich gibt es die Kai auch im Zen, genau seit der Zeit Buddhas nämlich, der sie nach Vereinfachung der komplexen Hindumoral, die damals besonders in ihrer asketischen Form verbreitet war, selbst begründete.

Buddha verwarf die sophistischen Züge dieser Moral und behielt nur deren reine und universelle Essenz bei. Daraus entstanden die zehn Haupt-Kai, auf die ich später zurückkommen werde. Eines läßt sich aber sagen: Kai und Meditation stehen in einem solchen gegenseitigen Abhängigkeits- und Einflußverhältnis, daß sich im Zen die Kai in Zazen (in dem sie ihre Vervollkommnung finden) zusammenfassen lassen, in der stillen Unbeweglichkeit und der reinen Konzentration.

Anstrengung und Ausdauer bei der Übung lassen moralische Stärke und Lebensenergie, die zwei Grundbedingungen für das Werk des Boddhisattvas, zunehmen. Ist *zen-jo*, die Zenkonzentration (oder Samadhi) schwach, kann nichts von dem gewaltigen Werk erfüllt werden. Ganz im Gegenteil, wir fallen zurück in die Krankheit und lassen das Rad des Dharmas rückwärts laufen. Genauso ist es auch mit dem Mangel an Weisheit aus Unverständnis des Gesetzes von der Unbeständigkeit und der Leerheit aller Dinge.

Aber der große Bodhisattva, der alle Dinge klar sieht, hört, wenn er wegen seines unendlichen Mitgefühls von der Krankheit der anderen betroffen wird, nicht auf, den Menschen zu helfen, und ihnen ihre Leiden zu erleichtern. Denn er weiß, daß jede Krankheit ihren Ursprung in den Bonno hat und daß er, wenn er sich die Bonno der anderen zu eigen macht, sie dadurch davon befreit. Und indem er zutiefst versteht, daß die Bonno keine eigene Wirklichkeit besitzen, daß sie ebenso leer sind wie das Ego und das Nirvana selbst, bleibt er ohne Bindung gegenüber all diesen Aspekten der einen Wahrheit. Das ist die Beobachtungsweise des Bodhisattvas, der nicht den Teil, sondern die Gesamtheit sieht.

Läßt er sich zu irgendeiner Form von Wertschätzung hinreißen, so ist diese Beobachtung selbst Krankheit, sie bedeutet lediglich die Suche nach dem Wesentlichen, ist aber nicht der authentische, vom Wesentlichen herkommende Blick. Keine Krankheit ist wirklich; sie gehört zum Wesen des Dharmas, bei dem alles Seiende von Natur aus Krankheit ist. Da es der Essenz entspringt, ist das jeweils Bestehende nirgendwo festzulegen. Es ist weder *ku* noch Nicht-*ku* und gleicht darin der freien Wahrheit. Wenn die Worte versagen und die Erscheinungen verschwinden, stellt sich die vollkommene Ruhe totaler Reinheit ein.

Das Nicht-Sein ist der Weg von Ku. Durch die Beobachtung von Ku (*ku-kan*) bannt der Bodhisattva die Krankheiten, indem er die Unwissenheit verschwinden läßt. Das Sutra von Vimalakirti berichtet folgende Geschichte: „Als der Bodhisattva Vimalakirti krank wurde, besuchte ihn Manjusri und erkundigte sich nach den Gründen seiner Krankheit. Vimalakirti antwortete: „Diese Krankheit, die sich in mir manifestiert, kommt vom Mitleid Buddhas. Die Krankheit aller Lebewesen hat mich krank gemacht. Wenn alle Lebewesen gesund werden, werde auch ich gesund.“ Wenn die Bonno abnehmen, wird auch das Mitleid des Bodhisattvas abnehmen, aber so lange das Haften am Leben, an Wünschen, an der Liebe weiterbesteht, wird sich das Mitleid des Bodhisattvas in den entsprechenden Dimensionen manifestieren.

Der wahre Frieden unseres Geistes, der sich beim Zazen einstellt, kann nicht von Krankheit berührt werden. Wenn Sie die tiefe Bedeutung dieser Beobachtung verstehen, wird Sie Ihre fleißige Zazenpraxis auf ganz natürliche Weise zu einer friedlichen Geistesverfassung bringen. Das wird das Ende aller körperlichen und geistigen Krankheiten sein.

Fukatoku

Hier zum Schluß eine Geschichte aus dem *Ikka-no myoju* des SHOBOGENZO von Meister Dogen, ein Koan für all diejenigen, die den Weg üben und ihren Leiden ein Ende setzen wollen:

„Meister Gensha verbrachte Tag und Nacht mit der Praxis des Wegs. Eines Tages beschloß er, einen anderen Meister zu besuchen, um seine Praxis noch mehr zu vervollkommnen. Er bereitete sein Reisegepäck vor und machte sich auf den Weg. In dem Augenblick, in dem er das Gebirge verließ, stieß er mit seiner Zehe an einen Stein. Er begann zu bluten und verspürte große Schmerzen. Dann hatte er jedoch ganz plötzlich eine Erleuchtung: ‚Dieser Körper existiert nicht!', rief er, ‚woher kommt also dieser Schmerz?' Kaum hatte er das ausgesprochen, erlangte er Satori und kehrte sogleich zu seinem Meister Seppo zurück."

Alles Bestehende ist Ku, unbeständig, wechselnd, ohne eigene, bleibende Substanz. Für die Welt der Erscheinungen gibt es nur die Wirklichkeit des beständigen Wandels. So ist auch das Ego: ohne Wesenhaftigkeit, ohne Substanz. Es ist keine Einheit, es hat keine Autonomie, es ist die bloße augenblickliche Aktualisierung mehrerer untereinander abhängiger Ursachen, die das Erscheinungsgefüge formen, manifestiert durch die Kraft der Möglichkeit. Daher existiert eine wahre Substanz von Körper und Geist gar nicht. Ihre Substanz ist die Möglichkeit der Existenz, die Möglichkeit der Manifestation innerhalb der Erscheinungen. Dashalb ist das Dasein *fukatoku*, unfaßbar.

Karma

Was ist Karma? *Go* im Sinojapanischen, *karma* im Sanskrit bedeutet „Handlung“. Es ist jede vom Mund, dem Körper oder dem Bewußtsein ausgeführte Handlung. Dies sind die Samen zukünftiger Taten oder die unendliche Gesamtheit der vergangenen und gegenwärtigen, durch eng verbundene Sachverhalte, oder die zwölf in einer Struktur, in einem lebenden Organismus (dem Menschen etwa) zusammengefaßten *innen*. Dies steht in unmittelbarem Zusammenhang mit dem Umfeld und dem umgebenden Universum. Anders ausgedrückt bildet das in einer lebenden Struktur sich manifestierende Produkt aller vergangenen und gegenwärtigen Handlungen das Karma. Wenn Sie jetzt eine Stunde lang Zazen üben, so ist dies eine Saat, die schon jetzt und für alle Ewigkeit ein gutes und tiefes Karma sät, das beste Karma überhaupt, und das gleiche gilt, wenn Sie dieses Buch lesen.

Warum lesen Sie dieses Buch hier und jetzt? Es ist das Ergebnis Ihres vergangenen Karmas. Jede Handlung ist die Verwirklichung des vergangenen Karmas und bringt zukünftiges Karma hervor. Glück oder Leiden, gute oder schlechte gesundheitliche Verfassung hängen direkt vom vergangenen und in der Gegenwart aktualisierten Karma ab, sind dessen sich nun auswirkende Folgen.

Durch die kausalen Zusammenhänge findet das gute oder schlechte Karma, das wir in der Vergangenheit geschaffen haben, seine Aktualisierung. Die Wirkungen manifestieren sich jedoch niemals in ihrer Gesamtheit. Ein Teil kann schon gewisse Wirkungen gezeigt haben, ein anderer hingegen ist noch latent. So ist es immer schwer zu verstehen, welcher Teil des Karmas sich verwirklicht. Aber beim Zazen können Sie bis zurück in die fernste Vergangenheit die unendlichen Möglichkeiten erkennen. Sie können Ihr Karma wahrnehmen wie in einem klaren Spiegel. Im Lotussutra heißt es: „Durch Zazen werden wir alle Verbrechen und alle Fehler besiegen und in die zehn Richtungen leuchten."

Wenn wir Verbrechen begehen oder Glück erfahren, sind dies die Ergebnisse unseres guten oder schlechten Karmas.

Was ist gutes und schlechtes Karma? Die buddhistischen Sutras sowie die Texte der meisten Religionen postulieren Karma immer als das Ergebnis einer guten oder schlechten Tat. Was die Grundursachen angeht, die gutes oder schechtes Karma bewirken, so sind sie praktisch universell und entspringen einer Grundmoral.

Mord zum Beispiel ist in der ganzen Welt seit prähistorischen Zeiten eine verbotene Tat und wird schwer bestraft. Tatsächlich töten unter allen Lebewesen nur die Menschen einander. Die Tiere einer selben Rasse töten sich nicht gegenseitig. Eine Taube tötet keine andere Taube; unter ihnen herrscht Harmonie. „Nicht töten" ist das grundlegende und universelle, das erste aller zu respektierenden *kai* (Vorschriften). Es ist nicht nur auf die Menschen bezogen, sondern auch auf die Tiere, auf alle empfindenden Wesen.

Der Kaiser Liang suchte eines Tages Bodhidharma auf und sagte zu ihm: „Ich habe viele Tempel errichtet, Sutras abgeschrieben und vielen Mönchen geholfen. Welche Verdienste habe ich erlangt?" Bodhidharma antwortete: „Kein einziges Verdienst!"

Das ist ein Koan. Wir dürfen keine Verdienste von unserem guten Karma erwarten. Wenn Sie Gutes vollbringen und denken: „Ich schaffe so sicherlich ein gutes Karma und werde dessen gute Verdienste empfangen", so denken Sie bruchstückhaft und begrenzt, denn Sie ziehen nicht vorsichtig und aufmerksam Ihr verborgenes, schlechtes Karma in Betracht.

Der richtige Blick Bodhidharmas hatte das schlechte Karma des Kaisers erkannt. Folgendes berichtet die Geschichte weiter: „Natürlich führte Liang gegenwärtig ein friedliches Leben voller Wohlwollen für alle. Er interessierte sich für die Buddhalehre und wollte sie in seinem Land verteidigen und zu Ansehen bringen.

Trotzdem tauchte schließlich sein schlechtes Karma auf. Als er nämlich die Königsreiche des Nordens und Südens bekämpft hatte und nach der Ermordung des feindlichen Königs als Sieger hervorgetreten war, hatte er sich in die Königin, die Frau des verstorbenen Königs, verliebt, sie mit in sein Königreich genommen und sie geheiratet. In demselben Jahr noch brachte sie einen Knaben zur Welt, der Prinz wurde. Bodhidharma, der die kriegerischen Ereignisse zwischen den Königreichen des Nordens und des Südens verfolgt hatte, entschloß sich unterdessen, nach Norden zu gehen, wo er sich tief in die nördlichen Berge zurückzog.

Der junge Prinz wuchs heran, und jeder freute sich, in ihm den zukünftigen Nachfolger des Königs zu sehen. Er empfing die seinem Prinzenrang gebührende Erziehung und wurde in die Geschäfte und Geschichte seines Landes eingeführt. Je mehr die Jahre verstrichen, desto fragwürdiger wurde ihm jedoch der König, sein Vater. Eines Tages beschloß er, den Beweis für das, was er über seine wahre Herkunft fühlte und den, den jeder als seinen Vater bezeichnete, zu bekommen. Dafür kannte er ein sicheres Mittel: er wußte, wenn man einen Tropfen Blut auf die Knochen seiner verstorbenen Eltern gibt, das Blut eindringt und sich schnell im Inneren verteilt. Aber die Knochen eines Fremden stoßen das Blut ab und lassen es nicht eindringen. So floh er eines Nachts aus dem Palast und begab sich zum Grab des toten Königs. Er grub die Knochen aus, schnitt sich dann leicht in den Finger und ließ einige Tropfen Blut darauf tropfen. Das Blut drang sofort in den Knochen ein. Damit hatte er den Beweis für seine Ahnung. Sein wahrer Vater war genau dieser König, der durch Kaiser Liang, welcher behauptete, sein Vater zu sein, gestorben war.

Die Zeit verfloß, und von neuem verschlechterten sich die Beziehungen zwischen den Königreichen des Nordens und des Südens. Neue Kämpfe fanden statt. Kaiser Liang befahl also seinem Sohn, gegen den Feind zu kämpfen. Der Prinz stellte sich an die Spitze seiner Armeen, aber anstatt gegen den Feind zu kämpfen, ging er zu ihm über und wandte sich gegen seinen Vater. Er griff den Palast an, in den sich Kaiser Liang, sein falscher Vater, zurückgezogen hatte. Dieser war während der letzten Jahre Buddhist geworden und hatte die Lehre Bodhidharmas empfangen. Als der Feind in Form seines Adoptivsohnes eintrat, saß Liang in der Buddhahaltung und übte Zazen. So starb er, vom Prinzen ermordet."

Wenn Sie jetzt schlechtes Karma schaffen, so ist dies das Ergebnis Ihrer Vergangenheit, und es ist sehr schwer zu bremsen. Wenn ich Ihnen im Augenblick der Ordination die Kai gebe, rezitiere ich zu Anfang der Zeremonie das folgende Sutra:

Warum habe ich seit alter Zeit so viel schlechtes Karma geschaffen? Aus diesem ganzen Karma erheben sich meine Wünsche, meine Wut, mein Unwissen, all dies ohne Beginn. Es wurde von meinem Körper, meinem Mund, meinem Bewußtsein geschaffen. So bekenne ich hier und jetzt mit offenem Herzen alles.

Beim Zazen erscheint das Karma vor dem Spiegel des Bewußtseins. Die Beobachtung des Karmas wird zum Bekenntnis. Wenn man bekennt, verwirklicht sich das Karma und beendet seine Wirkung. Deshalb ist Zazen sehr wichtig. Zazen auch nur eine oder zwei Minuten zu praktizieren, ist gutes Karma. Wenn man Schmerzen ertragen kann, Geduld und Ausdauer hat, wird dies verdienstvoll, schafft ein ausgezeichnetes Karma und verwirklicht sich in der Zukunft in Form von großem Glück, nicht nur für Sie, sondern für Ihre ganze Familie und die ganze Menschheit.

Wenn man diesen Begriff Karma tiefer untersucht, stellt man fest, daß es eine potentielle Kraft ist, die einen Einfluß hat und in die Zukunft wirkt. Wenn unser Wille aktiv ist, wenn wir etwas mit unserem persönlichen Bewußtsein wollen, so wird das ein Gedanke. Beim Zazen kann der Körper nicht handeln, er bleibt ruhig. Selbst wenn Sie jemanden umarmen wollen, ist das nicht möglich, die Hände befinden sich in der *hokai jo'in*-Haltung. Auch wenn Sie gähnen wollen, ist das schwierig, Sie müssen *gassho* machen. Aber im Alltag können Sie frei handeln, sich bewegen, sprechen und denken. Diese Handlungen sind das Ergebnis der Wirklichkeit Ihres Lebens. Und gleichzeitig beeinflussen sie die Zukunft.

Man kann drei Arten von Handlungen unterscheiden: die des Körpers, der Sprache und des Bewußtseins. Aber die Quelle, der Ursprung der Handlungen von Körper und Sprache liegt im Bewußtsein. Die Handlung des Denkens wird das Karma der Handlung von Körper und Sprache. Das Denken ist die Substanz des Karmas: es erschafft die Handlungen des Geistes. Das Karma wird vom Geist aus geschaffen, ebenso alle Erscheinungen der Welt.

Die Substanz unseres Geistes ist *ku* (ich wiederhole es immer wieder), völlig rein, ohne Wesen an sich, in Verbindung mit der kosmischen Ordnung. Durch den Willen jedoch tauchen die Bonno auf, sie bringen das Karma hervor, und so werden *shiki*, die Erscheinungen der ganzen Welt, geschaffen. Durch die Existenz des Egos erscheint das Karma und wirkt weiter. Wenn es kein Ego gibt, setzt sich das potentielle Karma nicht fort.

In der Buddhalehre wie in den meisten Religionen gibt es grundlegende Vorschriften. Außerhalb der Religionen gibt es auch die Ethik, die universelle und grundlegende Moral. Es ist dieselbe für die gesamte Menschheit. In der modernen Zivilisation geht nun die Bedeutung der Ethik zurück, deshalb befindet sich diese Zivilisation in einer Krise. Im Buddhismus ist das gute oder schlechte Karma nicht die letzte Wahrheit. Man muß jenseits des Karmas, allen Karmas sein. Das ist die Lehre Buddhas.

Im körperlichen Bereich ist die schlimmste Tat die des Tötens, aber nicht nur des Tötens von Menschen, sondern ebenso von Tieren, Pflanzen, ja überhaupt allen empfindenden Wesen. Das ist sehr schwierig zu befolgen. „Ich habe niemanden getötet, also bin ich vollkommen", sagen manche. Aber man ist niemals vollkommen! „Ich stehle nicht", sagen sich einige. Aber es ist sehr schwierig, dieses Kai vollkommen zu respektieren. Manchmal bezahlen Sie das Telefonieren nicht, Sie nehmen ein Blatt Papier bei jemandem, um zu schreiben. . .

Für die, die durch die Ordination den Kai verpflichtet sind, hält die Kraft dieser Verpflichtungen sehr lange an. Selbst im Schlaf und auch wenn Sie schon die Absicht haben, eine schlechte Handlung zu begehen, wird diese potentielle Kraft eine Kraft zur Verhinderung schlechter Taten. Sie können darüber nachkenken.

Besonders beim Zazen tauchen viele Bonno auf. Sie wollen zum Beispiel Ihren Freund kritisieren. Aber Ihr Geist läßt Sie die Bonno beobachten: „Ich muß damit aufhören, das ist nicht gut."

Sie können über Ihre Bonno nachdenken. Beim Zazen wiederholen Sie ständig unbewußt, natürlich und automatisch diese Überlegung über Ihr gutes oder schlechtes Karma. So wirken durch Zazen Ihre Kai fort und verstärken sich. Zazen verstärkt die Kai, und Ihr schlechtes Karma nimmt ab. In diesem Augenblick taucht die transzendentale Weisheit auf.

Was ist gut? Was ist schlecht? Den Geist zu schaffen, der vom ursprünglichen, wahren und reinen Buddhawesen herstammt, das ist gut. Dagegen drückt eine schlechte Handlung einen dem Buddhawesen entgegengesetzten Geist aus. Wenn Sie Ihr wahres, ursprüngliches Buddhawesen durch Ihr Selbst-Bewußtsein verdrängen, so ist das eine schlechte Handlung. Der wahre Weg befindet sich im Innern unseres Geistes, nicht außen. In einem Sutra heißt es: „In den Drei Welten (Hölle, Erde und Himmel) ist alles in meinem Besitz, der ganze Kosmos, alles Bestehende ist mein."

Es ist nicht nötig, alles zu nehmen. Wenn man etwas nimmt, etwas besitzt, so bedeutet das, das Kai „Nicht stehlen" zu brechen. Die ganze Erde, das Wasser, das Feuer, der Wind können benutzt werden, und so ist es nicht nötig, sich bewußt etwas anzueignen.

In einem Sutra heißt es: „Alle empfindenden Wesen sind meine Kinder. Die älteren Leute sind mein Vater und meine Mutter. Die Männer und Frauen mittleren Alters sind meine Brüder und Schwestern. Alle Kinder sind meine Söhne und Töchter."

Deshalb müssen Sie die, die älter sind als Sie, respektieren und gut zu den Jüngeren sein. Mann und Fau müssen vertraut miteinander sein. Man kann sich körperlich lieben, muß aber seinen Partner sorgfältig aussuchen. Man muß aufpassen, wann man liebt; oft wird das kompliziert und schafft schlechtes Karma, den Samen eines potentiellen Karmas für die Zukunft. Wenn Sie unfreiwillig hier und jetzt eine schlechte Handlung ausführen, muß man darin die Verwirklichung eines vergangenen potentiellen Karmas sehen. Wir dürfen weder die andern noch uns selbst belügen. Es ist leicht, die anderen zu belügen, aber sehr schwierig, sich selbst zu belügen. Wir dürfen auch den Himmel und die Erde nicht belügen. Wenn Sie sich vorstellen, daß alle Wesen Ihre Kinder sind, wie es im Sutra heißt, ist es nicht nötig zu hassen oder eifersüchtig zu sein. Wenn Sie wirklich mitempfinden, ist es nicht nötig, neidisch zu sein oder schlecht über Ihre Freunde zu sprechen. Manchmal werden Sie zu einem Bodhisattva, zum Vater aller empfindenden Wesen. Alle gehören zusammen, alle Männer und Fauen, jenseits von Ländern und Nationalitäten, alle sind wirklich Brüder und Schwestern. Man sollte nicht auf die Vertrautheit zwischen Bruder und Schwester eifersüchtig sein. Reich und arm, hohe und niedere soziale Schicht, groß und klein sind nur Schatten, nur Erscheinungen des Karmas. Deshalb ist es auch nicht nötig, zu viele Wünsche und Gelüste zu haben.

Wenn Sie jemanden belügen oder kritisieren wollen, dies dann aber nicht tun, wird das Ihre Zukunft noch lange Zeit beeinflussen. Es entsteht ein Karma, das in der Zukunft Glück bringt. Es vermindert Ihre Krankheiten, und Sie werden lange leben. Wenn Sie aber zum Beispiel zu viel lieben oder sogar sexbesessen sind, so schafft das ein schlechtes Karma, und unvermeidlich wird irgendwann ein Unfall passieren.

Die Idee des weiterwirkenden Karmas existiert nicht nur im Buddhismus. In Indien, in den Upanischaden, im Jainismus stößt man ebenso darauf. Der Buddhismus hat dies allerdings ausführlich weiterentwickelt. Es ist eines seiner großen Prinzipien geworden. Wenn Sie dieses Prinzip nicht kennen, können Sie die Buddhalehre nicht verstehen. Die grundlegende Moralvorstellung ist das Wichtigste. Heutzutage wird sie vergessen, und man lehrt sie nicht mehr. Die Pfarrer erklären sie zwar, aber nicht genau genug. Sie begnügen sich damit zu sagen: „Stehlt nicht, tötet nicht, lügt nicht, macht nicht zu viel Sex, trinkt nicht."

Durch die Bewegung des Grases und der Bäume können wir erkennen, daß es windig ist. Ebenso kann man, indem man beobachtet, was die Menschen tun, ihren Geist und ihr Karma verstehen. Das Karma, das sich manifestiert, ist ursprünglich schon von den Genen beeinflußt. Sie besitzen ein genetisches Karma. Wenn Sie im Schoß Ihrer Mutter gezeugt werden, besitzen Sie schon den Kern eines starken Karmas. Das Karma entstand bereits vor der Geburt, und es setzt sich bis zum Tode fort.

Das starke Karma des Vaters und der Mutter beeinflußt das werdende Kind. Das starke Karma Ihrer Vorfahren hat somit schon begonnen. Während der Empfängnis, der Schwangerschaft und Ihrer Geburt beeinflussen Sie die geistigen und körperlichen Handlungen Ihrer Mutter ebenfalls. Sie werden ein Junge oder ein Mädchen, und die ganze Erziehung und die Umgebung erschaffen Ihr Karma.

Ihre Persönlichkeit ist fast völlig ein Produkt des Karmas. Ihre Handlungen hier und jetzt sind Verwirklichungen des vergangenen Karmas, welches auch noch das zukünftige Karma beeinflußt. Und das Karma eines jeden wirkt sich auf das gesamte Universum aus. Wenn Sie Zazen praktizieren, beeinflußt das nicht nur das Dojo, sondern auch das ganze Stadtviertel, das Land, die Zivilisation, den Kosmos . . .

Die guten Samen der Vergangenheit werden die guten Wurzeln zukünftiger Handlungen. Ebenso ist es mit den schlechten Samen. So wird jede Existenz zu dem, was sie gesät hat. Wesen hoher oder niederer Dimension sind Erscheinungen, Aspekte des Karms. Zustände von Wut, Liebe und Angst sind ebenso wie das Leiden Produkte unseres eigenen, von unserem persönlichen Bewußtsein geschaffenen Egoismus. Wenn wir alle Wesen akzeptieren, wenn wir unseren Geist nicht negativ werden lassen, können wir immer und überall Freude und Lust empfinden. Wenn wir freudig sind, verschwinden Angst und Leiden. Wenn wir ohne Angst und Leiden sind, erscheint keine Wut. So kann uns der Große Weg alles geben.

So kann man auch nicht dogmatisch werden. Die negativen Einstellungen der gewöhnlichen, dualistisch denkenden Menschen werden vom Ego geschaffen. Wo ein Schatten von Ego auftaucht, verfallen wir in die dualistische Betrachtungsweise von Existenz oder Nicht-Existenz. Folgen wir aber der kosmischen Ordnung, ist auch der Ego-Geist beendet, und wir können uns von den beiden Begriffen Existenz und Nicht-Existenz trennen. Wenn wir diesem Dualismus, der entweder zur einen oder zur anderen Seite neigt, nicht verfallen, können wir die wahre Kraft des Glaubens erlangen. So diktiert uns unser ursprünglicher Geist (Ku) die zehn grundlegenden Kai.

Ein Kind tötet, stiehlt, lügt oder kritisiert nicht gerne. Es schämt sich, wenn es so etwas tut. Es ist schamhaft in Bezug auf sein Geschlecht und versteckt es, außer wenn es verliebt ist. Die Kinder sind oft aufrichtiger als die Eltern, sie wollen nichts anderes als essen und sich in Sicherheit fühlen, nur deshalb weinen sie. Sie lieben das, was gut ist und fürchten das Schlechte. So besitzen wir die zehn Kai schon in unserer Kindheit. Die großen Weisen und Heiligen sind Wesen, die den Geist der Kindheit nicht verloren haben.

Haben wir einen stolzen, eingebildeten Menschen vor uns und zeigen wir Geduld, so nimmt unsere Kraft der Geduld zu. Treffen wir schlechte Leute, zeigen uns aber mitfühlend, so nimmt durch diesen Kontakt unser Mitgefühl zu. So können wir verstehen, daß, wenn wir dem Moralgesetz folgen und es vollkommen erfüllen, sich uns das Verständnis des Weges des Himmels öffnet. Wenn wir den Weg des Himmels verwirklichen, können wir zu unserem wahren, ursprünglichen Wesen gelangen, unser eigenes vergangenes Karma und unser Schicksal verstehen. Der Weg des Himmels bringt alle empfindenden Wesen an ihren wahren, natürlichen Platz und läßt sie im Schoße des Kosmos wachsen.

Während des letzten Krieges hatte mich in Sumatra die Militärpolizei aufgefordert, jeden feindlichen Kämpfer, dessen ich habhaft werden konnte, festzunehmen und einzukerkern. Aber ich dachte, daß, wenn ich den Feind ergriff, es besser sei, ihm Kleider, Nahrung und Zigaretten zu geben . . . Und so tat ich es auch. Die Militärpolizei wollte die Gefangenen vernichten, aber ich ging ins Gefängnis und verteilte Lebensmittel und Zigaretten. Dies brachte ihnen die Hilfe, die sie brauchten. Schließlich wandte ich mich an den Befehlshaber, der mich hatte eintreten lassen, und nach Austausch einiger Waren konnten etwa hundert indonesische Gefangene freigelassen werden. Als der Krieg zu Ende war, wurde die Militärpolizei wegen ihrer Verbrechen gefangengenommen. Ich jedoch war in der befreiten indonesischen Armee willkommen, man respektierte mich, und ich wurde von allen beschützt!

Es ist sehr wichtig, den Menschen zu respektieren, sich gegenseitig zu respektieren, einen elementaren Sinn für Humanität zu haben. Gott und Buddha, die Bodhisattvas, die Heiligen und die Weisen sind Produkte des Menschen und beschützen uns wie Menschen. Wenn wir in uns das tiefe Verlangen haben, den anderen zu respektieren und zu beschützen, können wir gegen ihn nichts Übles unternehmen und keine Wut oder Verachtung empfinden. Wenn die ganze Menschheit so wäre, gäbe es weder Morde noch andere Verbrechen auf der Erde. Dieser Geist des Mitleids findet sich bei allen empfindenden Wesen, selbst Tiere, Vögel, Fische, Pflanzen und Bäume fühlen ihn.

1. Nicht töten (fusessho-kai)

Allem voran hat Buddha den Respekt und den Schutz des Lebens gestellt. Er verweigerte jedem Kriminellen die Ordination. Aber denjenigen, die kleinere Delikte wie etwa das Töten eines Tieres begangen hatten, gewährte er sie nach einer Beichte.

Es gibt vielerlei Arten von Mord sowie auch vielerlei Arten zu töten. Man kann sie in vier Kategorien einteilen:

– Gute Menschen mit schlechter Absicht töten – das ist das Schlimmste –,
– Schlechte Menschen mit schlechter Absicht töten,
– Gute Menschen mit guter Absicht töten,
– Schlechte Menschen mit guter Absicht töten.

Für das Töten von Vögeln und anderen Tieren oder das Fällen von Bäumen und Abschneiden von Blumen ist die Klassifizierung dieselbe.

Es ist manchmal nötig, mit guter Absicht schlechte Menschen zu töten, einen gefährlichen Kriminellen zum Beispiel.

Für die verschiedenen Formen von Mord gibt es Abstufungen, zum Beispiel gemäß der Stellung der Opfer – vom Gras über Bäume, Insekten, Vierbeiner zum Zweibeiner.

Die Bedeutung dieses Kai darf nicht eingeschränkt werden. In einem weitergefaßten Sinn kann „nicht töten“ auch bedeuten, andere nicht leiden zu lassen, nicht zu hassen, nicht eifersüchtig zu sein. . . denn auch das ist eine Art zu töten. Auch die Verabreichung des Kyosaku ist davon betroffen. Man darf die Schläge nicht mit haßerfülltem Geist geben – sie müssen vielmehr mushotoku, ohne Absicht irgendwelcher Art sein. Man darf nicht denken: „Diesen hier mag ich gern, ich werde ihm also nur einen leichten Schlag geben . . . den da mag ich nicht, ich werde ihm einen anständigen, harten Schlag versetzen!“ Deshalb macht man auch, bevor man Kyosaku gibt, in Harmonie mit dem, der es bekommt, und mit völlig reinem Geist Gassho. Wenn wir Kyosaku geben, müssen wir wahre Freude geben, nicht Angst vermitteln.

Wir müssen immer beachten, daß Himmel und Erde dieselbe Wurzel haben. Alle Wesen sind ein einziger Körper. Das wahre, ursprüngliche Wesen des Egos zu verstehen bedeutet, das Nicht-vorhandensein einer Trennung zu erfahren, die Nicht-Unterscheidung zwischen einem selbst und den anderen. Durch dieses Verständnis wird jedes Verbrechen, jeglicher Haß, jegliche Eifersucht und jeder Groll für immer entfernt.

Unser Mitgefühl wächst durch die anderen. Ohne die anderen kann kein Mitgefühl und keine Liebe bestehen. Wenn wir geduldig sind und lernen, besonders angesichts von Schwierigkeiten, Geduld zu bewahren, vergrößert sich unsere Fähigkeit, Geduld zu wahren. Während sich unser Mitgefühl entwickelt, wächst gleichzeitig die Kraft unseres Glaubens. Unsere Karmasaat wird sich eines Tages verwirklichen und uns entweder ins Unglück oder ins Glück führen, wie der Samen eines Baumes den Baum hervorbringt, der wächst und sich entfaltet. Das Unglück der Menschen in unserer Zeit und die ganze Krise der gegenwärtigen Zivilisation ist das Ergebnis einer Ansammlung von schlechten Samen, die keimen und wachsen. Diese Samen sind aus einem Verstoß gegen die grundlegendsten, nun in Vergessenheit geratenen Moralgesetze entstanden.

Die zehn Vorschriften bleiben die grundsätzlichen Verhaltensregeln des Menschen, wenn er sich mit der Natur harmonisieren und sich nicht gegen die Gesetze des Universums stellen will.

Wenn wir einen Menschen tiefinnerlich respektieren und wirklich tiefes Mitgefühl besitzen, können wir zum wahren Weg gelangen. Empfinden wir Respekt und Mitgefühl, nimmt unser Egoismus ab. Das Wichtigste ist, seine Familie zu respektieren, die Eltern, Mann oder Frau, ältere Brüder und Schwestern. Diejenigen, die für die Familie weder Respekt noch Mitgefühl haben, können dies auch für andere nicht entwickeln. Wenn jemand nicht mitempfindend ist, fällt es ihm leicht, Würmer oder andere Tiere zu töten. Doch selbst ein Wurm empfindet wie jedes Tier Liebe für seine Mutter und seine Kinder. Es gibt eine Vertrautheit zwischen Männchen und Weibchen, sowie Gefühle der Freude und Lust und Angst vor dem Tod. Wenn man das sieht, kann man selbst Tiere nicht töten. Wenn Sie das Kai „nicht töten" bis zu den kleinen Würmern einhalten, wenn Sie selbst deren Leben respektieren, erreicht dies Kai seine vollkommene Erfüllung.

Wenn man sich beim Herstellen eines Säbels oder eines Schwertes sehr viel Mühe gibt, wird es sehr scharf. Kai bedeutet, mit den schlechten Dingen aufhören. Wenn Sie damit aufhören, nehmen Sie allein durch diese Tatsache an Tugend zu. Aber manchmal ist es auch nötig zu töten. Wenn ein Mensch oder ein Tier Hunderte, Tausende oder noch mehr Menschen tötet, ist es möglich, diesen Mörder zu töten. In einem Sutra heißt es: „Diejenigen, die Menschen aus schlechter Absicht töten, müssen getötet werden." Das ist Erziehung für die anderen. Diese Hinrichtung ist dann gerechter als das Töten eines Wurms mit schlechter Absicht. Die Todesstrafe ist manchmal notwendig. Wenn die Regierung irregeht, gerät die Zivilisation in eine Krise. Eine gute Zivilisation ist an die Existenz der zehn grundlegenden Moralprinzipien gebunden. Dann wandeln sich selbst die Schlechten, und Tiere und Vögel fliehen nicht. Wenn Sie dieses Kai einhalten, werden Sie doppelt belohnt: Sie können lange leben und werden frei von Krankheit sein.

Wenn Sie sich in Bezug auf dieses Kai schlecht verhalten oder wenn Ihre Vorfahren es nicht respektiert haben, wird es sicher irgendwann eine Fehlgeburt geben oder das Kind wird schnell sterben, ein oder zwei Tage nach seiner Geburt oder noch in seiner Kindheit. Es wird jedenfalls ein kurzes Leben haben. Das hängt damit zusammen, daß seine Vorfahren dieses Kai nicht beachtet haben, oder es kommt vom schlechten Karma der Mutter. Diejenigen, die dieses Kai nicht beachten, sind oft krank. Wer jetzt krank ist, verdankt es oft dem Auftauchen seines vergangenen (genetischen) Karmas. Wenn Sie und Ihre Vorfahren dieses Kai nicht beachtet haben, könnten Sie auch einen Autounfall haben.

Wiederholte Abtreibungen führen ebenso zu schweren Krankheiten oder Unfällen. Wenn Sie jedoch bereuen, wenn Sie beichten, wenn Sie es beim Zazen beobachten, nimmt dieses Karma ab.

Manche können durch kein Medikament und keine Methode geheilt werden, denn das Karma beeinflußt ihre Krankheit. Wenn die Macht des Karmas stark ist, wirkt sie ewig weiter. Den großen Kriegen folgen große Unglückszeiten, und die Menschen sind nicht glücklich. Den Japanern wurden Atombomben auf Nagasaki und Hiroshima geworfen, das ist die Auswirkung ihres schlechten Karmas. Sicherlich wird diese Tat der Amerikaner eine Rückwirkung auf ihr nationales Karma haben. Zwischen den einzelnen Ländern bestehen große Karmas, Nationalkarmas. Wenn ein Land ein anderes erobert, entsteht daraus schlechtes Karma für die Zukunft. In einem Sutra steht: „Wenn in einem Land viele Menschen sterben, werden die Ernten nicht gut sein und dieses Land wird weder gute Früchte noch schöne Blumen erzeugen."

Unser Leben gleicht einer Wolke, sie folgt immer dem Wind. Der Wind ist das Karma, die Wolke unser Körper. Der Wind bringt die Wolke des Körpers in Bewegung. So wird das Schicksal der Menschen vom Karma geleitet, und sie haben keine wahre Freiheit.

Das Gesicht, das Aussehen, der Umriß, die Farbe der Haut und der Haare, all das manifestiert das genetische Karma. Wenn wir die zehn Kai beachten, nimmt unser schlechtes Karma ab, und das beeinflußt die gesamte Menschheit in alle Ewigkeit.

Der Unterschied zwischen Mensch und Tier besteht hauptsächlich in den Vorschriften, den Kai. In vielen seiner Handlungen folgt der Mensch einem Ritual, einem Zeremoniell. Ereignisse wie Geburt, Heirat und Begräbnis sind Gegenstand einer Zeremonie, eines zu erfüllenden Rituals. Familienhierarchie und Ahnenverehrung sind, obwohl heute im Verschwinden begriffen, lange Zeit in unserer Gesellschaft aufrechterhalten worden und werden es noch weiter in den archaischen Gesellschaftsformen. Der Geschlechtsakt selbst war immer Gegenstand eines Rituals, eines bestimmten Verhaltens. Bei den Tieren findet man all diese Verhaltensweisen nicht. Sie gehorchen ihren Impulsen und befriedigen sie ohne Zeremoniell. Die Menschen unserer Zeit neigen dazu, sich den Tieren anzuschließen und sich ohne irgendwelche moralischen Vorbehalte ihren Instinkten zu überlassen. Das wird sicher Rückwirkungen haben. Es ist von nun ab ein Faktor der Zivilisationskrise.

„Nicht töten", diese Vorschrift bezieht sich nicht nur auf das menschliche Leben. Als ich Kind war, lehrte man uns diese elementare Regel im Kindergarten. Wir hatten kleine Bücher, die uns die Vorschriften in Form von spannenden Geschichten erklärten. Heutzutage ist diese Art von Unterricht veraltet und wird von den meisten Lehrern, die eher dazu neigen, sich gegen diese elementare Moral zu stellen, vernachlässigt. Hier eine Geschichte, wie man sie uns erzählte, um die Vorschrift „nicht töten" zu illustrieren:

Es war einmal ein junger Fischer, der, wenn er nicht auf dem Meer war, um seine harte Arbeit zu verrichten, gerne am Ufer entlang dem kleinen Ort, in dem er lebte, spazierenging.

Eines Tages – seine Schritte hatten ihn, wie so oft, wieder einmal zum Strand geführt – wurde er plötzlich durch Lachen und Kreischen von Kindern aus seinen Träumen gerissen. Die Kinder hatten sich etwas weiter entfernt versammelt und schienen sehr beschäftigt. Taro Urashima, so hieß der junge Fischer, näherte sich und stellte fest, daß der Grund der Unruhe der Fang einer kleinen Schildkröte war, die sie mit viel Vergnügen ärgerten.

Urashima schlug den Kindern einen Tausch vor. Er gab ihnen einige Geldstücke, für die ihm die Kinder die Schildkröte geben sollten. So geschah es. Urashima kaufte also die Schildkröte, liebkoste sie, ließ sie Sake trinken – es scheint, Schildkröten trinken gerne Sake – und gab ihr die Freiheit zurück. Bald war sie wieder im Meer verschwunden.

Die Tage und Monate verstrichen. Ungefähr ein Jahr war seit dem Ereignis vergangen, als sich eines Tages eine dicke Schildkröte schnell dem Boot näherte, von wo aus Urashima angelte. Sie hielt ganz nah bei ihm an und sprach: „Guten Tag, junger Fischer. Erinnert Ihr Euch nicht an mich? Vor langer Zeit habt Ihr mich aus den Händen böser Knaben befreit, die mich quälten. Jetzt möchte ich Euch meine Dankbarkeit erweisen und Euch belohnen!

Steigt auf meinen Panzer, ich werde Euch in ein wunderbares Land führen, von dem Ihr nicht einmal träumen könnt. Kommt! Ich werde Euch führen!"

Taro Urashima, der seinen Ohren nicht traute, willigte ein und zog auf dem Rücken der Schildkröte dem fernen Horizont entgegen. Es dürfte keine sehr lange Reise gewesen sein, aber jeder Begriff von Dauer war im Geiste Urashimas verschwunden, die Überfahrt verging wie ein Traum. Ebenso unvermutet, wie er sein Boot verlassen hatte, befand er sich plötzlich vor einem wundervollen Palast, vor dem Palast des Königs der Drachen.

Der strahlende Reichtum, der überall floß, war kaum auszuhalten, selbst für den unbefangensten Blick. Feenhafte Wesen bevölkerten die Gegend, halb Frauen, halb Engel, schöner als alle Schätze der Erde zusammen. Schließlich erschien die Königin, ein Wesen von unvergleichlicher Schönheit. Sie machte ihm die Ehre, ihn zu empfangen. Sie näherte sich ihm und gab ihm einen Kuß, der noch wundervoller und erfrischender war als die Brise des Windes auf einer Welle. Er wurde in ihre funkelnden Gemächer geführt. Kerzen brannten auf einem mit den vorzüglichsten Speisen gedeckten Tisch. Der Geruch fremdartiger Früchte vermischte sich mit dem Duft der bezauberndsten Blumen. Sanfte Melodien, die die Seelen zum Schmelzen brachten, leiteten den Abend ein, später wurden sie abgelöst von fröhlichen rhythmischen Liedern, die zu den Schritten der Tänzerinnen paßten, welche gleich Waldelfen durch die Gegend wirbelten.

Handelte es sich nun um Abende, Morgendämmerungen oder Sonnenuntergänge, um Tagesbeginn oder Einfall der Nacht? Niemand hätte dies beantworten können, und die Frage wäre töricht gewesen, denn Zeit war an diesem Ort etwas Unbekanntes, oder hatte zumindest keinerlei Beziehung mehr mit dem, was Taro Urashima davon wußte, keine Nacht, kein Tag, keine Jahreszeit, kein Jahr. . . .

Waren Jahre vergangen oder ein Augenblick? Das waren die Gedanken, in die Urashima in diesem Augenblick vertieft war. Nichts schien trüb zu werden, nichts zu welken, weder die Wesen noch die Blumen, noch die Früchte, noch das Licht, nichts . . .

Nichts, das vom Stempel der Zeit gezeichnet war. War das ein Traum, ein Wahngebilde, eine Vision? Aber nein, er lebte, aß und atmete. Er zwickte sich und empfand Schmerz. Er existierte also wirklich, und die Gegenstände um ihn herum waren genau zu spüren!

Wo war er? Was erlebte er da? Plötzlich ergriff Sehnsucht, eine starke und bedrückende Sehnsucht seinen ganzen Körper. Bilder stiegen auf, wurden langsam immer klarer, und Erinnerungen, ferne Erinnerungen bemächtigten sich seiner . . . Ein Strand, ein Fischerdorf, Menschen, die lachten und herumtollten, seine Brüder, seine Freunde, das schwere Fischernetz, das er immer mit so viel Mühe heraufzog, aber das ihm so viel Freude bereitete. Im Lauf der Bilder, die vorbeizogen, sich vermischten und sich plötzlich aufhellten, wurde Urashima langsam wieder Fischer. Er hatte Lust, in seinen Heimatort zurückzukehren. Also ließ er es die Königin wissen. Diese wurde sehr traurig, aber ihre Klagen vermochten nichts gegen den Entschluß Urashimas. „Das ist sehr schade", sagte sie. „Ihr wollt uns verlassen, und ich kann nichts gegen Euren Entschluß tun. Ich bitte Euch jedoch, akzeptiert das Geschenk, das ich Euch überreichen will. Seht dieses Kästchen. Es ist nicht nur aus Gold und Edelsteinen angefertigt, es beinhaltet auch einen Schatz. Aber erinnert Euch gut daran, Ihr dürft es niemals öffnen. Solange Ihr im Besitz dieses Kästchens seid, könnt Ihr auf immer glücklich sein, und alles wird durch seine Macht ermöglicht. Wenn Ihr wieder hierherkommen wollt, könnt Ihr es. Ihr könnt alles machen. Aber seid auf der Hut und öffnet es niemals!"

Urashima nahm das Kästchen und ging. Als er durch die Pforte des Drachenpalastes ging, sah er die Schildkröte, die auf ihn wartete. „Hat Euch Euer Aufenthalt gefallen?" fragte sie ihn. „Natürlich, ich hatte darüber sogar meinen Heimatort vergessen. Aber wie lange bin ich geblieben?" „Sehr lange", antwortete die Schildkröte. „Ich selbst bin jetzt schon ziemlich alt."

Einige Augenblicke später war er zurück in seinem Dorf. Aber welch eigenartiges Schauspiel! Er drehte sich einmal um sich selbst und stellte fest, daß nichts von all dem, was er zurückgelassen hatte, mehr existierte. Alles hatte sich verändert. Er kehrte zu seinem einstigen Elternhaus zurück und stieß auf Fremde. Eltern, Freunde, Brüder, Schwestern waren seit langer Zeit verschwunden. „Was für ein sonderbarer Mensch", dachten die Dorfbewohner. „Ein junger Mann, der Eltern sucht, die so alt wären, daß nur unsere Großeltern sie hätten kennen können, der Brüder und Schwestern im Schrein unserer Großväter sucht und Freunde, die Freunde unserer Großeltern waren." Sie hatten den Eindruck, daß er ein wenig wirr im Kopf sei, nahmen ihn aber dennoch freundlich auf.

Doch auch die Wärme ihres Empfangs konnte die Einsamkeit Urashimas nicht lindern, und er wurde immer melancholischer. Er erinnerte sich schließlich an das kleine Kästchen, das ihm die Königin des Drachenpalastes gegeben hatte, und sein Gemüt hellte sich auf. Von plötzlicher Freude erfüllt vergaß er darüber das Verbot und beeilte sich, das Kästchen zu öffnen, da er sich einen sagenhaften Schatz vorstellte. Welch ein Irrtum! Viele, viele Jahre gingen in einem Augenblick durch ihn hindurch . . . in einem einzigen Augenblick wurde er zu einem hundertjährigen alten Mann. In einem einzigen Augenblick war er von den Zeichen eines ganzen Lebens geprägt . . . Nichts war in diesem Kästchen enthalten, nur Leere und eine schmale Rauchsäule, die sogleich entwich.

2. Nicht stehlen (fuchuto-kai)

Im SHINSHIKANGYO, dem Sutra von der Beobachtung des Geisteszustandes, heißt es: „Wenn ihr wirklich tief bekennen wollt, so praktiziert Zazen und beobachtet die wahren Gegebenheiten eures Karmas. Dann wird sich das Karma aller Fehler auflösen wie ein Tautropfen."

Das Bekenntnis, die Beichte, ist die Pforte des Satori. Von dieser Beichte ab taucht die wahre religiöse Hoffnung auf. Wenn wir beichten, verändert sich unser Wesen.

„Nicht stehlen" – das ist das ursprüngliche Wesen des Bodhisattvas. „Nicht stehlen" heißt, nicht die Dinge der anderen ohne Erlaubnis zu benutzen. Wenn Sie etwas von jemandem ausleihen, müssen Sie es ihm wiedergeben. Wenn Sie Geld leihen und vergessen, es zurückzugeben, so ist das, als ob Sie es gestohlen hätten.

Wenn Sie dieses Kai des Nicht-Stehlens beachten, folgen Sie dem heiligen Weg der Weisen. In allen Ländern untersagen die Regierungen den Diebstahl. Es ist ein beständiges, universelles Gesetz. Manche Gesetze ändern sich von einem Land zum andern. Aber „Nicht-Stehlen" ist ein universelles Gesetz für die ganze Menschheit. In Indien erzählte man früher, daß jemand, der mit gestohlenen Gegenständen zusammenlebte, krank würde.

In einem Sutra findet sich folgende Geschichte: „Ein Mönch lebte in einem Haus, und jede Nacht besuchte ihn in seinen Träumen ein Dämon und sagte ihm, daß das Haus, in dem er lebte, gestohlene Gegenstände verberge. So erzählte der Mönch seine Träume Buddha. Buddha sagte zu ihm: „Ihr dürft diesen Ort nicht verlassen und auch nicht nach diesen Gegenständen suchen!" In einem anderen Sutra heißt es: „Im Sommer hielt Buddha Shakyamuni einen Vortrag unter einem Baum. Über ihn, an die Zweige dieses Baumes, hatten die Menschen dem Brauch gemäß Schmuck und wertvolle Ketten gehängt. Danach wurden sie vergessen und niemand nahm sie weg, selbst nach einer Woche nicht, nach einem Monat und nach einem Jahr. Wenn man sie dazu erzieht, stehlen selbst Hunde und Katzen nicht (Nahrung zum Beispiel).

Wenn man dieses Kai beachtet, wird man sehr stark und tapfer. Das Kai wird wie ein Schutz, wie eine Waffe. Man entwickelt Mitgefühl, Sympathie für die Guten, aber auch Stärke und Entschlossenheit gegenüber den Bösen.

Zur Zeit Buddhas war der Prinz des Landes Makada ein glühender Buddhist. Er war sehr mutig. Sein Vater, der König, schickte immer Tribute und Geschenke zu den Nachbarländern. Nach einem Jahr war Makada sehr arm. Die Leute konnten ihre Steuern nicht zahlen. Der Minister des Nachbarlandes suchte den Prinzen auf, damit er schnell den fälligen Tribut zahlte. Der Prinz sagte: „Unser Land ist sehr arm, wenn wir euch einen Tribut zahlen, kommt es in Schwierigkeiten. Wir können unseren Tribut nicht abgeben." Der Minister ging wieder fort und berichtete dies seinem König. Dieser sagte: „Wenn sie uns keinen Tribut zahlen, greifen wir sie mit einer großen Armee an." Der König von Makada und seine Minister waren entsetzt darüber. Aber der Prinz sagte: „Macht euch nichts daraus, das ist nicht schwierig. Ich werde an die Grenze gehen.“ Er ließ sich von seiner Armee begleiten. „Ich werde die feindliche Armee treffen und meinen Nachbarn entgegentreten!“ Er stieg auf den Gipfel eines Berges, ließ die Hälfte seiner Armee von hinten nachkommen und griff den Feind von beiden Seiten an. Er siegte und besetzte das feindliche Land. Da er mit Wohlwollen und Mitgefühl regierte, wurden beide Länder friedlich.

Wir dürfen nicht die kleinste Münze und erst recht kein Papiergeld stehlen. Der Bodhisattva darf nicht nur nicht stehlen, sondern er soll auch die anderen dazu anleiten, nicht zu stehlen. Selbst ein Weihrauchstäbchen vor der Buddhastatue darf nicht ohne Erlaubnis weggenommen werden.

Wenn wir etwas stehlen, so verursacht dies ein schlechtes Karma. Wir werden arm. Wenn es viele Diebe in einem Land gibt, so wird dieses Land arm, es hat Schwierigkeiten auf wirtschaftlicher und finanzieller Ebene.

In einem Sutra heißt es: „Eines Sommers zur Zeit Buddhas hatte ein reicher Brahmane die Sangha Buddhas zu einem Sesshin eingeladen. Das große Sommersesshin begann. Aber eines Nachts hatte dieser Brahmane einen Traum. Sein Schloß war von einer großen weißen Schlange umgeben. Eine weiße Schlange im Traum hat Gutes zu bedeuten. Aber dieser Brahmane wußte es nicht. Er befragte einen Wahrsager, einen bösen Mann, der auf Shakyamuni Buddha eifersüchtig war.

Dieser sagte ihm: „Das ist ein sehr übler Traum. Sicherlich wird Euch ein starker Feind angreifen, oder Ihr werdet sogar sterben.“ „Was also tun?“ fragte der Brahmane. „Gebt mir einen Rat!“ „Ihr müßt Euch in dem Schloß einsperren und den ganzen Sommer nicht hinausgehen. Schließt Euch mit schönen Dienerinnen ein!“

Der Brahmane konnte so der Sangha Buddhas während des Sesshin kein Geschenk, kein *fuse* anbieten. Und jeder, selbst Buddha, konnte deshalb nur Weizensuppe essen.

Dann stahl jemand aus der Reserve des Brahmanen Reis.

Buddha aber geriet sehr in Ärger über den Dieb und sagte: „Ich muß Dich ausschließen!" Der Schüler Mokuren sagte daraufhin: „Ich besitze magische Kraft, mit Hilfe derer ich Euch gute Nahrung aus dem Paradies beschaffen werde."

Buddha antwortete: „Das ist nicht notwendig. Wenn ich tot bin oder in 500 Jahren, wenn während eines Sesshin niemand magische Kräfte hat, was wird man dann tun? Es ist also nicht nötig, mit Hilfe magischer Kräfte Nahrung zu suchen." Der Schüler Ananda sagte daraufhin zu Buddha: „Es ist schwierig für unseren Meister und für alle, jeden Tag nichts als Weizen essen zu können. Jeder leidet. Im Nachbarland habe ich sehr reiche Familienangehörige. Ich werde sie um Hilfe bitten. Sicher werden sie sich für unser Sesshin einsetzen."

Buddha abtwortete: „Wenn nun aber in der Zukunft während eines Sommersesshin von keinem einzigen Reichen Hilfe kommen kann, was wird dann geschehen?" Sariputra sagte nun: „Ich kenne reiche Anhänger Eurer Lehre hier in diesem Land. Ich werde sie um Hilfe bitten."

Buddha entgegnete: „Auch das ist nicht nötig. Wenn später einmal keine reichen Buddhisten vorhanden sind, um zu helfen, was soll dann geschehen?"

So setzte Buddha das Sesshin ohne jegliche Hilfe fort. Während des gesamten Sommersesshin wurde nur Weizensuppe gegessen."

Diese Geschichte ist ein Lehrbeispiel für die Schüler im Hinblick auf spätere Sesshin. Wenn wir arm sind, müssen wir der Armut folgen. Wenn wir reich sind, ist es möglich, dem Reichtum zu folgen. Ein armes Sesshin ist arm. Ein reiches Sesshin ist reich. Wenn man arm ist, darf man nicht stehlen. Man muß sich mit dem, was man hat, begnügen. Wenn man zufrieden ist, wenn man keine Wünsche hat, ist das Leben ruhig.

Um sich tief zu bekennen, ist Zazen die höchste Methode. Sobald wir beim Zazen unser Karma betrachten, lösen sich alle unsere Verbrechen und unser Karma von selbst auf wie ein Tautropfen. Wir müssen bekennen, müssen nachdenken. Unser schlechtes Karma, unsere Bonno erscheinen mittels des Körpers, der Worte und des Bewußtseins.

Das wundersame Federkleid

Diese Geschichte spielt am Meeresstrand, am Fuße des Fuji-Berges, wo entlang dem weißen Sandstrand schöne Pinienwälder wachsen. Heute noch kann man diese bezaubernde Landschaft betrachten.

Einst lebte dort ein Fischer namens Haku-Ryu, der „Weiße Drache". Er hatte nie Glück beim Fischen. Eines schönen Frühlingstages, als er durch den Pinienwald ging, fand er ein Kleidungsstück an einem Zweig hängen, ein wundervolles Kleid ganz aus vielfarbigen Federn. „Was für ein schönes Kleid", dachte er, „und sicherlich wertvoll . . . Natürlich, wenn ich es wegnehme, so ist das nicht sehr gut, aber ich bin arm, und wenn ich es morgen am Markt verkaufe, bekomme ich sicherlich gutes Geld dafür." Offensichtlich war ihm das Schicksal an jenem Tage wohlgesonnen. In der Nacht hatte er einen Traum, in dem ihm ein sehr schönes junges Mädchen erschien, das ihm sagte: „Ich bin ein Engel und komme vom Himmel, um diese Welt zu besichtigen, aber Ihr habt mein Kleid zu Euch genommen, und ich kann ohne mein Kleid nicht in den Himmel zurückkehren. Bitte, gebt es mir wieder!"

Haku-Ryu bestritt, das Kleid zu haben: „Ihr täuscht Euch, wenn jemand Euer Kleid weggenommen hat, so nicht ich. Jedoch hat das Schicksal Euch in mein Haus geschickt. So teilt doch bitte das Lager mit mir." Er wollte sie ergreifen und umarmen, doch in dem Augenblick, in dem er sie küssen wollte, erwachte er. Sein Traum brachte ihn zu tiefem Nachdenken über die Kai.

Er hatte früher einmal einen Zenmeister predigen hören und erinnerte sich an seine Lehre: „Als erstes", dachte er, „habe ich Kleider gestohlen, und zwar sehr wertvolle. Anschließend habe ich diesen Engel belogen, und zu guter Letzt wollte ich auch noch mit ihm schlafen. Wenn ich ihm dieses Kleidungsstück nicht zurückgebe, kann er nicht in den Himmel zurückkehren und muß auf der Erde sterben. Ich habe recht viele Kai gebrochen. Sicher wird das in der Zukunft sehr schlecht für mich sein. Ich muß diesen schönen Engel wiederfinden und ihm sein Kleid zurückgeben!"

Am nächsten Morgen ging er zum Strand und fand das junge Mädchen weinend unter einem Baum. Er entschuldigte sich und gab ihm sein Gewand zurück, was es sogleich mit Freude erfüllte.

Die Sonne war gerade aufgegangen und kündigte einen schönen Tag an. Auf seinem Weg zurück zum Himmel tanzte der Engel so wundervoll, daß Haku-Ryu bei diesem Schauspiel in Ekstase geriet. Danach hatte er, jedesmal, wenn er aufs Meer fuhr, großen Erfolg beim Fischen. So wurden er und seine Familie reich und zu einer der bedeutendsten Fischerfamilien des Landes.

3. Kein schlechtes Sexualleben führen (fuja'in-kai)

Wenn ein Meister einen Vortrag über Sexualität hielt und dabei ein Schüler lachte, mußte dieser das Dojo verlassen, und die anderen Schüler mußten ihn rügen und verjagen. Die meisten großen Meister und Weisen respektierten diese Vorträge und hielten sie für sehr wichtig.

Hierzu steht in einem Sutra: „Ist der Weg des Geschlechts zwischen einem Mann und einer Frau richtig, so sind das Klima und die Zeit ebenso richtig. Ist die Ausübung des Weges chaotisch, so sind auch das Klima, die Zeit und die kosmische Ordnung beeinträchtigt und gestört. Dies bringt die Dekadenz und den Untergang der Zivilisation mit sich."

Liebe ist gut und für die Menschen notwendig. Für die Mönche war sie in vielen Religionen verboten, auch Buddha untersagte sie seinen Schülern. Das hatte einen sehr tiefen Sinn, aber im allgemeinen predigte er keine Askese. Jedoch ist ein schlechtes sexuelles Leben zu verurteilen.

Was ist ein schlechtes sexuelles Leben? Das müssen Sie mit Hilfe dieses Sutras analysieren und verstehen. Warum existieren Mann und Frau als getrennte Wesen? Das ist in vollkommener Harmonie mit der kosmischen Ordnung. Wer Zazen praktiziert, kann das verstehen. Alle Weisen und Meister haben immer dieses Sutra respektiert.

Viele denken, Sexualität sei eine Illusion, besonders in den traditionellen Religionen: das ist aber ein Irrtum!

Wenn man eine Schnur sieht und sie für eine Schlange hält, so ist das nicht der Fehler der Schnur, sondern unser falsches Sehen. Unser wahres, ursprüngliches Wesen kann wieder zum Kosmos werden. Im Himmel sieht man den Himmel, auf der Erde die Erde. Ebenso gibt es Sonne und Mond, die Sterne, die Planeten, den Regenbogen, die Jahreszeiten, Sommer und Winter. Auf der Erde gibt es Geographie, Topographie, Berge, Flüsse, Meere, Ozeane. Es gibt Arme und Reiche, Hauptstädte und Provinzen . . . Unserer wahren, urspünglichen Natur nach waren wir getrennte Wesen, Männer und Frauen. Der Mann verwirklicht die Tugenden des Himmels, die Frau die der Erde. Wenn Yin und Yang, negativ und positiv, in Harmonie sind, und wenn die kosmische Ordnung sich nicht verändert, können alle Wesen und alle Erscheinungen in Freude gedeihen.

Niemand hat das Recht, im Schlafzimmer eines Paares nach dem Rechten zu sehen. Die Beziehungen zwischen Mann und Frau müssen ihre strikte Vertrautheit bewahren. Heute aber wird diese Intimität oft genug verletzt. Da gibt es solche, die zuschauen und andere, die vorführen – wie zum Beispiel in den Pornovorführungen. Wenn der Weg zwischen Mann und Frau richtig ist, werden es die Atmosphäre, das Klima, die soziale Ordnung automatisch auch. Ist der Weg falsch, verschlechtern sich auch Klima, soziale Ordnung und Atmosphäre. In unserer modernen Zivilisation werden in der Beziehung zwischen Mann und Frau viele Fehler gemacht.

Wenn eine Frau oft den Partner wechselt, wird zunächst ihr Aussehen in Mitleidenschaft gezogen, anschließend leidet auch ihre Psyche darunter. Ihr Blut verunreinigt sich, das Karma wird kompliziert und beeinflußt auch ihre Kinder und ihre Familie. Die Folgen zeigen sich nicht nur auf genetischer Ebene, sondern beeinflussen auch die soziale Umgebung, das Wetter, das Land und die gesamte kosmische Ordnung.

In unserer Zeit, wo in den meisten überentwickelten Ländern eine falsche Haltung der Sexualität gegenüber beobachtet werden kann, ist es die gesamte Menschheit, die gesamte Zivilisation, die davon beeinträchtigt wird. Der Winter dauert in diesem Jahr sehr lang. Heute ist es schon wieder sehr kalt. Der Grund kann nicht nur in der Meteorologie gesucht werden, das schlechte Karma unserer Zivilisation muß ebenso in Betracht gezogen werden. Die Fundamente der Moral sind erschüttert, und das hat schwere Folgen für jedes Land, für jede Familie, für jedwedes Milieu.

Durch die Beachtung dieses Kai, der Geradheit dieses Weges, kann selbst das ärmste und bedürftigste Paar der Welt unendliche himmlische Verdienste erlangen. Wenn Minister und Regierende in Bezug auf dieses Kai Fehler begehen, so bringt das nicht nur Folgen für sie selbst mit sich, sondern auch für das Land und das Volk, das sie regieren. Mannigfaches Unglück ergibt sich daraus, Unfälle, Hungersnot, Umweltverschmutzung. Das ist der Fall bei unserer gegenwärtigen Zivilisation, wo die Kai von der Mehrzahl der Politiker verletzt werden. Sie lügen, töten, haben verdorbene Sitten. Der Mensch gerät in eine Krise, wenn er sich der kosmischen Ordnung entgegensetzt. Und die kosmische Ordnung zeigt daraufhin ihren Unwillen . . .

Früher konnte niemand im Palast etwas über das Liebesleben des Kaisers erfahren, doch hieß es, daß die richtige Sexualität des Königs die kosmische Ordnung, die Sonne, den Mond, die Bewegung der Planeten, die Berge, die Flüsse und die Jahreszeiten beeinflußte.

Früher in Indien, zur Zeit Buddha Shakyamunis, lebten im Palast von Makada, wo Buddha Satori erlangte, der König Bimbashara und seine Frau Idaike. Sie waren ein gutes Königspaar, aber sie hatten keinen Sohn. Die Königin Idaike war schön, zu schön, und in ihrer Jugend hatte sie viele Liebhaber gehabt. Sie konnte nicht mehr empfangen. Der König sprach: „Wir brauchen unbedingt ein Kind, einen Nachfolger. Das ist nötig für unser Land!"

Sie suchten also Rat bei einem berühmten Wahrsager, der sagte: „Majestät, Ihr besitzt keine Samen für Kinder, Eure Samen sind augenblicklich im Besitz eines Einsiedlers, der tief in den Bergen wohnt. Er praktiziert Zazen inmitten der Felsen. Wenn dieser Einsiedler, dieser Heilige, stirbt, könnt Ihr ein Kind haben, denn er besitzt den Samen dazu. Solange er nicht tot ist, wird der Schoß Eurer Frau unfruchtbar sein."

Mit zahlreichem Gefolge begab sich der König also in die Berge und stieß auf einen Mann mit langen Haaren und einem schönen weißen Bart. Ein echter Einsiedler, weise, älter schon als hundert Jahre, unsterblich. Der König besprach sich mit seinen Leuten, wie man den Heiligen am besten tötete. Schließlich wurde er, während er gerade Zazen übte, von einem Gefolgsmann mit einer Lanze durchbohrt und getötet. In diesem Augenblick begann der Bauch Idaikes, dicker zu werden . . .

Der König kehrte in den Palast zurück und befragte aufs Neue den Wahrsager. Dieser blickte auf den Bauch der Königin und sagte: „Warum habt Ihr ihn getötet? Es hätte genügt, ihn zu sehen, ihm zu begegnen, damit die Königin ein Kind bekommen hätte, es war nicht nötig, ihn zu töten. Aber Ihr habt ihn getötet, und so wird, wenn dieses Kind größer wird, ein Unfall passieren. Wenn Ihr das Kind aber tötet, wird ebenfalls ein Unglück geschehen. Bringt Ihr es jedoch über einem Schwert zur Welt, wird das Vergehen gemildert."

Zehn Monate später brachte die Königin das Kind über einem Schwert zur Welt. Aber es starb nicht daran. Nur eine Zehe wurde abgeschnitten. Dieses Kind wurde der in der Geschichte des Buddhismus sehr berühmte Prinz Ajase. Das Prinzenbaby war sehr süß. „Sicher wird ein so süßes Kind keinerlei Unglück verursachen", dachten König Bimbashara und Königin Idaike. Beide waren große Verehrer Buddha Shakyamunis. Devadata jedoch, ein Cousin Buddhas, und ein recht böser Mensch, war auf ihn neidisch und eifersüchtig. Er war aus der Umgebung Shakyamunis geflohen und arbeitete gegen ihn. Er organisierte eine Anti-Shakyamuni-Bewegung. Als er den Prinzen Ajase traf, sagte er zu ihm: „Bitte, tötet Euren Vater und werdet König von Makada. Ich werde Shakyamuni Buddha töten und zum wahren Buddha werden, und zusammen regieren wir dieses Land!"

Der Prinz antwortete: „Ihr seid ja verrückt!" Devadata aber erwiderte: „Ihr seid zu ehrenhaft. Schaut Euch Euren Fuß an und sagt mit bitte, warum Euch eine Zehe fehlt! Ihr wißt es nicht? Es ist deshalb, weil Eure Eltern nicht Eure wahren Eltern sind, sondern Feinde!"

Da glaubte der Prinz, der wegen seiner fehlenden Zehe schon

nigen Verdacht hegte, Devadata und dachte: „Meine Eltern sind sicher meine Feinde."

So ließ er seinen Vater in ein dunkles Verlies des Schlosses sperren. Da erkannte Shakyamuni Buddha, daß Ajase auf Veranlassung seines Cousins hin schlecht gehandelt hatte. Er wollte dem König helfen. Also schickte er seinen Schüler Mokuren, der magische Kräfte besaß, in das Verlies, und ebenso seinen Schüler Purna, der ein geschickter und intelligenter Redner war und auch die schönste seiner Nonnen, Renge, Lotusblüte. Mokuren ließ sie alle dank seiner magischen Kräfte in das Gefängnis herein. Purna erfreute den König mit schönen Geschichten, die Nonne hielt sich nah bei ihm und gab ihm mit ihrer Schönheit Kraft. Manchmal konnte ihn die Königin Idaike besuchen. Sie brachte ihm Honig und Käse. Wenn sie ihn küßte, ließ sie ihm im Mund Käse und Honig. So magerte der König nicht ab und war nicht allzu geschwächt.

Der Prinz war inzwischen König geworden. Er dachte, sein Vater sei schon sicher tot. Als er jedoch zum Gefängnis kam, sah er, daß es ihm immer noch gut ging. Er dachte bei sich, daß jemand ihm helfen müsse und fragte den Wächter danach. „Shakyamuni Buddha hilft ihm und schickt Schüler. Mokuren läßt sie mit Hilfe seiner magischen Kräfte herein und die Königin Idaike bringt ihm zu essen. Er wird nicht sterben!"

Und eine innere Stimme sagte zu ihm: „Du wirst vom Himmel für den Mord an deinem Vater und die Einkerkerung deiner Mutter in einem dunklen Verlies bestraft werden." Er betrachtete sein Karma, dachte lange nach und wurde schließlich ein tiefer Verehrer und Anhänger Buddhas.

Später gab Ajase die Sutras Buddhas heraus, bereitete die Zeremonien nach seinem Tod vor und protegierte die Lehre, die Mönche und die Sangha.

Diese Geschichte wird im KANMURYOJUKYO, dem „Sutra der Beobachtung des unendlichen Lebens" berichtet. Es überliefert auch die Rede Buddhas für die gefangene Idaike. Buddha Shakyamuni besuchte sie im Palastgefängnis. Er gelangte dorthin dank seiner magischen Kräfte und hielt Idaike einen langen Vortrag. In ihrer Jugend hatte sie ein schlechtes Sexualleben geführt, und dieses Karma hatte ihr ganzes Leben beeinflußt. Er lehrte sie, dieses Karma zu beobachten.

Im Leben Idaikes wurde ständig Glück zu Unglück und Unglück zu Glück. Das ist die Logik des Karmas. So ist es bei den meisten Menschen.

Das Glück wird zu Unglück und das Unglück zu Glück . . . Das ist der Verlauf des Karmas der schlechten Sexualität.

Alles Verhalten und Betragen entspringt dieser Vorschrift einer rechten Sexualität.

Man muß starke Geschlechtsorgane haben. Wenn man in dieser Beziehung nicht in Ordnung ist, kann man auch nicht Mönch oder Nonne werden. Früher mußte der Meister vor der Ordination die Geschlechtsorgane begutachten, indem er ein Bad mit dem Schüler nahm und sich alles genau ansah. Wenn der Schüler keine Erektion haben konnte, war es nicht möglich, als Mönch angenommen zu werden.

Für eine frigide Frau galt dasselbe. Eine ältere Nonne untersuchte die Frauen. Dies war die wichtigste Zeremonie für die Ordination. Nur ein ganzer Mann kann Mönch werden und nur eine ganze Frau Nonne.

Wenn Sie tief über Ihr Karma nachdenken, vermindert es sich, und dies besonders beim Zazen. Aber es ist nicht nötig, zu viel zu denken. Wenn Ihr Unterbewußtsein wie in einem Traum erscheint, müssen Sie es vorbeiziehen lassen. Was ist schlechtes Karma? Was ist schlechte Sexualität? Sexualität ohne Liebe, wie Vergewaltigung, Prostitution . . . der Mann, der vergewaltigt oder die Frau, die sich prostituiert . . .

Das Buch der Koan, das MUMONKAN, berichtet eine berühmte Geschichte. Es handelt sich um „Der Einsiedler und die alte Dame“.

Es war einmal eine alte Dame, die einen jungen, sehr schönen Mönch bei sich leben ließ. Er lebte als Einsiedler und verbrachte in einer schönen Einsiedelei, die sie ihm in einer Ecke ihres Gartens eingerichtet hatte, Tag und Nacht mit der Übung des Zazen. Er blieb mehrere Monate und Jahre dort. Eines Tages kam ein sehr schönes junges Mädchen zu der alten Dame. „Schau nach dem Einsiedler, er macht sicherlich gerade Zazen. Geh' und küsse ihn!"

Das tat sie. Als sie ihn sah, sagte sie zu ihm: „Ich liebe Sie. Hören Sie doch auf mit Zazen und schlafen Sie mit mir!"

Der Mönch antwortete: „Ich gleiche dem ausgedorrten Baum, dem kalten Felsen. Selbst wenn Du mich küßt, werde ich absolut nichts für Dich empfinden."

Das junge Mädchen kehrte daraufhin zu der alten Dame zurück, die neugierig war zu erfahren, was geschehen war. „Wie konnte ich so viele Jahre verlieren, diesen dummen Mönch zu unterstützen!" rief sie wütend nach der Erzählung des jungen Mädchens und machte sich daran, die Einsiedelei zu verbrennen.

Wie hätte sich dieser Mönch verhalten sollen? Das ist ein Koan.

Zu früh und zu jung Geschlechtsverkehr zu haben oder Kinder zu vergewaltigen führt ein sehr schlechtes Karma herbei. Jugendliche unter 15 Jahren, die miteinander schlafen, haben und schaffen schlechtes Karma.

Zu Beginn meines Aufenthaltes in Paris kam eine Schauspielerin zu mir, um folgendes Bekenntnis abzulegen: Nach dem Tod ihres Vaters, sie war ungefähr 10 Jahre alt, ging sie ganz verwirrt in die Kirche, um einen Priester um Rat zu bitten. Es war ein junger Priester. Nachdem er sie einen Augenblick angehört hatte, bat er sie in den Beichtstuhl und ging zusammen mit ihr hinein. Dort küßte und vergewaltigte er ihren jungen Körper. „Von diesem Augenblick an", sagte sie mir, „habe ich das Christentum verachtet. Mein Leben veränderte sich völlig. Mein Vater war tot, mein Körper geschändet, und ich wollte mich umbringen!"

Für den Priester war dies ein sehr schlechtes Karma. Für die Schauspielerin auch, aber es war vergangenes Karma, zumal sie sehr jung war. Für ein junges Mädchen ist das ein sehr schlechtes Karma. Im Alter von 16 oder 18 Jahren ist es weniger schwerwiegend, aber vorher ist es wirklich schlimm. Menschen, die Geschlechtsverkehr miteinander haben, ohne ihre Vereinigung geheiligt zu haben, handeln wie die Tiere.

Ich habe noch das Bekenntnis einer anderen jungen Frau bekommen: „Ich war etwa 12 Jahre alt und spielte mit Freunden, als plötzlich, kurz vor Einbruch der Nacht, ein starker Regen einsetzte. Wir flüchteten uns unter ein Dach – das war in einem Pariser Vorort. Ein Mann kam. Meine Freunde gingen weg, und ich blieb allein. Er begann, mich zu küssen, zog mich dann mit Gewalt mit sich und vergewaltigte mich. Ich war damals 12 Jahre alt. Mein Leben veränderte sich von diesem Augenblick an völlig. Ich erlitt einen schweren Schock."

Das ist ebenfalls eine grauenhafte Sexualität. Auch sie hatte ein schlechtes Karma, aber das dieses Mannes war wirklich dämonisch. Sicherlich wird in der Folge eine schwere Krankheit, Wahnsinn oder ein Unfall aus diesem schlechten Karma entstanden sein, sein Leben wird kurz gewesen, er wird angeklagt worden sein, oder seine Familie wird die Folgen dieses perversen Schicksals erlitten haben. . . .

Oft den Partner zu wechseln, bedeutet ebenfalls, ein schlechtes Sexualleben zu führen. Man kann Romane lesen, wo die Prostituierten genau das Beispiel für dieses schlechte Karma, das sie aufgrund ihrer Vergangenheit erleiden und durch ihr Prostituiertenleben hervorbringen, darstellen. Aber es gibt auch Frauen, die ihr schlechtes Karma ändern, sich bekehren wollen und Bodhisattva werden. Maria Magdalena aus dem Evangelium zum Beispiel oder die Heldin aus Dostojewskis „Schuld und Sühne", Sonja. Jeder, der ein schlechtes Karma hat, kann, wenn er es tief und ehrlich bekennt, sich entfalten und aus seiner schlammigen Erde herauskommen – wie die Lotusblüte. Die aber, die schlechte Sitten haben, ein verdorbenes Leben führen und es nicht bekennen, sondern es ohne Bedauern bewahren, die werden schließlich heimgesucht von Einsamkeit und Verzweiflung. Familie und Freund trennen sich von ihnen, Unfälle und Krankheiten lauern auf sie, die Natur, das Klima, die Welt ist davon beeinflußt. Sie vermehren die Naturkatastrophen.

Sicherlich kennen Sie die Geschichte aus „Schuld und Sühne":

Sonja ist eine Prostituierte. Raskolnikow hat eine alte Wucherin getötet, und er ist es, der den berühmten Satz äußert: „Selbst an einem schmutzigen Ort versucht eine Blume, sich zu entfalten.“ Er liebt Sonja. Aber sie weiß nicht, daß Raskolnikow der Mörder der alten Frau ist. Sonja hatte eine sehr religiöse Erziehung genossen. Sie war mit dem Studium der Bibel vertraut. Eines Tages führen Sonja und Raskolnikow eine Diskussion über biblische Inhalte. Am Ende dieser Diskussion gesteht er ihr, daß er die alte Frau getötet hat. Trotz der tiefen Liebe, die sie mit Raskolnikow verbindet, fordert Sonja ihn auf, sich der Polizei auszuliefern und sich an Gott zu wenden. „Du bist der unglücklichste Mensch der Welt“, sagt sie zu ihm. Raskolnikow war ein idealistischer Intellektueller, er wollte die Gesetze der Welt ändern, die Menschheit glücklich machen. Deshalb hatte er auch die alte Wucherin getötet. Revolutionieren, ein Held werden, töten, um die Gesetze der Gesellschaft zu ändern, so dachte Raskolnikow, der Terrorist . . . Am Ende des Romans wird er zu acht Jahren Haft in einem Gefängnis in Sibirien verurteilt. Sonja jedoch folgt ihm, entschlossen, in der Nähe des Ortes, wo er gefangengehalten wird, zu leben und auf seine Freilassung zu warten. Das ist eine schöne Liebesgeschichte!

Tolstoi schrieb einen thematisch recht ähnlichen Roman mit dem Titel „Auferstehung“. Ich las ihn als junger Mann und war von ihm sehr beeindruckt. In diesem Roman geht es ebenfalls um eine Prostituierte, Katjuscha. Aber die Rollen sind vertauscht, sie ist es, die gefangengenommen wird. Der Held des Romans, ihr Liebhaber, der Prinz Nekljudow, folgt ihr nach Sibirien und wartet auf sie. Es ist eine tragische Geschichte, aber die Menschen lieben das Tragische, wenn es um Liebe geht!

Stendhal hat die verschiedenen Formen der Liebe analysiert und in vier Kategorien eingeteilt:

- die Liebe aus Leidenschaft,
- die Liebe aus Neigung,
- die körperliche Liebe,
- die Liebe aus Eitelkeit.

Ich aber will noch eine andere Form hinzufügen:

- die Mushotoku-Liebe, die Liebe ohne Ziel und Streben nach

Nutzen.

Das ist die wahre Liebe, sie schafft gutes Karma. Liebe und Sex sind notwendig im Leben. Aber welche Liebe? Die meisten Menschen reden von Liebe, suchen nach Liebe, doch gleichen sie Geistern, die nach Geistern suchen.

In der Sangha – wenn man sich von seiner Familie trennt und die Mönchsweihe erhält – soll man so weit wie möglich alleine leben. Enthaltsamkeit ist besser. Für einen Mönch oder eine Nonne ist es besser, allein zu sein. Das gilt auch für die Bodhisattvas. Aber am wichtigsten ist es, keine schlechte Sexualität zu praktizieren. Das Schlimmste von allem ist Sex ohne Liebe – Vergewaltigung – oder Sex mit Kindern oder unter Einwirkung von Drogen.

Im Islam und in Indonesien autorisiert die Religion einen Mann dazu, vier Frauen zu haben. Eine Dame aus Abidjan hat mir einmal erzählt, daß in diesem Land eine Frau vier Manner haben kann, so ist es dort Sitte. In einem Sutra heißt es, daß in China und Japan ein Mann eine zweite Frau haben konnte. Heute jedoch kann ein Mann nur noch eine Frau haben. So will es die Sitte . . .

Narzismus, Fetischismus, Sadismus, Masochismus und Homosexualität sind schlechte Praktiken und bringen schlechtes Karma mit sich. Ebenso Exhibitionismus, Voyeurismus, Analverkehr, Sodomie, Nekrophilie, Transvestitentum . . .

Deshalb heißt es in einem Sutra: „Die Wahl von Zeit und Ort der geschlechtlichen Vereinigung ist ein sehr wichtiger Punkt, aber auch die Wahl des Partners.“

In einem Dojo ist es nicht möglich, sich zu lieben. Auch nicht im Freien, in einem Auto, am Straßenrand, das ist verboten. Die Art und Weise einer Handlung ist von großer Bedeutung. Nach dem Krieg gab es in Japan keine Zimmer, so liebten sich die Menschen auf den Friedhöfen. Gewohnheitsdiebe schauten dabei zu und stahlen die Handtaschen in der Nähe der Gräber. Sie angelten die Taschen mit Bambusrohren. Dies führte natürlich wieder andere Verbrechen mit sich . . . .

Gute Sexualität wird zu einer vollkommenen Quelle von Satori, zum Samen wahren Glücks und langen Lebens. Wenn man ein schlechtes Sexualleben führt, wird dies zur Quelle von Krankheit, kurzem Leben, zahlreichen Unfällen, und es hat einen negativen genetischen Einfluß auf die Nachfahren.

Jeder Mensch hat ein anderes Karma. So entsteht die Liebe.

Wenn zum Beispiel jeder dasselbe Gesicht, denselben Charakter, denselben Geist, dieselben Haare hätte, würde niemand lieben, gäbe es weder Liebe noch das Bedürfnis zu wählen.

So aber gibt es Karma, viel Karma sogar, und so erscheint die Liebe. Ich habe viele Novellen und Romane gelesen. Shakespeares Tragödien Hamlet, Othello, König Lear und Macbeth zum Beispiel erklären viel über das Karma der Menschen.

Über den König Lear habe ich besonders nachgedacht. Es ist eine Tragödie, aber wenn man dieses Stück von einem objektiven Standpunkt aus betrachtet, zum Beispiel vom Standpunkt Gottes aus, wird es ganz und gar zu einer Komödie. Oder auch „Der Sturm“ und „Heinrich VIII“. Meistens wird das Karma der Liebe beschrieben. In Goethes Faust ebenso. Als junger Mann war ich von Goethes „Leiden des jungen Werthers“ sehr beeinflußt und beeindruckt. „Am Ende will die Frau die letzte Geliebte des Mannes werden und der Mann der erste Geliebte der Frau.“

Die Liebe der jungen Leute nimmt ab, sie wird klein, gleich einem Schatten, der Schatten der aufgehenden Sonne. Die geistige Liebe aber, die wahre Liebe, wächst ohne Unterlaß. Wenn man alt geworden ist und alle Schwierigkeiten erfahren hat, nimmt sie zu, wie der Schatten der untergehenden Sonne.

4. Nicht lügen (fumogo-kai)

Die fünf grundlegenden Vorschriften waren ursprünglich:

(1) Nicht töten,

(2) Nicht stehlen,

(3) Kein schlechtes Sexualleben führen,

(4) Nicht zu viel Alkohol und Drogen zu sich nehmen (in China und Japan bedeutet das, nicht zu viel Sake zu trinken oder nicht mit Sake zu handeln),

(5) Nicht lügen.
Die Reihenfolge dieser Vorschriften ist aber nicht immer eingehalten worden. Mein Meister Kodo Sawaki setzte „nicht lügen" an die vierte Stelle und „nichts Schlechtes über andere reden, nicht kritisieren", an die fünfte. Für ihn war das Saketrinken nicht so wichtig! Der große Mönch Jiun, der sehr eingehend über die Kai geschrieben hat, sagte, daß es nicht verboten sei, Sake zu trinken. Kodo Sawaki liebte Sake und sagte, daß Sake zu einem Medikament werden könne – manchmal aber auch zu einem Gift.

Als ich ihn zum ersten Mal im Tempel Sojiji, wo er Erzieher im Zendo war, traf, war ich ungefähr 18 Jahre alt. Ich sagte zu ihm: „Meister Kodo Sawaki, ich möchte Zazen üben. Ich habe schon ein wenig Erfahrung durch ein Sesshin in Kamakura, aber der Verantwortliche dort gab mir von morgens bis abends Schläge mit dem Kyosaku, so daß meine Schultern bluteten. Eines Tages war er halb eingeschlafen und schlug mich auf den Kopf. Da stand ich wütend auf, riß ihm das Kyosaku aus den Händen und verprügelte ihn. Danach lief ich schleunigst davon."

Als ich Kodo Sawaki besuchte, wollte ich wirklich Zazen üben. Aber er ging überhaupt nicht darauf ein. Er sagte: „Zazen ist sehr schwierig! Es ist schmerzhaft, die Beine tun sehr weh dabei! Es lohnt sich nicht, Zazen zu praktizieren." Stattdessen ließ er mich Sake trinken, sehr starkes Sake, mindestens 40 %iges *shochu*. Das war das erste Mal, daß ich davon trank. Es war auch das erste Mal, daß ich Meister Kodo Sawaki traf. Er hatte den Ruf, ein sehr großer Mönch zu sein, ein großer Zazenlehrer . . . und er ließ mich Sake trinken! Er handelte genau entgegengesetzt der Vorstellung, die ich von ihm hatte. Er nahm zwei große Teetassen, gab mir eine davon, füllte sie randvoll mit Shochu und forderte mich auf zu trinken. Ich war völlig schockiert! Ich hatte immer gelernt, daß man im Buddhismus keinen Sake trinken soll. So sagte ich: „Aber man darf doch nicht die grundlegenden Kai verletzen!" In den meisten Tempeln Japans hängt nämlich über der großen Eingangspforte ein Schild, in das eingraviert ist: „Es ist nicht erlaubt, Knoblauch und Sake durch diese Pforte gelangen zu lassen."

Ich erinnerte Kodo Sawaki daran: „In einem großen Tempel wie diesem darf es doch keinen Sake geben! Sie dürfen mir so etwas nicht zu trinken geben!"

Und Kodo Sawaki antwortete: „Du brauchst keine Angst zu haben. Dieses Sake ist nämlich durch die Hintertür hereingekommen!"

Nun ist es zwar erlaubt, Sake zu trinken, aber es ist nicht erlaubt, betrunken zu werden. Sake trinken an sich ist nicht so schlimm, aber durch Sake den Verstand zu verlieren ist falsch. Deshalb wollte Kodo Sawaki auch das Kai „keinen Alkohol und kein Sake zu sich nehmen" nicht in die fünf grundlegenden Kai miteinbeziehen. Nach ihm war das vierte „nicht lügen" und das fünfte „nicht kritisieren". Für ihn war „nicht kritisieren" ein sehr wichtiges Kai, denn kritisieren kann so ähnlich sein wie töten.

Was mich angeht, so fasse ich in der vierten Regel „nicht lügen, nicht kritisieren, nicht schlecht über andere reden" zusammen, und die fünfte ist „keinen Mißbrauch treiben mit Nahrung, Getränken und Drogen".

Je nach Kultur ändern und entwickeln sich die Kai. In unserer Zeit sind Drogen und Alkohol sehr verbreitet, die meisten Jugendlichen gehen damit um, und das ist sehr gefährlich. Das Gehirn wird teilweise zerstört, der Körper geschwächt, die Lebensenergie nimmt beträchtlich ab. Darüber hinaus sind heute auch chemische und pharmazeutische Produkte sowie Nahrungsmittel zu stark verbreitet und tragen zur Schwächung der menschlichen Gesundheit bei.

Es wird auch sehr schlecht gegessen. Früher war es schwierig, sich zu ernähren. Es erforderte viel Bemühung und Arbeit. Heutzutage ist es jedoch durch die Entwicklung der Technik relativ einfach geworden. Wir leben in einer Zeit übermäßigen Konsums. Man kann allmählich nur noch stark verfeinerte Nahrung finden, vor allem in den Städten, in den Restaurants, welche eine zu reichhaltige und künstliche Nahrung anbieten. Das ist gefährlich. Deshalb hat sich auch die Makrobiotik entwickelt. Diese ist aber wiederum oft zu wählerisch. Die Ernährung hat keinen geringen Einfluß auf die gegenwärtige Krise der Zivilisation. Es ist heutzutage notwendig, seine Nahrung, seine Getränke auszuwählen.

Die hauptsächlichen Wünsche der Menschen sind Nahrung und Liebe. Ihr ganzes Leben lang wollen die meisten Menschen nur dies befriedigen. Wir leben in einer Zeit des Nahrungs- und Sexkonsums. Sexbusiness (Filme, Zeitschriften, Plakate etc.) und Restaurants haben überall Erfolg. Was sie anbieten, entspricht den Wünschen des derzeitigen Menschen. Es besteht eine gegenseitige Abhängigkeit, ein Teufelskreis, der die Wünsche aufrechterhält und stimuliert.

Die grundlegenden Regeln müssen sich also notwendigerweise verändern, indem sie sich der Zeit und den Umständen anpassen: leider müssen sie mit unserer Kultur auch strenger werden. Moral und Erziehung müssen sich der Zeit und dem Ort anpassen. Die Ethik ist in ständiger Entwicklung. In dieser dekadenten Zeit müssen die Regeln also strenger und mehr werden.

Diejenigen, die am ehesten lügen und kritisieren in dieser Zeit, sind die Politiker und Regierenden dieser Welt: eine sehr gefährliche Verirrung, die viele Gefahren für die Zukunft der Menschheit mit sich bringt. Wenn in der Vergangenheit ein Kaiser oder ein König heuchelte und lügenhafte Reden hielt, so führte das früher oder später zu einem Unglück für seine Nation und sein Volk. Konflikte, ja Kriege folgten schnell darauf.

Die ganze Welt lügt in unserer Zeit des Wettbewerbs, wo nur der persönliche Vorteil, das eigene Überleben zählt. Die politischen Kreise sind verlogen, ebenso das Wirtschafts- und Journalistenmilieu.

Da man mich darum gebeten hatte, war ich vor einiger Zeit Gast in den Studios des französischen Fernsehens, um die Zazen- und Kinhinhaltung zu demonstrieren. Ich hatte ganz neue *tabi* (weiße Strümpfe) angezogen. Der Journalist hatte mir gesagt, daß diese Sendung dem Film Arnaud Desjardins „Hier und Jetzt" ähneln würde. Ich mußte also Kinhin zeigen, und da die Füße beim Kinhin sehr wichtig sind, dachte ich, daß sie sie gefilmt hätten.

Ich hatte mich also auf die Tabi konzentriert. Kinhin filmten sie aber überhaupt nicht, nur Zazen. Es war also gar nicht nötig, die Tabi zu zeigen. Um Zazen zu demonstrieren, hatte ich ein schönes Kesa mitgebracht. Ich fragte den Produktionsleiter, was ich besser anziehen solle. Er antwortete, das schöne Kesa sei besser. Also zog ich es an.

Ich begann mit Zazen. Plötzlich kam schnell jemand auf mich zu und sezte mir einen Hut auf den Kopf, einen sehr eigenartigen Hut, wie ich fühlte. Ich war sehr erstaunt. Beim Zazen! Niemand hatte mich gewarnt. Meine Sekretärin sagte nichts, sie schaute sich gerade das Studio an, und ich verstehe kein Französisch . . . Jeder um mich herum sprach, aber ich verstand nichts von dem, was sie machten – es glich alles einem Schlachtfeld. Und plötzlich brachten sie diesen sehr schweren Hut an und setzten ihn auf meinen Kopf. Ich war sehr verärgert. Darüber hinaus konnte ich weder sprechen noch mich bewegen, da ja gefilmt werden sollte. Ich war wirklich erstaunt! Niemand hatte mir etwas gesagt. Man spielte mit meinem Kopf wie mit einem Spielzeug. Aber meine Schüler achteten überhaupt nicht darauf. Später verstand ich jedoch. Man wollte die elektrischen Gehirnwellen beim Zazen messen, und das französische Fernsehen wollte diese Erfahrung filmen.

Lange, lange wartete ich . . . Nach einer Stunde begannen sie zu filmen. Bis Mitternacht saß ich in Zazen. Zwanzig, dreißig Personen schauten zu: Techniker, Handwerker, und niemand arbeitete. Und dann noch das Klavier . . . Klavierspiel während der Zazenübung! Und dreißig Leute redeten vor und hinter mir im größten Durcheinander.

Riesige Scheinwerfer waren direkt auf meine Augen gerichtet und blendeten mich fürchterlich! Unter solchen Bedingungen kann man kein Zazen praktizieren! Ich bin an Zazen gewöhnt, aber da ging es wirklich zu wie auf einem Schlachtfeld! Und unter solchen Bedingungen wollte man Alphawellen aufnehmen!

Wenn man zu sehr ins Sonnenlicht schaut, so beeinflußt dies das Gehirn. Deshalb sagte Meister Dogen: „Praktiziert Zazen in einem Zimmer, das weder zu hell ist noch zu dunkel.“

Zazen sollte also an einem ruhigen, friedlichen Ort geübt werden. In diesem Studio herrschte dagegen die schlimmste Atmosphäre, die es für Zazen geben kann. Und da wollten sie Alphawellen aufnehmen, die besten Wellen, die vom Gehirn überhaupt ausgesendet werden können. Ein völliger Widerspruch! Weder der Produzent noch der Regisseur war ehrlich gewesen, niemand hatte mich benachrichtigt. Alle hatten gelogen, so wußte ich nicht, was geschah. Es ist wichtig, genau in seinen Äußerungen zu sein, die Wirklichkeit, die Wahrheit auszudrücken, aufrichtig zu sein, besonders in unserer heutigen Zeit.

Viele Irrtümer entstehen aufgrund der Tatsache, daß man nicht die Wahrheit sagt. Man lügt nicht, aber man sagt nicht die ganze Wahrheit, man sagt die Dinge nicht so, wie sie wirklich sind. So entstehen viele Irrtümer, und die Zivilisation wird kompliziert. Es ist sehr wichtig, die authentische Wahrheit zu sagen. Lügen ist ein Produkt unserer derzeitigen Gesellschaft, die sich in immer gefährlichere Situationen hineinmanövriert, weil Wirtschaft und Politik mehr und mehr eine Frucht der Lüge sind.

Das vierte Kai, „nichts Schlechtes sprechen, die Sprache nicht mißbrauchen, keine üble Nachrede halten", schließt zahlreiche andere Regeln mit ein. Beim Zazen denke ich oft daran, denn manchmal muß auch ich lügen. Ich muß täuschen, um meine Schüler zu erziehen. In einem buddhistischen Sutra steht, daß für die Erziehung, für Zazen, um den anderen zu helfen, für den Weg, für die Wahrheit es manchmal möglich ist, als Mittel auch die Lüge anzuwenden.

Aber das wird ein Samen schlechten Karmas. Es ist sehr schwierig. Dieses Kai ist durchaus das schwierigste. Wenn wir lügen, werden wir in der Zukunft sicherlich betrogen. Wenn wir andere mißbrauchen, werden wir schließlich sicher selbst von anderen mißbraucht!

Dieses Kai umfaßt „nicht lügen", „nicht betrügen", „nicht kritisieren", enthält das Verbot, andere zu beschimpfen, das Verbot übler Nachrede (*fuakuko kai*), das Verbot, von den Fehlern anderer zu sprechen (*fuetsuka kai*), das Verbot, sich selbst zu bewundern und andere zu kritisieren (*fujisan kai*), das Verbot, die Drei Schätze (Buddha, Dharma und Sangha) zu lästern (*fubosambo kai*). Also den Weg suchen und die Wahrheit, die wahre Religion, den wahren Weg nicht kritisieren. Wir müssen stets die Wahrheit sagen.

Im SHODOKA heißt es: „Weder kritisieren noch bewundern.“ Einige bewundern immer. Wenn man bewundert, täuscht man sich manchmal. Man wird diplomatisch, also unaufrichtig. Aber Meister Dogen hat im SHOBOGENZO geschrieben: „Wenn Sie jemanden bewundern wollen, so tun Sie es hinter seinem Rükken, nicht vor ihm und auch nicht vor den anderen.“ Dann werden die, die man bewundert, gestärkt. Darin besteht das wahre Mitgefühl. Wenn Sie aber kritisieren wollen und Sie es wirklich gut mit den schlechten Menschen meinen, so sprechen Sie eindringlich und freundlich mit ihnen. Man muß sie erziehen, sie sanft und eindringlich lehren. Wenn wir dieses Kai befolgen, können wir den wahren Frieden erlangen, die wahre Freiheit und langwährende Gesundheit. Wenn wir es aber nicht befolgen, werden wir den ewigen Frieden und die ewige Feiheit verlieren, und wir werden uns keiner guten Gesundheit erfreuen. Also müssen wir auf jeden Satz aufpassen. Betrügt nicht! Kritisiert nicht! Bewundert euch nicht! Zazen bedeutet, diesem Kai ganz und gar zu folgen.

Nicht sprechen. Die Stille ist für diese Regel die höchste Handlung.

Wer ein schlechtes Sexualleben liebt, oder wer sexbesessen ist, lügt. Der Dieb lügt auch. Konfuzius schreibt: „Früher waren Idioten ehrlich, heute lügen sie.“

Wenn ein Reicher lügt, wird er später arm. Ein armer und ehrlicher Mann, der nicht lügt, wird reich.

Wenn wir lügen, so bringt das wiederum eine Kette von Lügen mit sich. Wenn wir unser Falschreden fördern, wird unser Gehirn kompliziert, und schließlich werden wir neurotisch und krank.

Wir müssen die authentische Wahrheit sagen, bescheiden bleiben und dürfen nicht stolz werden. Als Mönch sprechen Sie, wenn überhaupt, so weit wie möglich nur das Notwendige, sprechen Sie nicht unnötig. Wenn Sie das Bedürfnis haben zu sprechen, so rezitieren Sie beispielsweise ein Mantra: das ist die reine Wahrheit. Die Stille ist das Angemessenste; wenn Sie aber sprechen, so ist es besser, nicht zu diskutieren. Diskussion ist nicht wichtig.

Im Zen ist die Stille das Allerbeste. In anderen Religionen spricht man viel. Im Amidismus etwa rezitiert man ständig das

„Namu Amida Butsu" – von morgens bis abends. Dies nennt man Fumogokai, nichts Schlechtes sprechen, nur gute Worte äußern. Im Sokagakkai und Shingon rezitiert man aus dem gleichen Grund endlos das Sutra Nammyo Horenge Kyo. Sie brauchen aber den Sinn eines solchen Mantras gar nicht zu verstehen. Das macht Ihren Kopf nur kompliziert. Eine fremde Sprache ist dafür viel besser.

Wenn Sie das HANNYA SHINGYO reziteren, so wird das ein Mantra, und es ist nicht nötig, an den Sinn zu denken. Im Zen gibt es viele solcher *dharanis* (Mantras, meist Mischungen aus Sanskrit und Sinojapanisch. Selbst die Japaner und Chinesen verstehen es heute nicht mehr, aber sie enthalten die Wahrheit – die unendliche, ewige Wahrheit, wie es am Schluß des HANNYA SHINGYO ausgedrückt wird: *„Gyatei, gyatei, hara gyatei, hara so gyatei, boji sowaka* – laßt uns alle gemeinsam darüber hinausgelangen, und noch über das Darüber-Hinaus hinweg, dahin, wo die Weisheit Buddhas ruht."

An jenem Abend beim Fernsehen jedoch glich das Studio völlig einem Schlachtfeld. Dreißig Personen waren in ständiger Unruhe und plapperten und schnatterten durcheinander. Während meiner Zazenübung wurden sie wohl etwas ruhiger. Ein Arzt hatte ohne Erlaubnis eine elektronische Maschine auf meinen Kopf gesetzt, und während der Zazenübung wurde Klavier gespielt. Ein starker Scheinwerfer blendete mich außerdem. Dies war also überhaupt nicht der Ort, um Alphawellen auszusenden, aber dennoch waren sie erschienen, und der Arzt hatte sie aufgezeichnet und konnte sie zeigen.

Als man mich zum Schluß bat, ein Sutra zu rezitieren, habe ich das Hannya Shingyo ausgewählt. Dabei wurde jeder ruhig. Meine Stimme hatte eine stärkere Wirkung als die Zazenhaltung. Der Aufnahmeleiter kam daraufhin persönlich zu mir. Niemand hatte mich zuvor gegrüßt, er aber kam persönlich, um mir die Hand zu schütteln: „Vielen Dank. Ich war von dem Sutra sehr beeindruckt." Während ich rezitierte, veränderten sich die Gesichter der Leute. Wenn man die Wahrheit ausdrückt, so beeinflußt und beeindruckt das jeden. Die Sprache der Wahrheit wird respektiert.

Fumogokai heißt also „nicht lügen, nicht kritisieren", und wenn Sie dieses Kai respektieren, können Sie glücklich und gesund werden und bleiben. Manchmal jedoch darf man kritisieren. In Ausnahmefällen darf der Meister, um seine Schüler zu erziehen, auch kritisieren.

Im Buddhismus gibt es zwei Arten von Erziehung: eine verbunden mit heftigem Zorn, um zu beeindrucken und zu überzeugen, und eine verbunden mit starkem Mitgefühl in Worten und Gedanken.

Manchmal gerät der Meister in Wut und kritisiert, aber in Wirklichkeit kritisiert er nicht, wenn es auch danach aussieht. Wenn der Schüler die fünf Kai verletzt, muß der Meister zornig werden. Wenn er es nicht wird, ist er kein wahrer Meister.

In einem Sutra wird von einem Zornesausbruch Buddhas berichtet: Nach dem Tod ihrer Eltern stritten sich die Familie, Brüder, Schwestern und Kinder um das Erbe. Da geriet Buddha in große Wut. „Ihr dürft nicht den Geist der Sendaras aufkommen lassen!" (Sendaras sind in Indien Sklaven und Unberührbare, die niederste Kaste also.)

In einem anderen Sutra wird von einem weiteren Wutausbruch Buddhas einem Mönch gegenüber berichtet, den er als „dummer Schweinemönch" und „Idiot" bezeichnete.

Wenn seine Schüler vor ihm diskutierten, tadelte Koko Sawaki sie ebenfalls sehr. „Ruhe! Ihr seid völlig idiotisch! Beklagt euch nicht! Entschuldigt euch nicht!" Aber dumme Leute wollen sich immer entschuldigen: „Nein, ich habe mich nicht getäuscht! Ich habe keinen Fehler begangen. Ich habe so gehandelt, ich habe nicht so gehandelt . . . "

Mahakasyapa geriet Ananda gegenüber auch oft in Wut und nannte ihn einen „grünen Jüngling". Auch der Buddha wurde oft zornig über Leute, die die Kai verletzten. „Ihr seid wie Tiere und Dummköpfe!" sagte er, indem er sich besonders an Devadata, seinen Cousin wandte, der sich oft gegen ihn stellte: „Leckt doch den Speichel der anderen und eßt ihren Kot!" In einem anderen Sutra wird berichtet: Eine junge Nonne hatte mit einem Mönch geschlafen, und als der Buddha dies erfuhr, geriet er in großen Zorn und sagte zu der Nonne: „Du Hurenstück! Dein Blut ist völlig verunreinigt. Ich will dich nicht mehr sehen!“ Er benutzte ihr gegenüber die ordinärste Sprache. Und zu einer jungen Nonne, die andere Schüler bestohlen hatte, sagte er: „Diebin! Mach, daß du wegkommst! Ich will dich nicht mehr sehen!“

Es gibt also immer zwei Arten von Erziehung: starker Zorn und mitfühlende Freundlichkeit. Manchmal bin auch ich wütend, und manchmal benutze ich die Methode des Mitgefühls. Beide sind notwendig. Wenn ein Schüler die fünf Kai verletzt, läßt der Meister Mitleid und seine Nachsicht außer Acht und greift ihn mit heftigen Worten an. Wenn er nicht in Wut geraten kann, ist er kein kompetenter Erzieher. Manchmal ist es auch notwendig, *rensaku* (mehrere Kyosaku-Schläge) zu geben. Rensaku ist die große Liebe, das große Mitgefühl.

Meister Dogen schrieb: „Es ist manchmal möglich, aus Erziehungsgründen zu kritisieren, aber im täglichen Leben dürfen Sie weder kritisieren noch Schlechtes über andere reden!“ Im Buddhismus sind die verabscheuenswertesten Worte die der üblen Nachrede, der schlechtmeinenden Worte. Man nennt sie auch *gedo*, den „anderen Weg“, im Gegensatz zum Weg der Buddhalehre.

Dogen, der ein großer Moralist war, hat im Buch BENDOWA des SHOBOGENZO, das wegen der darin enthaltenen *mondo* (Zwiegespräche) besonders bekannt ist, folgendes geschrieben: Ein junger Mönch fragte: „Warum ist Zazen die einzig wahre Pforte, um in die Religion einzudringen?“ Dogen antwortete: „Zazen ist die einzig wahre Pforte, um in die Buddhalehre einzudringen. Shakyamuni Buddha, der während seiner historischen Existenz ein großer Meister gewesen war und die sieben Buddhas, die ihm vorangingen, erlangten alle Satori und wurden wahre Buddhas durch Zazen. Ihnen folgten dann Mahakasyapa und alle Meister und Patriarchen, indem sie Zazen praktizierten. In Indien und China verwirklichte jeder dieser Patriarchen durch Zazen die echte Lehre Buddhas. Die anderen Formen des Buddhismus, bei denen kein Zazen geübt wird, sind leer und tot, nichts als komisches Theater.“

Ich spreche augenblicklich vom „Nicht-Kritisieren“, aber gegenüber Menschen, die sich im Irrtum befinden, ist manchmal Kritik nötig und erlaubt. Im BENDOWA sagt Dogen in Bezug auf die, die nichts anderes tun, als Sutras zu rezitieren, wie im Nembutsu, wo die Anhänger ständig das Namu Amida Butsu wiederholen: „Wenn ihr dieses Sutra, den Namen Buddhas, ohne wahren Glauben rezitiert, werdet ihr niemals auch nur das geringste Verdienst erlangen. Ihr tut damit nichts als die Zunge zu bewegen und laute Töne von euch zu geben!"

Die Sutras zu rezitieren hilft den Schwachen und weniger Intelligenten, die nicht viel Weisheit besitzen. Es ist eine Hilfe für ihre Praxis, wie das Namu Amida Butsu und all diese esoterischen Religionen mit magischem Erscheinungsbild. Es ist möglich, aber nur als Mittel. Es ist nur für die Anfänger, es ist die Grundschule. Diese Leute gleichen den brünstigen Fröschen, die im Frühjahr quaken, um ihre Partner in die Reisfelder zu locken. In Japan gibt es zu Sommeranfang viele davon in den Reisfeldern. Bei meinem Tempel Seikyuji sind sie besonders zahlreich. Qua . . . qua . . . quaaa . . . quaaaa . . .

Dogen hat hier starke, ja beleidigende Worte benutzt: „Diese Leute verstehen das wahre Zen in keiner Weise und ebensowenig die Lehre Buddhas. Sie benutzen nur ihren Mund."

Wenn Sie mit dem Mund, durch Mundbewegungen Verdienste erlangen wollen, können Sie tausend, zehntausend, ja hunderttausendmal rufen, Sie werden dem gleichen, der nach Norden gehen will und sich nach Süden wendet oder dem, der ein viereckiges Stück Holz in ein rundes Loch stecken will!

Die Erziehung durch die Worte, durch die Sprache, gleicht einem Spielzeug, das man einem Baby gibt, um es zu trösten: „Das ist sehr gut, das ist ein schönes Spielzeug für dich – ein Schatz." Das BENDOWA enthält darüber hinaus auch zahlreiche Kritiken an Intellektuellen, Scholastikern und Gelehrten.

Dogen sagte über sie: „Sie sind wie die Körbe, mit denen man die Fische der Büchersprache fängt, wie Netze, um Kaninchen im Gebirge zu fangen, wie Dämonen. Sie sind *gedo*, außerhalb des Weges."

Wie dem auch sei, wir dürfen nicht kritisieren. Wenn man kritisiert, schafft man schlechtes Karma. Aus Erziehungsgründen jedoch darf man kritisieren, ja sogar lügen. Wenn Sie dieses Kai beachten, können Sie in Ihrem Leben glücklich werden.

Im BENDOWA stehen mehrere Geschichten über die Art und Weise zu handeln. Schüler stellen Fragen, und Meister Dogen antwortet. Bei einer Frage geht es um die Wiedergeburt: „Besteht die Seele nach unserem Tod getrennt vom Körper? Existiert sie weiter? Gelangt sie in die Hölle oder in den Himmel?“ Dogen antwortete: „Dieser Gedanke ist *gedo, baka*, verrückt und dumm. Das ist, als würde man einen Stein oder einen Dachziegel erhaschen und denken, man besitze einen Schatz aus Gold. Du solltest dich sehr über deine Dummheit und tiefsitzende Täuschung schämen. Ich kann gar nicht sagen, wie dumm diese Frage ist. Es ist die allerdümmste und erbärmlichste, die man stellen kann!“

Was ist nun also wirklich wahr? Was ist die wahre Religion, was ist die wahre Philosophie? Man muß darüber sprechen, denn die Leute täuschen sich in Bezug auf die Wahrheit. So hat Kalu Rinpoche einmal erklärt, daß der Zen-Buddhismus und der tibetanische Buddhismus identisch sind. Sie haben jedoch in Wirklichkeit nicht allzu viel miteinander zu tun. Halb ähneln sie sich, halb sind sie verschieden. Für meine Schüler muß ich den tibetanischen Buddhismus kritisieren, denn die Leute wissen nicht darüber Bescheid. In einem solchen Fall ist es möglich, zu kritisieren. Wenn man nicht kritisiert, ist man kein wahrer Erzieher, und man führt die Leute in die Irre. Meister Dogen fuhr abschließend fort: „Was also diese Verrückten angeht, die falsche *gedo*-Ansichten verbreiten, so müssen wir ihnen die Zunge abschneiden und dürfen nicht auf ihr lautes Geschwätz hören.“

Anschließend fragte ein Schüler: „Muß jemand, der Zazen übt, die Kai genau beachten, oder ist das nicht nötig?“ Dogen antwortete: „Es ist nötig, die Regeln zu beachten. Das ist eine wichtige Frage. Auch wer nicht die Mönchsweihe erhalten hat, muß es. Ein Schüler, der die Kai verletzt hat, muß es beichten, das ist notwendig. Jeder muß die Kai genau und ernsthaft respektieren.“

Dann fragte ein anderer Schüler Dogen: „Können diejenigen, die Zazen üben, gleichzeitig auch einer anderen Praxis folgen, wie zum Beispiel Shingon, Tendai oder Nembutsu (Amida-Buddhismus)? Ist das möglich oder nicht?“ (Das ist das gleiche, wie wenn man mich heute oft fragt: „Kann man gleichzeitig auch Yoga machen oder zu den Tibetanern gehen?“) Meister Dogen anwortete: „Was diese Frage angeht, so war ich mir selbst im Zweifel. Als ich Meister Nyojo die Frage in Bezug auf die Essenz der Buddhalehre stellte, antwortete er mir: ‚Seit den ältesten Zeiten in Indien und China und bis heute haben alle großen Patriarchen, die die wahre Lehre überliefert haben, keine andere Methode praktiziert als nur Zazen. Sie waren nur auf Zazen konzentriert.‘ So antwortete Meister Nyojo auf meine Frage. Wenn man Erfolg haben will, etwas verwirklichen, etwas vollenden will, muß man sich sein ganzes Leben lang bemühen. Man muß sich auf nur eine Sache konzentrieren. Wenn man sich nicht wirklich konzentriert, sondern einmal auf dieses, einmal auf jenes, so konzentriert man sich gar nicht, und das führt zu nichts. Man muß sich also auf eine einzige Sache konzentrieren, so kann man das Ziel erreichen. Man kann so wirklich zum Ursprung der transzendentalen Weisheit gelangen, und dadurch kann man das Verständnis aller Dinge erreichen.“

Manchmal empfand Meister Dogen auch große Bewunderung. An anderer Stelle bewunderte er den Premierminister Hyo-Sho-Ko. Das war ein sehr großer Minister zur Zeit Dogens, der auch Gedichte schrieb: „Wann immer ich zwischen meinen offiziellen Verpflichtungen Zeit habe, sitze ich in Zazen. Ich liebe es.

Sobald ich meine offizielle Arbeit für die Regierung beendet habe, sitze ich, obwohl ich Premierminister bin, so oft ich kann in Zazen.

Wenn ich schlafen soll, gehe ich nicht ins Bett, sondern übe Zazen.

Und wenn ich Lust habe zu schlafen, schlafe ich in Zazen und nicht in meinem Bett.“

Er ist ein berühmter Bodhisattva geworden. Man nennt ihn Fudo Koji, unbeweglicher Bodhisattva. Ein Mann als Bodhisattva heißt *koji*, eine Frau *daishi*: große Schwester. Deshalb hat Dogen ihn bewundert. Dieser unbewegliche Bodhisattva war zwar ein sehr beschäftigter Premierminister, aber er praktizierte Zazen mehr als jeder andere. So stimmt es nicht, wenn man behauptet: „Ich bin sehr beschäftigt, ich habe keine Zeit für Zazen." Wer wirklich Zazen praktizieren will, kann es selbst als Premierminister. Dieser Mann hatte Satori. Man sollte über ihn nachdenken und sich selbst mit ihm vergleichen.

Wer Zazen übt, kann den wahren Buddhismus verwirklichen. In der Welt der Buddhas benutzt man nur sanfte Worte voller Mitgefühl. Wenn man aber in die Welt der Dämonen hinabsteigt, muß man oft Kritik und Tadel anwenden. Im Kegon-Sutra steht: „Die Welt der Buddhas, die Welt der Menschen und die Welt der Dämonen sind untereinander vermengt. Aber niemand kann sie zusammen sehen, und sie stören einander nicht. Wer unter den Menschen ein schlechtes und schweres Karma hat, kann die Dämonen sehen. Für einen solchen Menschen sind Erde, Bäume, Natur, Menschen und Städte von Dämonen und Teufeln bevölkert. Es gibt keinen Ort, keinen Raum, wo sie nicht sind."

In den drei Welten gleicht alles einem Traum, einer flüchtigen Erscheinung. Niemand kann Ihre eigenen Träume verstehen. Wesen derselben Art benutzen eine gemeinsame Sprache, es entsteht Kommunikation und verbaler Austausch. In diesem Moment sind Sekunden, Stunden, Tage, Monate und Jahre eingeschlossen. Wesen derselben Rasse entstehen und werden vertraut miteinander. Sie erleben Traurigkeit und Freude und sterben wieder. Wird man jedoch stolz, so häufen sich übelwollende Worte an, und die Handlungen von Körper, Sprache und Bewußtsein schaffen ein schlechtes, lange fortdauerndes Karma.

Im Lotussutra wird folgende Geschichte erzählt: „Ein Bodhisattva praktizierte jahrelang täglich Zazen. Er war nicht sehr intelligent, er konnte weder schreiben noch Sutras rezitieren. Jedesmal jedoch, wenn er Menschen traf, selbst Sklaven, erwies er ihnen großen Respekt. Er machte immer Gassho und sogar Sampai vor ihnen. Dabei sagte er: „Ich respektiere Euch, Ihr seid ein großer Buddha."

Eines Tages jedoch wurde er von bösen Menschen kritisiert und getadelt: „Ihr seid blödsinnig! Wo kommt Ihr her? Wir können nicht an Eure Worte glauben!" Sie schlugen ihn und vertrieben ihn mit Stockschlägen. Der Bodhisattva floh, doch während er lief, wiederholte er laut: „Ich respektiere euch. Ihr seid große Bodhisattvas, ich muß euch respektieren! Ihr könnt einmal große Buddhas werden!" Eines Tages sah dieser Bodhisattva in einer Vision einen wunderbaren himmlischen Buddha. In diesem Augenblick erlangte er ein großes Satori und lebte noch sehr lange.

Wenn wir diese Regel „nicht kritisieren, nichts Schlechtes reden" respektieren, kann unser Leben lang und glücklich sein.

5. Keinen Mißbrauch treiben mit Nahrung und Getränken Sich und andere nicht mit Drogen und Alkohol berauschen (fukoshu-kai)

In der Geschichte des Buddhismus und der anderen Religionen war dieses Kai vielen Änderungen unterworfen. In bestimmten Religionen heißt es „keinen Alkohol trinken". Im Buddhismus bedeutete es manchmal „kein Sake trinken", manchmal „kein Sake verkaufen" oder „kein Sake in den Tempel bringen" (ebenso wie alles, was stark riecht, wie zum Beispiel Knoblauch). Über den meisten Tempeleingängen kann man folgenden Spruch lesen: „Sake und Knoblauch dürfen nicht durch diese Pforte gelangen". Vor einigen Jahrhunderten jedoch wurde Sake *hannya-to* genannt, Wasser der Weisheit. Während der Sesshin ist es nicht zu empfehlen, Sake zu trinken. Aber Sake kann auch ein Medikament sein, es kann eine starke Atmosphäre schaffen. Wichtig ist zu wissen, wie man es gebraucht. Durch Sake darf man nicht die Vernunft und die Weisheit verlieren. Man darf nicht geschwätzig werden und unangenehme Reden führen. Wenn Sie Sake trinken wollen, benutzen Sie es also wie ein Medikament.

Manchmal wurde dieses fünfte Kai so formuliert: „Keine albernen oder anzüglichen Reden führen." Es ist nicht verboten, Sake zu trinken, aber man darf dadurch nicht grob oder vulgär werden. Im Mittelalter gestattete die führende Aristokratie in Japan nämlich keinerlei volkstümliche Scherze über sich. Mit dem Erwachen der Demokratie verlor diese Regel jedoch mehr und mehr an Bedeutung. In unserer Zeit ist dieses Kai zu „keinen Mißbrauch mit Nahrung und Getränken treiben" geworden. Aufgrund der Tatsache, daß die Zivilisation komplizierter geworden ist, hat sich auch die Ernährung übermäßig verfeinert. Darüber hinaus haben sich in den westlichen Ländern die Drogen stark verbreitet, und es gibt unzählige Süchtige. Die chemischen Erzeugnisse nehmen überhand, sowohl bei den Nahrungsmitteln als auch bei den Medikamenten. Die Mahlzeiten sind oft zu reichhaltig und die Medikamente zu stark. Durch Raffinierung, Umwandlung und Konservierung verlieren die meisten Nahrungsmittel einen großen Anteil ihrer Vitaminträger und ihres Kalziums und haben nur noch einen sehr geringen Nährwert. All das ist sehr gefährlich für Konstitution und Vitalität des Menschen, dessen Degeneration man bereits jetzt bemerken kann.

Es ist von ganz vorrangiger Bedeutung, zu einer einfachen und natürlichen Ernährungsweise zurückzufinden. Die geistige Verfassung, in der man seine Mahlzeit zu sich nimmt, ist ebenfalls sehr wichtig. So rezitieren wir besonders während der Sesshin vor der Mahlzeit das Essenssutra, in dem es an erster Stelle heißt, daß wir über unser Karma nachdenken und uns überlegen sollen: „Ist es mir gestattet, diese Nahrung zu mir zu nehmen oder nicht? Woher kommt diese Nahrung?" Der Tenzo (Tempelkoch) hat sie zubereitet, der Bauer hat sie gedeihen lassen usw. Wir müssen immer denen, die uns erlauben, jetzt zu essen, dankbar sein. Soweit möglich, sollte man Produkte aus dem eigenen Land und Frisches essen. Alle exotischen, in Konserven importierten Waren sollte man vermeiden.

Anschließend müssen wir an unsere Tugend, an unsere Praxis denken und uns fragen, ob sie echt ist, vollkommen oder nicht, und ihre Mängel sehen. Dann gilt es, daran zu denken, ruhig zu werden, unsere Bonno, unsere Illusionen, zu besänftigen, *ton* (Wünsche) zu reduzieren und auch *jin* (die Wut) und *chi* (das Unwissen). Man darf sich nicht immer nach etwas sehnen, zornig werden, in Stumpfheit dahindämmern. Der vierte Abschnitt des Essenssutras ist ebenfalls von großer Tragweite. Wir müssen uns vorstellen, daß diese Nahrung ein Heilmittel ist. Wir dürfen nicht aus Vernaschtheit essen oder zu reichliche Nahrung zu uns nehmen. Wir ernähren uns nur, um das Leben des Körpers aufrechtzuerhalten und ihn vor dem Austrocknen zu bewahren.

Warum ißt man? Warum trinkt man? Warum ißt man Eintopf oder Steak? Warum trinkt man Whisky? Hier und jetzt müssen wir immer unser Karma beobachten, unsere Ernährung, unsere Getränke beachten, daran denken, daß wir unsere Umgebung beeinflußen müssen und ihr durch unser Mitgefühl helfen müssen. Wir müssen *jodo* verwirklichen, den WEG erfolgreich gehen, ihn vollenden.

Was ist der Weg? Er besteht darin, unseren Geist zu beobachten und durch Zazen unser Karma zu erkennen. Ohne Praxis gibt es keinen Weg.

Von Dogen stammt das Kai „kein Sake verkaufen“, manchmal auch „nicht davon trinken“ (*fukoshu kai*). Dieses Kai ist die Transmission des Zen, die seit Buddha besteht: keine Ekstase, keine Vergiftung. Sie dürfen nicht esoterisch oder mystisch werden. Im Hinayana heißt es ganz strikt: „Keinen Alkohol trinken.“ Das Mahayana ist nicht asketisch, aber so weit wie möglich, trinken Sie nicht zu viel!

Es gibt aber noch einen wichtigeren Punkt. Man soll nämlich nicht nur vom Alkohol nicht vergiftet sein, sondern ebensowenig von der Religion! „Die Religion ist das Opium des Volkes“, sagte Marx. Passen Sie also auf in der Religion! Im Mahayana-Buddhismus lernt man, Vergiftungen zu begegnen. Man darf sich nicht vergiften, nicht nach Ekstase oder Esoterik suchen. Zazen erlaubt die Rückkehr zum normalen Zustand. Ein wirklich religiöser Mensch darf keinen esoterischen, ekstatischen oder mystischen Alkohol an die ihm Glaubenden verkaufen. Was bedeutet „Alkohol“? Von einem niederen Standpunkt aus gesehen zum Beispiel Whisky, Wein oder Sake. Aber im Mahayana ist damit auch das Satori gemeint, das Paradies usw. „Nach dem Tod können Sie ins Paradies gelangen.“ „Wenn Sie Satori haben, können Sie die Ekstase erfahren.“ In Amerika geht man sogar so weit, Satoripillen zu verkaufen! Aber das ist nur ein Symptom einer großen Krankheit der Zivilisation . . .

Es geht bei diesem Kai darum, nicht vom WEG abzukommen. Dieses Kai bedeutet ganz real die Erleuchtung der Weisheit, die transzendentale Weisheit oder das HOKYO ZANMAI, „das Samadhi des Schatzspiegels". Eine Form, die auf den Spiegel trifft und sich dort wiederspiegelt, ist nur ein Schatten, eine vorübergehende Erscheinung. Im Spiegel selbst ist nichts. Beim Zazen kann man nicht trinken. Wenn man Zazen praktiziert, kann man alles kontrollieren. Wenn eine Illusion erscheint oder auch das Satori und wir an diesem Satori haften, es festhalten, ist es nicht das wahre Satori, sondern eine Illusion. „Zazen selbst ist Satori", wiederholte Meister Dogen immer wieder. Nur dürfen wir uns beim Zazen weder Konchin (der Dunkelheit oder Betäubung) noch Sanran (der Nervosität, der Überladung mit Gedanken) hingeben. Hishiryo bedeutet: weder Konchin noch Sanran. Deshalb bedeutet das *fukoshu kai* letzten Endes „Zazen". Zazen ist keine Arbeit, kein Business. Ich sage mir immer wieder, daß ich kein Zazenbusinessman werden darf. Das Wesen des Zazen ist Zazen. Zazen heißt, Buddha oder Gott zu werden. Zazen ist keine Theatervorstellung für andere. Es läßt sich objektiv nicht verstehen. Im Soto-Zen ist Zazen selbst *fukoshu kai.*

Wir dürfen nicht ekstatisch, esoterisch, mystisch und exotisch werden, Visionen haben, zu idealistisch, zu kommunistisch, zu materialistisch, zu kapitalistisch sein . . . Wenn man Whisky trinkt, wird man ein wenig blöd, man spricht zu viel. Aber für Menschen, die sich guter Gesundheit erfreuen, kann es manchmal zu einer Medizin werden. Wenn man aber von einer Religion, einem Aberglauben oder von einer falschen Philosophie vergiftet ist, kann man nicht erwachen, und so bleibt es eine immerwährende Vergiftung.

Shikantaza, „einfach sitzen" – das ist *fukoshu kai.* Das ist das Koan dieser Regel.

Diese fünf Kai sind die Kai des Bodhisattvas. Die fünf folgenden sind die des *bhikku*, des Mönches. Wenn Sie Mönch werden wollen, müssen Sie die zehn Regeln befolgen.

Manche sagen: „Ich bin ein älterer Mönch, du bist erst Anfänger-Mönch!" Aber manchmal ist der ältere gar nicht so gut. Er ist wie ein abgenutzter alter Teppich, er ist staubig; ein neuer Teppich ist schöner! Wenn man älter wird, verliert man an Frische. Der Glaube wird kompliziert. Die Worte der Älteren sind kompliziert, manchmal ironisch, denn die Weisheit schreitet fort, ebenso die Lebenserfahrung. Man wird raffinierter. Die Älteren leben in der Vergangenheit. Ich passe darauf immer auf. Andererseits besitzen die Jungen noch nicht genug Erfahrung, nicht genug Weisheit, sie wollen immer etwas Neues, sie leben in der Zukunft.

Im Lotussutra steht die Geschichte einer Schlange, deren Schwanzende ständig mit dem Kopfende diskutierte. Das Schwanzende sagte: „Ich bin immer hinten, du bist immer vorne, und ich muß dir ständig folgen!" Schließlich rollte es sich um einen Baum. Es wollte nicht mehr weiter. Da sah der Kopf einen dicken Frosch. Er wollte ihn fressen, aber das war nicht möglich. Also erlaubte der Kopf dem Schwanz, zuerst loszugehen. Aber der Schwanz hatte keine Augen. So fiel er in ein großes Loch, und beide sind daran gestorben.

Im Himalaya lebte ein Vogel mit zwei Köpfen. Der rechte Kopf war sehr geschickt, um Nahrung zu besorgen, nicht aber der linke. Der rechte Kopf aß ständig, der linke konnte nicht essen. Da sagte der linke Kopf zum rechten: „Ich kenne ein sehr gutes Kraut!" Es war jedoch ein giftiges Kraut. Schnell hatte der rechte Kopf davon gegessen. Der Körper des Vogels starb daraufhin, und mit ihm beide Köpfe.

Himmel und Erde haben dieselbe Wurzel. Alle Wesen sind ein und derselbe Körper. Ob man verliert oder gewinnt, ob man reich ist oder arm, es ist nur ein Tautropfen, eine flüchtige Erscheinung, ein Traum. Diese unsere Verbindung mit dem Kosmos müssen wir tiefgründig verstehen.

6. Nicht kritisieren, nicht schecht über andere reden (fusekka-kai, fuakuko-kai)

„Wenn er gut ist, bin ich nicht gut. Wenn ich gut bin, ist er nicht gut." So denkt man oft. Aber sowohl in dem einen wie in dem anderen Fall besitzt weder der eine noch der andere die Buddhahaltung, beide denken innerhalb der Grenzen ihres Intellekts, der Enge ihrer persönlichen Weisheit.

Bei den meisten Menschen manifestieren sich das Unendliche und die Ewigkeit nicht, die Weisheit ist in unserem täglichen Leben und in dieser Welt weit davon entfernt, unendlich und unbegrenzt zu sein. Wir haben nicht das Recht, diesen unendlichen Kosmos mit den Grenzen unseres Gehirns, mit unserer Vernunft samt ihren Kategorien, mit der Enge unseres Verstehens einzugrenzen. Jedoch entsteht Kritik die meiste Zeit innerhalb dieser engen und stückhaften Weisheit, die keine ist.

Wir bewundern, was wir lieben, und wir kritisieren, was uns mißfällt. „Ich liebe China, China ist das tollste von allem!" „Ich liebe Japan, ich liebe Frankreich." Bewundern, was wir lieben, kritisieren, was uns mißfällt – das ist das Ergebnis unserer engen Kategorien, unserer beschränkten Vernunft, unserer kleinen Gefühle. Wir denken überhaupt nicht über uns selbst nach. In letzter Instanz jedoch sind alle Wesen des Kosmos *ku*.

Wie kann man darüber entscheiden, was gut und was schlecht ist? Was ist gut? Was ist schlecht? Mit Hilfe unserer kleinen Kategorien, unserer beschränkten Überlegungen, unseres Bücherwissens kann überhaupt nichts entschieden werden.

Manche glauben, die Wahrheit aus Büchern zu besitzen. Wenn sie auch darin wäre, bliebe sie doch aufgrund unserer dürftigen Intelligenz unverstanden. Heute liest man ein Buch und schränkt seinen Horizont dadurch ein. Heute so – aber morgen liest man ein anderes, und morgen ist es dementsprechend anders! Durch das in Büchern gesammelte Wissen kann man über nichts wirklich entscheiden. Unser Verständnis ist gering, unsere Weisheit begrenzt, unsere Überlegungen kategorisierend.

In der europäischen Kultur sind Forschung und Wissen immer enzyklopädisch gewesen. Zen ist kein enzyklopädischer Wert. Zen ist kein Sutra. Zen ist *ku*. Manchmal *ku*, manchmal *shiki*, Erscheinung... Zen ist nicht die 600 Bände umfassende Sammlung des MAKAHANNYA-HARAMITSU-KYO oder PRAJNAPARAMITA!

Man braucht sich nicht zu schmücken, um ein schönes Erscheinungsbild abzugeben. Ebensowenig wie es nötig ist, die Person zu kritisieren. Wir müssen über uns selbst nachdenken und in uns selbst vorankommen. Zwischen uns und den anderen gibt es keinen Unterschied. Wir sind Glieder einer einzigen Kette, wir sind untereinander abhängig und miteinander verbunden. Man muß dieses Gesetz, demzufolge alle Wesen untereinander zusammenhängen, sich gegenseitig bedingen und schließlich ein Ganzes bilden, wirklich verstehen.

Es gibt keinen Gegensatz und keine Dualität zwischen mir und Buddha oder Gott.

Mein Meister Kodo Sawaki sprach immer von Meister Ryokan, einem sehr großen Mönch in der Geschichte des Zen in Japan. Ryokan glich einem Bettler. Wenn er zum *takuhachi* (Bettelgang) ausging, vergaß er seine Schale. So konnte er, wenn er abends heimkam, nicht essen . . . Manchmal spielte er auf dem Weg mit den Kindern und vergaß völlig seinen Gang. Zu unserer Zeit wäre jemand wie er wirklich als schlecht, als Versager betrachtet worden. Kodo Sawaki jedoch sagte immer: „Ich wäre gerne wie Meister Ryokan, aber mein tägliches Leben verpflichtet mich dazu, das Gegenteil zu sein. Wenn ich nicht esse, kann ich keine Vorträge halten und meine Schüler nicht erziehen . . . Aber ich liebe Ryokan, weil er vergessen konnte, das ist der Unterschied zwischen ihm und den meisten Menschen."

Eines Tages setzte sich Meister Ryokan bei schönem Mondlicht auf ein Kartoffelfeld und verlor sich in der Betrachtung des Mondes. Der Besitzer des Feldes kam zufällig dort vorbei und wurde äußerst zornig, denn jede Nacht nahm ihm ein Räuber seine Kartoffeln weg. „Ihr seid der Räuber!" fauchte er Meister Ryokan an. Dieser aber betrachtete, ohne sich stören zu lassen, weiter in aller Stille den Mond. Da ergriff der Besitzer einen großen Ast und begann, Ryokan zu schlagen. Der aber blieb immer noch still und unbeweglich. Schließlich kam ein Nachbar und veranlaßte unter heftigem Tadeln den wütenden Besitzer, innezuhalten. „Warum schlagt ihr diesen Mann? Wißt Ihr nicht, daß das Meister Ryokan ist?" Der Besitzer war sehr überrascht darüber und sah seinen Irrtum ein. Daraufhin schrieb Ryokan ein Gedicht (welches der letzte Satz des KONGOKYO ist):

Die Menschen, die schlagen,
und die, die geschlagen werden,
beide sind wie ein Tautropfen, wie ein Blitz:
so müßt ihr sie sehen!

7. Nicht nur sich selbst bewundern und andere kritisieren (fujisankita-kai)

Viele Menschen sind so. Sie zeichnen sich selbst aus und kritisieren die anderen. Aber alle Wesen haben denselben Ursprung! Augen und Mund sprechen miteinander. Die Augen sagen: „Ich sehe schöne Dinge, aber ich kann nicht essen. Der Mund ißt die ganze Zeit. Selbst wenn ich Nahrung finde, kann ich nicht essen. Immer ißt nur der Mund!" Und der Mund sagt: „Ich kann nicht sehen!" Die Augen fahren fort: „Der Mund küßt, die Augen können nicht küssen!"

Im Sutra HONSHOKYO steht: „Irgendwo lebte einmal ein glatzköpfiger Mann, er war aber kein Mönch. Der hatte einen schwachsinnigen Sohn. Aber dieser Sohn war ehrlich und seinem Vater sehr ergeben. Er folgte ihm immer und überall hin. Eines Tages im Sommer in den Bergen, als die beiden in einem Wald auf dem Gras schliefen, setzte sich eine Mücke auf den Kopf seines Vaters. Der Sohn erwachte. Er war immer sehr nett zu seinem Vater. So nahm er einen Stock, um die lästige Mücke zu töten. Die Mücke flog davon, und der Vater starb." Das ist ein Koan . . .

In einem anderen Sutra steht: „Wenn der Meister zu nett zu seinen Schülern ist und sie nicht wirklich ernsthaft erzieht, so bedeutet das auch, dieses Kai zu verletzen." Alle Meister wollen viele Schüler haben und prahlen: „Ich habe viele Schüler, hundert, zweihundert, fünfhundert oder gar tausend. Ich habe zehntausend Schüler, die mir folgen." Man darf sich dessen nicht rühmen!

Wenn ein Schüler mich verläßt, macht mich das überhaupt nicht traurig. Ich wünsche mir, daß nur die echten Schüler bleiben. Ich will keine schwachen Schüler. Die Schüler müssen wahrhaft und stark erzogen werden. Andernfalls sind sie hinderlich bei der Verbreitung des wahren Dharmas. In der modernen Erziehung jedoch, in der Universität zum Beispiel, handeln die meisten Lehrer entgegen dieser Regel. Sie folgen den Schülern, und das ist das Gegenteil dessen, was sein sollte. Darüber hinaus gibt es heute sehr viele Schüler. Tiefe Kontakte sind daher nicht möglich, und so wird nur Wissen gelehrt. Das ist ein weiterer Aspekt der derzeitigen Krise . . .

Wenn wir wirklich erwacht sind und voller transzendentaler Weisheit, können wir verstehen, daß alle Wesen nur eine einzige, gemeinsame Wurzel haben. Die ganze Welt ist eine einzige Wirklichkeit ohne Grenzen. Japaner, Franzosen, Indonesier, Neger, Araber, Männer und Frauen, alle sind gleich. Es ist nicht nötig, Freund oder Feind zu sein. Es sind die Staatsmänner, die diese Irrtümer schaffen. Sie schaffen die Mauern, die Grenzen, die Waffen, die Atombombe. Sie sind völlig verrückt. In einem Sutra steht: „Unsere Bonno sind identisch mit unserem wahren Hishiryo-Geist, mit dem reinen Wasser im See."

Der verrückte Elefant stapft in den See, und der See wird völlig schmutzig. Ein reines junges Mädchen gleitet ruhig und voller Frieden in diesen See und schafft eine wunderbare Atmosphäre. Mit dem Spiegel ist es das gleiche. Der Spiegel selbst ist nichts. Alle Arten von Gesichtern spiegeln sich in ihm. Schöne, häßliche, lächelnde, manchmal auch Fratzen. Ebenso wird, wenn ein Bonno in unseren Geist dringt, dieser schmutzig. Wenn wir rechte Gedanken haben, wird der See des Geistes wunderbar.

Ich lese immer von morgens bis abends Sutras, Bücher über Zen, das SHOBOGENZO. Selten lese ich Zeitungen, ich schaue mir weder Fernsehen noch pornographische Vorführungen an. Die meiste Zeit bin ich in Kontakt mit heiligen Büchern und Zazen . . .

8. Nicht zu geizig sein, nicht zu viel begehren (fukenhozo-kai)

Dieses Kai wendet sich an die Schüler, die die Lehre empfangen wollen. Sie dürfen nicht davor zurückschrecken, ihre Güter von sich zu geben – seien es materielle Güter und Geld, oder ihre Energie und Zeit –, wenn Sie die Erziehung erhalten wollen. Sie dürfen beim Suchen des Weges nicht mit ihren Reichtümern geizen. Ebenso darf der Meister beim Austeilen der Lehre, des Dharmas, nicht sparsam sein. Er muß alles lehren. Er muß nicht nur das Dharma weitergeben, die Erziehung erteilen, sondern er muß manchmal auch materiell helfen. Jedoch muß er dosieren, mit Weisheit geben. Man kann auch etwas verderben, wenn man immer nur geben will. Man muß wissen, wie man verteilt und wie man behält. Nicht verwöhnen, nicht verderben. Zur Erziehung meiner Schüler wiederhole ich oft dieselben Dinge. Ich muß wiederholen und immer wiederholen. Ich werde nicht müde dabei, aber sie werden es . . . Zuviel zurückzubehalten oder zuviel zu geben ist also beides eine schlechte Erziehung.

Im SHOBOGENZO gibt es einen berühmten Satz, den Kodo Sawaki für mich kalligraphiert und der mich sehr geprägt hat: „*Takarano takarani makaserareru toki, takara kanarazu takara tonaru* – wenn der Schatz so ist, wie er ist (das ist die wahre Freiheit), wird er ganz exakt und mit äußerster Sicherheit zum Schatz."

Wenn jemand stark an dem Schatz hängt, liebt der Schatz diesen Menschen nicht und flieht vor ihm. Derjenige aber, der nicht an dem Schatz hängt, wird von ihm verfolgt und geliebt. Der Schatz kommt zu ihm: selbst wenn er fliehen will, kann er es nicht, denn der Schatz verfolgt ihn und will ihn nicht loslassen. Dagegen flieht der Schatz vor dem, der ihn bewahren, beschützen, nicht loslassen und behalten will, er flieht vor dem, der an ihm hängt.

Dieses Kai bedeutet: nicht sparen wollen, *mushotoku* sein.

Schon als Kind liebte ich sehr zu geben, was meinen Vater zu Zornesausbrüchen trieb. Was er mir gab, verteilte ich an meine Freunde weiter. Er lehrte mich immer, auf die Dinge aufzupassen, sparsam und genau zu sein. Später, als ich Geld verdiente, gab ich es immer Kodo Sawaki. Ich brachte es meinem Meister und blieb bei ihm, um Zazen zu üben, solange es meine Einkünfte ermöglichten. Danach, wenn ich kein Geld mehr hatte, arbeitete ich wieder und setzte meine ganze Klugheit ein, um so schnell wie möglich so viel Geld wie möglich zusammenzubekommen, und kehrte dann zu Kodo Sawaki zurück, gab ihm das Geld und blieb wieder eine gewisse Zeit bei ihm . . . Meine Familie war darüber gar nicht sehr erfreut! Aber später wurde sie glücklich.

In meinem Leben habe ich mich wirklich ganz gezielt und exakt auf Zazen konzentriert, wenn ich auch nicht gleich die Mönchsordination erhalten habe, sondern erst einmal die Bodhisattvaweihe. Aber all meine Gedanken waren bis heute nur auf Zazen gerichtet und konzentriert. Manchmal hatte ich genug von Zazen, aber mein Karma war auf Zazen eingestellt, mein Karma ist Zazen.

Meister Keizan hat in seinen Notizen zum ZAZEN YOJINKI geschrieben: „Anstatt zehnmal mit Vorträgen und Worten zu unterrichten, ist es besser, daß ich neunmal mit meinem Körper praktiziere und dies zeige und nur einmal spreche."

Deshalb haben, wenn ich rede, meine Worte stets eine tiefe Bedeutung – selbst im Alltagsgespräch. Auch wenn sie manchmal komisch sind, entstammen sie der Tiefe des Ozeans.

Um verständlich zu sein, muß der Vortrag einfach sein. Die Praxis des Meisters ist selbst ein wesentliches Instrument der Erziehung. Aber es ist schwierig, jeden Tag zu praktizieren und ein Beispiel zu sein . . . auch beim Essen, Anlegen des *kesa*, beim Laufen, beim Baden und Sich-Ausruhen . . . Andererseits ist es auch schwierig, immer mit dem Meister zusammen zu sein. Nach einer Weile laufen die Sekretärinnen weg. Sie sehen nur noch das Schlechte und nichts anderes mehr.

Dieses achte Kai heißt für die Mönche *fukenbozai kai*, für gewöhnliche Menschen *futonyoku kai*. *Futon* bedeutet „nicht gierig sein", „nicht begehren", „sich nicht brennend etwas wünschen". Dies ist eine sehr wichtige Regel, besonders in unserer modernen Zivilisation, die so sehr die Wünsche nach materiellen Gütern fördert.

Es ist ein Rennen nach den Wünschen – noch mehr – immer mehr! Dieses Kai ist die Lehre vom *fuse* und erklärt *mushotoku*.

Wenn man es respektiert und befolgt, sind die Nächte so friedvoll wie die Tage, und die Familie lebt in Harmonie. Reisen verlaufen gut, man wird nicht krank und kann lange leben. Selbst wenn man einsam ist, hat man keine Angst mehr, und im gesellschaftlichen Leben gibt es keinen Ärger. Es herrscht Harmonie. Schließlich kann man Satori erlangen. Was ist *ton*, die Begierde? *Ton* heißt, sich zu sehr an der Umgebung zu orientieren, zu viel zu begehren, zu viel zu wünschen. Dazu kommen dann *jin*, die Wut, und *chi*, das Unwissen, das kompliziert macht, der Verdacht, der Zweifel.

Wer ist gewöhnlich? Wer ist heilig? Wer zu viele Wünsche hat, ist gewöhnlich. Diejenigen, die nicht zu viel begehren, nennt man heilig. Aber selbst als Mönch oder großer Priester ist man kein Heiliger, wenn man zu viel begehrt. Ein einfacher Fischer aber, ein Arbeiter, ein Bauer ist, wenn er nicht viel begehrt, ein wahrer Heiliger, ein Weiser.

Die Sonne steht mittags am Zenith, dann sinkt sie wieder. Das Licht wird Dunkelheit. Der Mond wird voll und nimmt dann wieder ab. Was sich erhöht, wird erniedrigt, und was sich erniedrigt, wird erhöht. Der Blüte folgt der Niedergang. Ein Baum, der schöne Blüten trägt, bringt nicht viele Früchte. Ein Tier mit Hörnern hat keine langen Hauer. Ein Land, das von Schätzen überfließt, hat keine so guten Nahrungsmittel. Ein Ölland hat arme Anbauten. Ein warmes Land ist nicht kalt. Ein kaltes Land ist nicht warm. Wer einen Penis hat, hat keine Vagina, und umgekehrt. Das ist natürlich.

Jeder wird allein geboren und stirbt allein. Niemand konnte je auch nur irgend etwas in seinen Sarg mitnehmen. Die meisten Reichen leben nur kurze Zeit. Die Armen haben viele Kinder. Beschäftigte Menschen sind müde. Wer zu viel denkt, wird neurotisch. . . Wer nach Ruhm, Reichtum und Luxus strebt, endet schnell und geht unter. Wer das einfache Leben liebt, kann lange und in Frieden leben. Selbst ein Kaiser, der weite Ländereien beherrscht, und auch der Präsident eines großen Landes wird alleine sterben. „Eins gewonnen – eins verloren“, sagte Dogen immer. Ein einfaches Leben zu leben bedeutet nicht, ein kleinliches Leben zu leben. Die Menschen, die dieses Kai beachten, haben kein Ego. Der gesamte

Kosmos ist ihr Geist. Die kosmische Ordnung gibt ihnen alles. Sie können alles erlangen. Es ist nicht nötig, etwas abzulehnen. Aber wenn man nicht einmal einen Grashalm oder eine Blume geben kann, erlangt man nichts.

Wenn wir einmal nicht die Nahrung essen, die wir uns gerade wünschen, kommt das einem Geschenk an die ganze Menschheit gleich. Wenn wir einmal nicht das Kleid kaufen, das wir an diesem Tag gerade anziehen wollen, schenken wir es der ganzen Menschheit. Wenn wir lieber in einem schönen Haus oder einem schönen Appartement leben wollen, stattdessen aber in einem ärmlichen Zimmer auf einer dünnen Matratze schlafen, so ist das wiederum ein Geschenk an die ganze Menschheit. Wenn man derart einen Tag, zehn Tage, einen Monat, ein Jahr, zehn Jahre, ja ein ganzes Leben lang fortfährt, wird das Verdienst daran ewig sein.

Wenn wir wenig essen, schmeckt alles gut. Wenn wir zuviel essen, schmeckt nichts besonders gut. Wenn man müde ist von der Arbeit, kann man gut schlafen. Um ein einfaches Leben zu führen, sollten wir so weit wie möglich auf die Ausschmückung der Umgebung verzichten, zum Beispiel auf schöne Kleider, auf zu schöne Zimmer und schöne Häuser. Das bringt Verdienste für ein langes Leben und gute Gesundheit mit sich. Ebenso verhält es sich mit Worten. Es ist nutzlos, sich zu diplomatisch zu geben, so weit wie möglich sollte man einfach und natürlich sein.

Wir sollten uns mit der Natur freuen. Ich beobachte zum Beispiel immer die Tauben. So brauche ich nicht ins Kino zu gehen oder fernzusehen. Besser ist es, den Himmel zu betrachten. Und Zazen ist von allem das beste.

Jeder hält das Schöne für schön,
darin besteht seine Häßlichkeit.
Jeder hält das Gute für gut,
darin besteht sein Böses.

Lao-tsu

Selbst auf die Tiere hat man es abgesehen. Tigerhaut ist sehr teuer. Wenn jemand einen Tiger sieht, tötet er ihn. Der Elefant hat Verteidigungswaffen von hohem Wert. Wenn jemand einen Elefanten sieht, tötet er ihn. Kühe, Schweine und Hühner haben gutes Fleisch, der Mensch tötet sie ständig. Hennen brüten gute Eier aus, sie dienen dem Menschen als Nahrung.

Höchste Vollkommenheit erscheint mangelhaft.
Höchste Aufrichtigkeit erscheint unvollkommen.
Höchste Geschicklichkeit erscheint ungeschickt.
Höchste Beredsamkeit erscheint als Gestammle.

Lao-tsu

9. Nicht wütend werden (fushine-kai)

Kürzlich habe ich wieder einmal die Bemerkungen meines Meisters Kodo Sawaki zu diesem Kai gelesen. Er schreibt zu Beginn seiner Kommentare: „Wenn man nicht wütend wird, kann man kein Problem lösen." Und an anderer Stelle: „Früher wurde ich während der Sesshin beim Zazen immer wütend auf meine Schüler. Es war keine Wut im eigentlichen Sinn, vielmehr starke Vorwürfe. Während des Morgen-Zazen schrie ich sie oft laut an. Wenn das Zazen vorbei war, kamen viele in mein Zimmer, entfalteten ihr *zagu* und verneigten sich in *sampai*. Nach meinen Beschimpfungen verstand jeder, worum es ging – nämlich um ein starkes und ehrliches Zazen, die rechte Haltung, Atmung und geistige Einstellung, wodurch sich die Atmosphäre im Dojo veränderte.

Während der Jahre, in denen ich meine Erziehung erteilte, interessierte ich mich intensiv für dieses Problem von Bestrafung und Rüge. Jedoch sind wütend werden und tadeln zwei Dinge. In der Wut erhitzt sich das Gemüt, man wird leidenschaftlich, eng und kleinlich. Bei der Erziehung muß man wissen, die richtigen Bestrafungen zu erteilen. Die Bestrafung darf nicht der Spiegel persönlicher Launen sein, sie darf nicht in Beziehung zu einem selbst stehen, sondern immer nur in Beziehung zu Zazen und für Zazen, immer mit einem großen Mitgefühl. Man muß innerlich eine Haltung des Mitgefühls, der wahren Liebe bewahren. Äußerlich muß man dabei den Eindruck heftiger Wut erzeugen und starke Rügen austeilen. Später, als ich älter wurde, fiel es mir schwerer, meine Schüler stark zu tadeln. So erwartete ich, daß es die älteren Schüler für die jüngeren taten.

Mit 50, 60 Jahren verteilte ich dann ständig Ohrfeigen, und alles löste sich auf diese Weise. Das Dojo wurde sehr friedlich und die Atmosphäre sehr stark.

In der Geschichte des Zen gab es bei den meisten Patriarchen immer große Schimpfereien, bei Buddha selbst natürlich, bei Bodhidharma und Meister Obaku, der seinen Schüler Rinzai ständig mit den Fäusten schlug, und auch bei Meister Nyojo, der seine Schüler mit Holzsandalen verprügelte!

Eines Tages, während Meister Nyojo einen seiner Schüler, der beim Zazen dahindämmerte, hart tadelte und laut rief: „Ihr müßt Körper und Geist von euch werfen!“, hatte Meister Dogen Satori, und er vergaß völlig seinen Geist und seinen Körper. Berühmt für seine Bestrafungen ist auch Meister Unmon. Mit seinem Schüler Tokusan ging er bekanntermaßen sehr hart um. Und auch Meister Tokujo, der, nachdem er seinen Schüler Kassan ins Wasser geworfen hatte, ihn daran hinderte, wieder ins Boot zu steigen, indem er ihn mit dem Ruder schlug. Später wurde Kassan ein sehr großer Meister.

Es geht hier aber nicht um Gewalt an sich. Ein Zenmeister muß seine Schüler stark erziehen, wenn er sie auf dem Weg stärken will. Er erzieht und bestraft mit Kraft, aber auch mit Mitgefühl. Er tut es für den Weg, für das Dharma: er braucht die entsprechende Kraft und Energie dazu. Als ich jünger war, waren meine Wutanfälle so stark, daß mein Kopf sich vom Rumpf zu lösen schien, was den Schüler für sein ganzes Leben zeichnete . . . Um seinen Schüler beschimpfen zu können, muß der Meister ihm aber vollkommen vertrauen. Und nach einer kräftigen Schimpferei ergeben sich ganz notwendigerweise gute Verdienste . . . “

Kodo Sawaki erlebte es aber auch, daß viele Schüler nach seinen Wutausbrüchen von ihm gingen. Dazu sagte er immer: „Auf diese Weise erkenne ich die Qualität meiner Schüler."

In seinen Kommentaren heißt es weiter: „Es ist nötig für Zazen, daß der Meister unnachgiebig tadelt. Dies geschieht im rechten Geist für den Weg und das Dharma. Die großen Patriarchen hatten oft den Beinamen „Tiger", „Wolf" oder „Vater des Donners". Mich nannten die Studenten der Komazawa-Universität übrigens auch den „Tiger".

In Paris hatten meine nahen Schüler ebenfalls einen Beinamen für mich gefunden. Sie nannten mich „der Löwe", damit ich nicht verstehen sollte, daß es um mich ging: „Der Löwe hat dies gemacht oder jenes gesagt . . . "

Kodo Sawaki fährt folgendermaßen fort: „Nicht wütend werden, das bedeutet: nicht fliehen, weder kommen noch gehen, sich nicht festhalten. Wütend werden bedeutet, sich von der Buddhanatur trennen. Im Zentrum der Kai liegt die Buddhanatur, wo alle Buddhas, alle Meister und alle Schüler ununterscheidbar eins sind. In Wut zu sein darf also in diesem Falle nicht bedeuten, in Wut zu sein. Das ist eine sehr subtile Haltung. Nach außen gesehen ist es Wut, die innere Haltung jedoch ist Ruhe. Das ist das *fushine kai*. Beim Zazen kann man nicht wirklich wütend werden. Und sollte doch Wut aufsteigen, so verschwindet sie, wenn man weiter Zazen übt. Wenn eine Mutter ihr Kind bestraft, so ist das keine echte Wut."

Die Mutter, die auf ihr Kind böse ist, drückt in Wahrheit ihr echtes Mitgefühl, ihre wahre Liebe aus. Es kommt natürlich vor, daß eine Mutter erzürnt ist und in einen Zustand echter Wut und Aufgebrachtheit gerät (vielleicht hat sie auch am Abend zuvor mit ihrem Mann gestritten und überträgt ihren Zorn auf ihre Kinder). Für die gute Erziehung des Kindes ist es jedenfalls manchmal nötig, daß die Mutter böse wird.

Wenn ich meine Schüler tadle, lächle ich in Wirklichkeit innerlich. Wir müssen lächelnd tadeln.

Kodo Sawaki sagt schließlich: „Man darf nicht wegen eines persönlichen Vorteils, wegen seines eigenen Interesses wütend werden. Man sollte im Dienste der richtigen Erziehung des Menschen für den Weg, für die Wahrheit, jenseits der Gefühle von Haß oder

Liebe (Anhaften) seine Strafen und Rügen erteilen."

Menschen, die zu viele Wünsche haben, werden oft wütend. Besonders Eifersucht bringt oft Wut mit sich. In einem Sutra wird eine Geschichte aus dem alten Indien erzählt: „In einer Familie verstand sich die Schwiegermutter überhaupt nicht mit ihrer Schwiegertochter, sie war eifersüchtig auf sie. Eines Tages, als die junge Frau Reis kochte, geriet die Schwiegermutter ohne rechten Grund in Wut gegen sie. Die Schwiegertochter schien nicht darauf einzugehen, und so nahm sie plötzlich ein Stück brennendes Holz aus dem Feuer und schleuderte es mit aller Kraft auf ein Schaf, das in der Nähe herumstand. Das Schaf, dessen Wolle in Brand geraten war, lief aufgescheucht und blökend davon und geriet geradewegs in einen Heuschober, der ebenfalls sogleich zu brennen anfing. Da ein starker Wind herrschte, hatte sich das Feuer schnell bis zu den Stallungen der Elefanten des Königs ausgebreitet. Diese durchbrachen aufgeschreckt das Dach und flüchteten ins Nachbarland. Aber sie bewahrten einen heftigen Groll gegen die gesamte Bevölkerung ihres Ursprungslandes, und jedesmal, wenn sie Einwohner von dort trafen, trampelten sie sie wütend nieder. So erklärten sich diese beiden Länder den Krieg. Er dauerte zehn Jahre lang: durch die Wut einer eifersüchtigen Frau entstanden zehn Jahre kriegerisches und gewalttätiges Karma.

Durch Zazen können Sie sich von allen Irrtümern Ihres täglichen Lebens trennen. So sagte Bodhidharma: „Die Ordination und die Kai zu erhalten bedeutet, den Geist Buddhas zu verstehen und damit unseren eigenen und wahren Geist der Reinheit."

Geist kann man nicht erfassen. Wenn wir verstehen, daß unser Geist den ganzen Kosmos erfüllt, haben wir die wahre und vollkommene Regel verstanden. So ist es unmöglich, Irrtümer zu begehen, ob man tötet, raubt, diskutiert und streitet, kritisiert oder in Wut gerät . . . der Irrtum ist unmöglich, weil das Ego, der Kosmos und alle Wesen dieselbe Wurzel haben.

Kodo Sawaki sagte immer: „Das höchste Leben, die höchste Regel besteht darin, sich den Kopf zu scheren, das Kesa anzulegen und Zazen zu praktizieren. Das ist das größte und höchste Glück."

10. Keine irrigen und dogmatischen Ego-Ansichten haben (fujaken-kai)

Jeder von uns schafft sich seine eigenen Vorstellungen, jeder hat seine eigenen Interpretationen und sein eigenes Verständnis – abhängig von seinem bewußten, in seinen Kategorien gefangenen Denken.

Zu seiner Zeit hatte sich Buddha gegen alle ausgeklügelten und komplizierten Philosophien, die damals in Indien blühten, gewandt. Mythologien faszinierten die Menschen immer. Sie fanden darin Geheimnisvolles, Übernatürliches, Außergewöhnliches, das sie brauchten, um ihr Unverständnis und ihre ewige Sucht nach dem Wunderbaren zu stillen. Aber nicht damit genug, daß sich die Menschen ihre Mythen schufen – später rankten sich dann auch noch endlos widersprüchliche Phantasien um sie.

Buddha selbst hatte lange an metaphysischen Problemen, an der ontologischen und existentialen Frage gelitten. Das Leiden wurde für den Menschen überhaupt oft zum Ausgangspunkt des Nachdenkens. Für Buddha war es die Basis der gesamten Lehre, der Philosophie und der Praxis. Er hatte eine wohlbehütete Jugend im Palast hinter sich, stellte dann aber fest, daß die Welt voll von Armen, Alten, Behinderten und Leichen war . . .

Von da an betrachtete er die Welt anders, dualistisch: Freude oder Leid?

Eine andere Frage, die Buddha sich stellte, betrifft die Wirklichkeit oder Unwirklichkeit der Existenz, die Dauer oder Unbeständigkeit aller Dinge. Eine Diskussion folgte der anderen, die Thesen vervielfachten sich, und immer standen zwei Thesen nebeneinander, die eine positiv, die andere negativ.

Eine weitere Frage betrifft das Problem von Körper und Seele. Im Augenblick des Todes verliert der Körper seine Aktivität, seine Energie. Was wird aus dieser Energie? Hat die Seele Bestand? Wo geht sie hin? Die Energie hat die Zellen verlassen, der Körper wird in den Wald geworfen, und Gerüche strömen von ihm aus. Dann wird die Leiche eingeäschert, wieder zu Asche gemacht oder eingegraben und der Verwesung überlassen. So verschwindet der

Körper. Aber der Geist? Wohin geht er? Manche sagen: wenn der Körper verschwindet, so verschwindet der Geist ebenso, der Tod gleicht der Kerzenflamme, die man ausbläst. Nichts mehr bleibt, alles ist zu Ende. Andere sagen das Gegenteil. Der Körper ist tot, der Körper verschwindet, aber die Seele bleibt ewig und verkörpert sich unzählige Male wieder.

Es gibt zahlreiche Meinungen, und es wird ständig darüber diskutiert. Wo liegt die Wahrheit? Es ist tatsächlich unmöglich, über diese Probleme zu diskutieren. Es ist völlig nutzlos, sich für diese oder jene Version zu entscheiden. Es gibt zahlreiche Thesen zu diesem Thema, und die Bücher stapeln sich endlos: aber es ist dumm, zwischen beiden wählen zu wollen!

Die beiden Ideen sind gleichzeitig wahr und falsch. Wenn man sie begrenzt, sei es, daß man sie verneint, sei es, daß man kategorisch zustimmt, werden sie Halbwahrheiten, also falsch. Wenn man sie jedoch zusammen betrachtet, bilden die beiden Theorien ein Ganzes, das sich der Wahrheit eher nähert. Man darf dem Widerspruch nicht ausweichen – er ist schöpferisch!

Nagarjuna hat zu seiner Zeit lange über das Problem der Existenz diskutiert. Nimmt man hierzu jedoch eine extreme, sei es positive, sei es negative Haltung ein, so ist das völlig falsch. Jede Philosophie, deren Basis an sich notwendigerweise schon eine Stellungnahme bedeutet, ist von vornherein falsch. Jedes rationalisierende und kategorisierende System, welches versucht, das Unendliche, das in seiner Essenz die Paradoxa und Widersprüche des unbegrenzten Kosmos enthält, zu verstehen, kann nur Spaltung bewirken und in einer Sackgasse enden oder zum Wahnsinn führen.

Zur Zeit Nagarjunas entwickelte sich der Mahayanabuddhismus und stellte sich gegen die traditionellen indischen Philosophien, insbesondere was das Problem vom Körper und der Seele (*atman*) angeht. Die indische Philosophie hat immer Körper und Seele getrennt. Nach dem Tod trennt sie sich vom Körper und irrt bis zu ihrer nächsten Verkörperung herum. Im Buddhismus werden diese Art von Überlegungen abgelehnt, obwohl die Idee an sich nicht völlig falsch ist.

Den Begriff *muga* (das Fehlen eines Numenons, eines Ichs) findet man allenthalben. Nagarjuna schrieb: „Es gibt kein Wesen an sich, aber es gibt auch kein Nicht-Wesen.“ Und er erklärt diesen Widerspruch durch den Weg der Mitte.

Shiki soku ze ku, ku soku ze shiki. Die Erscheinungsformen sind das Nichts. Das Nichts ist die Form. Das ist das Prinzip des Mahayana-Buddhismus. Man kann nicht nur einen Aspekt bejahen und den anderen völlig verneinen. Das würde bedeuten, eine völlig dualistische, begrenzte und falsche Einstellung zu schaffen. Manchmal besteht das Leben aus dem Aspekt *shiki soku ze ku*, manchmal aus *ku soku ze shiki.* Bedenken Sie aber, daß beide Aspekte nur als Erziehungsmittel dienen können.

Nagarjuna erklärt in Bezug auf die wechselseitige Abhängigkeit, daß es kein Wesen an sich gibt, daß alles Nicht-Wesen ist, daß keine Existenz ein Wesen an sich besitzt. Jedoch gibt es das Gesetz der wechselseitigen Abhängigkeit, nach dem alle Wesen miteinander verbunden sind. Auf der einen Seite gibt es also die Erscheinungen, auf der anderen die Ewigkeit jenseits aller Erscheinungen. Diese beiden Begriffe sind immer untrennbar miteinander verbunden. Alles ist unbeständig, obwohl nach gesundem Menschenverstand alles beständig zu sein scheint. Aber der Baum, der nächstes Jahr wieder blüht, wird nicht dieselben Blüten tragen.

Alles scheint unveränderlich weiterzubestehen, unsere Familie sehen wir nächste Woche, nächsten Monat, in einem oder in zehn Jahren wieder . . . Gleichbleibende Beständigkeit – das ist die Wahrheit des Durchschnittsmenschen: wenn sich offensichtlich etwas ändert, ist jeder erstaunt! Diese Veränderungen bieten den Zeitungen und dem Fernsehen ihren Stoff. Der Mensch sieht zwar stumpfsinnig, wie sich alles um ihn herum verändert, aber er sieht es nicht. Er wird sich dessen einfach nicht bewußt, daß alles und auch er selbst sich in ständiger Veränderung befindet.

Er weiß nichts über sich selbst, er kennt sich selbst nicht. „Wer ist heute gestorben, wer gestern?“ Immer kümmert er sich um die anderen. „Heute muß ich sterben!“ – wenn heute der Tod vor ihm stünde, wäre er sehr überrascht und würde es bis zum letzten Atemzug nicht glauben wollen.

Die beiden Aspekte müssen immer gleichzeitig betrachtet werden: Beständigkeit und Unbeständigkeit, *ku* und *shiki, bonno* und *nirvana, ui* und *mui*. Ich und Nicht-Ich. Beide existieren, dürfen aber nicht getrennt und isoliert gesehen werden. Nicht nur Bonno, nicht nur Nirvana. Es ist schwierig, zwischen Immanenz und Transzendenz zu unterscheiden, man kann sie eigentlich nicht voneinander trennen: kategorisch den einen oder anderen Standpunkt einzunehmen, spiegelt nur die Enge unseres Geistes wider.

Man muß das harmonische Gleichgewicht finden zwischen dem weltlichen, gesellschaftlichen, öffentlichen Leben und dem religiösen, unserem Zen-Leben. Selbstverständlich müssen wir unsere gesellschaftlichen Verpflichtungen erfüllen, aber dies ist eine Dimension, über die wir hinausgelangen müssen, um den WEG zu suchen. Die Mönchsordination darf kein verschlossenes Leben fern der Gesellschaft mit sich bringen, sondern der Mönch muß im Gegenteil der Welt durch seine Berufung helfen. Wir dürfen die Dinge nicht einseitig sehen und an starren Meinungen festhalten. Zwischen zwei Extremen gibt es notwendigerweise eine Verbindung, zwischen zwei verschiedenen Aspekten muß eine Verbindung hergestellt werden.

Das Kapitel GENJOKOAN des SHOBOGENZO von Meister Dogen behandelt dieses Problem sehr eingehend: es geht um *satori* und *mayoi* (Illusion), um Satori und die Praxis, um den Zustand der Wahrhaftigkeit und die Mittel oder Wege dafür. Dogen sagte immer: „Die Zazen-Praxis selbst ist Satori!" *Shusho* (Praxis/Satori) ist ein einziges Wort. Es gibt keinerlei Trennung zwischen irgend etwas, es gibt keine Dualität. Es existiert nur eine einzige Erscheinung, ein Ganzes.

Es ist nutzlos, Thesen und Doktrinen auszuarbeiten. Es ist nutzlos zu diskutieren, herumzureden, Ausflüchte zu suchen, zu protestieren. Das führt zu nichts. Das Infragestellen ist nur ein Ausgangspunkt, über den man hinauskommen muß, um weiterzugelangen in seiner Suche. An einem bestimmten Punkt muß der Glaube die Skepsis ersetzen, und dieser Glaube ist die Quelle des Fortschritts. Die westliche Zivilisation verfiel als erste dem Materialismus. Die skeptische Haltung in Bezug auf Immaterielles, Spirituelles, trug viel zu ihrem Rückschritt bei. Wir müssen uns von jeglicher dogmatischen Art, die Dinge zu sehen, jedem „Ismus", der früher oder später wegen seiner hinderlichen Enge ganz notwendigerweise gesprengt werden muß, lösen.

Das Seinsbewußtsein und seine höchste Entsprechung, der Glaube, sind die einzigen spezifisch menschlichen Gegebenheiten. Wenn wir tief an Gott glauben, wird dieser Glaube nicht umsonst sein. In unserer Zeit ist Gott tot, und deshalb erleben wir die Zersplitterung des Menschen und die Krise einer gesamten Zivilisation. Aber was ist Gott? Wir dürfen nicht versuchen ihn zu definieren, denn Gott läßt sich nicht auf unsere Denkkategorien reduzieren, und Worte reichen nicht aus, seine Fülle wiederzugeben: Euer Zazen ist Gott, ihr selbst seid Gott, Gott ist in eurem Geist, und der ganze Kosmos ist Gott.

Der wahre Geist, der authentische Geist Buddhas, der kosmische Geist, gleicht vollkommen dem Mond, während die Umgebung mit der Oberfläche des Wassers und seinem Strömen zu vergleichen ist. Die Illusionen, die Bonno, gleichen dem Widerschein des Mondes auf dem Wasser. Das Milieu, die Umgebung, ist das Wasser, in Form eines Sees, eines Flusses, eines Stroms, Teichs, Tümpels, Ozeans, Meeres oder eines Tautropfens. Das Licht des Mondes gelangt überall hin. Man kann es sogar auf den Tautropfen auf einem Grashalm sehen. Der Mond spiegelt sich überall, aber der Widerschein des Mondes ist nicht seine Substanz. Das Spiegelbild folgt dem Licht ganz genau. Wenn die Wolken den Mond verdecken und das Licht verschwindet, verschwindet auch das Spiegelbild.

Wie wenn ihr euch im Spiegel betrachtet:
Form und Spiegelbild betrachten einander.
Ihr seid nicht das Bild,
Doch das Bild ist mit euch identisch.

aus dem HOKYO ZANMAI

Unser Bewußtsein, die Quelle dieses Bewußtseins, ist die Buddhanatur. Die Buddhanatur gleicht dem Mond. Wenn wir etwas betrachten, hören, fühlen, schmecken oder berühren, tauchen die Bonno auf, die Erscheinungen. Das Wasser kann eine große oder kleine Fläche bedecken; dementsprechend sind die Oberfläche des Wassertropfens und des Ozeans verschieden. Ebenso ist es mit dem Widerschein des Mondes. Auf einem Tautropfen ist er nicht derselbe wie auf dem Ozean, dem Teich oder dem See. Aber die wahre Substanz des Mondes am Himmel ist eins.

Unser Bewußtsein verändert sich ständig. Es folgt der Umgebung, dem Milieu. Aber unsere Buddhanatur, unser wahres, reines Wesen gibt es nur einmal. Das Abbild ist nicht die Substanz, aber ohne Substanz entsteht das Abbild nicht.

Das Abbild des Mondes ist nicht der Mond selbst, aber ohne Mond gäbe es das Abbild nicht. Wenn wir den Lauf des Wassers betrachten, sehen wir darin den Widerschein des Mondes. Selbst wenn wir das strömende und sich verändernde Wasser festhalten und eine Schale damit füllen, bleibt der Mond an der gleichen Stelle. Man kann ihn nicht erfassen . . .

Ebenso ist es mit dem Bewußtsein. Wenn wir ein Geräusch, etwa den Klang einer Stimme vernehmen, manifestiert sich unser Bewußtsein – wir denken. Das Bewußtsein des Geräusches erscheint als Ton und verschwindet ebenfalls als Ton. Das Bewußtsein des Geschmacks erscheint als Geschmack und verschwindet als solcher. Wenn wir eine Schale mit Wasser füllen, spiegelt sich der Mond darin wider. Wenn wir hundert oder tausend Schalen mit Wasser füllen, spiegelt sich der Mond hundert bzw. tausend Mal darin. Ebenso ist es mit unserem Bewußtsein.

Wenn wir hundert oder tausend Dinge unserer Umgebung berühren, erscheinen ebenso hundert oder tausend Bewußtseinsarten. Wenn wir immer mehr Dinge berühren, vervielfacht sich auch unser Bewußtsein, unsere Bonno vermehren sich. Berührt man große Objekte, werden auch die Bonno groß. Berührt man kleine Objekte, so manifestiert sich ein kleines Bewußtsein. Wenn wir das Wasser aus der Schale ausgießen, verschwindet das Abbild. Aber es kehrt nicht zum Himmel oder in die Substanz des Mondes zurück. Unser Bewußtsein erscheint und verschwindet „hier und jetzt“.

Dieses Jahr ist die wunderbare Klarheit des Mondes nicht dieselbe wie im letzten Jahr, dennoch sind sie identisch. Der Mond ist genauso schön. Wenn wir uns an etwas erinnern, das wir vor zehn Jahren einmal gehört, gerochen, geschmeckt oder gefühlt haben, so erscheint genau das entsprechende Bewußtsein. Da dieses Fühlen aber der Vergangenheit angehört, gehört auch dieser unser Geist der Vergangenheit an. Wenn wir uns etwas Hörbares, Riechbares, Schmeckbares oder Fühlbares in der Zukunft vorstellen, erscheint ebenfalls das entsprechende Bewußtsein.

Der Geist eines Schwertes ist seine Schneide. Wenn diese abgenutzt ist, ist das Schwert nicht mehr zu gebrauchen. Einige behaupten: wenn die Körperzellen abgebaut werden und schließlich sterben, verschwindet der Geist ebenfalls und stirbt. Das ist eine bruchstückhafte, keine umfassende Weise, die Dinge zu sehen. Im GENJOKOAN schreibt Meister Dogen: „Wenn die Flammen das Holz verbrannt haben, bleibt nichts als Asche.“ Für Dogen bleibt jedoch immerhin die Asche . . .

Der am weitesten verbreitete Glaube besteht darin anzunehmen, daß die Seele weiterbesteht und entweder herumirrt oder in den Himmel gelangt und nach dem Tode des Körpers, dem Verschwinden der physischen Erscheinungen, ewig weiterlebt. Aber etwas Genaues kann über dieses grundlegende Problem nicht ausgesagt werden. Im Buddhismus wird die Idee, daß der Körper, der eigentlich ohne Substanz ist (*ku*), ein Wesen an sich sei, negiert. Ebenso verhält es sich mit dem Geist. Das Karma jedoch existiert. Existenz des Karmas und Nichtexistenz eines Wesens an sich: das ist der Weg der Mitte, gleichzeitig positiv und negativ.

Zen umfaßt immer die Gegensätze. Man kann nicht wählen. Unser Vorderhirn und unser Stammhirn befinden sich ständig in Widerspruch. Nur der Mensch hat sein Vorderhirn entwickelt, deshalb empfindet er Widersprüche. Das Hishiryo-Bewußtsein nun umfaßt alle Widersprüche und offenbart die unendliche Weisheit.

Für einige besteht der Weg darin, ein moralisches Leben zu führen, die Handlungen des täglichen Lebens ehrlich und mit Aufmerksamkeit und Fleiß zu erfüllen, harmonische Beziehungen zur Familie und den anderen zu pflegen, ein bescheidenes Leben ohne großen Aufwand zu führen, seine Wünsche zu mäßigen . . .

Manche sagen, das sei der wahre Weg, denn er entspräche völlig der Moral. Aber die Moral allein ist nicht der WEG!

Eine alte chinesische Geschichte berichtet folgendes: In einem großen Tempel lebte eine schöne Nonne. Sie war sehr friedlich, und nichts war ihr vorzuwerfen. Dort lebte aber auch eine andere Nonne, diese jedoch war weniger streng und ging auch manchmal allein zu den Mönchen. Die schöne Nonne hingegen war wirklich keusch. Eines Tages fragte die junge Nonne sie: „Ihr seid schön, ja die schönste unserer Gemeinschaft, und noch jung, erst 35 Jahre. Warum seid Ihr Nonne geworden? Warum habt Ihr nicht geheiratet?" Da antwortete sie: „Ich war verheiratet. Wir liebten uns sehr, vor allem liebte mein Mann mich. Aus dieser Liebe entstand ein Kind, aber sein Vater ist kurz danach gestorben. So habe ich um so mehr mein Kind geliebt und es mit tiefer Zuneigung erzogen. Als der Knabe 17 Jahre alt war, verliebten sich viele junge Mädchen in ihn und boten sich ihm an, er aber verschmähte sie alle. Seine Gesundheit verschlechterte sich, und er wurde krank. Er wurde sehr dünn und blaß. Kein Arzt konnte die Ursache seiner Krankheit entdecken. Ich bekam immer mehr Angst und dachte, sie läge vielleicht in seinen moralischen Problemen. Sicher war sein Geist der Grund dafür. Also fragte ich seinen engsten Freund, ob er ihm irgend etwas darüber gesagt hätte. Dieser antwortete mir: „Euer Sohn hat mir eines Tages bekannt, daß er Euch über alles liebe und daß es sein höchster Wunsch sei, Euch eines Nachts zu lieben." Ich war sehr überrascht über diese Antwort, litt aber nicht wirklich darunter. Schließlich entschloß ich mich, mit meinem Kind zu schlafen, denn sein Leben allein zählte für mich, und das war sicher das Mittel, ihm zu helfen. Ich glaubte es wirklich. Ich gab also meinem Sohn die Erlaubnis, wann immer er wolle, in mein Bett zu kommen. So kam er, den ich schon lange nicht mehr so glücklich gesehen hatte, die folgende Nacht in mein Schlafzimmer und näherte sich meinem Bett. In dem Augenblick aber, in dem er sich zu mir legen und mich küssen wollte, wurde das Haus von starken Stößen erschüttert, ein Teil brach zusammen und ein tiefer Spalt öffnete sich neben dem Bett. Da fiel mein Sohn hinein.

Ich wollte ihn zurückhalten, aber es blieben mir nur die Haare in der Hand, er war verschwunden. Ich weiß nicht, durch welches Wunder mein Bett und ich selbst verschont blieben." Daraufhin zeigte sie der jungen Nonne die Haare ihres Sohnes. „Ich habe sie immer in meinem Gürtel bei mir. So bin ich Nonne geworden. Früher habe ich nicht so viel von Moral gehalten, jetzt aber frage ich mich ständig, wie ich mein Karma lösen kann."

Der Spinnenfaden

Buddha ging eines Tages in den himmlischen Gefilden an den Ufern des Lotusblütensees spazieren. In den Tiefen dieses Sees konnte er Naraka (die Hölle im Buddhismus) erkennen, und er sah an diesem Tag, wie Kantaka, der einige Tage zuvor gestorben war, in dieser Hölle verzweifelt um sich schlug und litt.

Von Mitleid erfüllt wollte Shakyamuni Buddha all denen, die in der Hölle waren, und wenn sie auch nur eine gute Tat in ihrem Leben vollbracht hätten, helfen. Kantaka war Räuber gewesen und hatte sich sehr schlecht verhalten. Er hatte alle bestohlen, die er traf und ständig die Frauen gewechselt, also fand er sich in der Hölle wieder. Einmal hatte auch er eine gute Tat begangen. Als er einmal spazierenging, hatte er eine große Spinne gesehen und Lust verspürt, sie zu zerquetschen. Aber er hatte in seiner Bewegung innegehalten, da ihm plötzlich die Idee kam, sie könnte ihm einmal behilflich sein. Also ließ er sie am Leben und ging seines Weges. Shakyamuni Buddha erblickte in dieser großzügigen Handlungsweise seinen gutmütigen Geist und wollte ihm also helfen. Also ließ er in die Tiefen des Sees einen langen Spinnenfaden hinab, bis zu Kantaka hinunter in die Hölle.

Kantaka betrachtete diese Neuigkeit und stellte fest, daß es eine starke Silberschnur war, wollte es aber nicht glauben. Er dachte, es sei wohl ein Spinnenfaden und sicherlich sehr schwierig, an diesem dünnen Faden hinaufzuklettern. Da er jedoch brennend wünschte, aus dieser Hölle herauszukommen, ging er aufs Ganze. Er ergriff also den Faden, immer im Gedanken an die Gefährlichkeit seiner Unternehmung, da der Faden von einem Augenblick auf den anderen reißen könnte. Er kletterte und kletterte . . . dabei benutzte er Hände und Füße zugleich und bemühte sich, nicht abzugleiten. Die Kletterei dauerte lange – lange mußte er sich anstrengen. Auf halber Höhe angelangt, wollte er einen Blick zurück in die Hölle werfen, die sicherlich schon sehr weit entfernt war. Von oben drang schon das Licht hindurch, und er sehnte sich nur noch danach, so schnell wie möglich wieder in diese Welt zu gelangen.

Als er sich aber nach unten beugte, erblickte er eine Menge von Menschen, die einer nach dem anderen bis hinab in die Tiefen der Hölle hinter ihm herkletterten. Da bekam Kantaka Angst: dieses Seil war doch schon kaum für ihn fest genug. . . Und mit diesen vielen Menschen, die sich daran klammerten, würde es sicher nachgeben und mit ihm würden alle wieder von neuem in der Hölle landen! Welch ein Unglück! Was für ein Ärger! „Die sollen doch in der Hölle bleiben! Warum müssen sie mir folgen?“ ärgerte er sich. Eben in diesem Augenblick, genau auf der Höhe von Kantakas Händen riß der Faden, und alle landeten von neuem in den düsteren Tiefen des Sees. Zu gleicher Zeit strahlte die Mittagssonne über dem See, an dessen Ufer Buddha spazieren ging.

So sind die Menschen, sie wiederholen die schlechten Handlungen, gehen von einer Reinkarnation zur anderen. Kantaka war überhaupt nicht *mushotoku* . . .

Letzten Endes ist es einfach, die Kai zu beachten und zu respektieren. Vom Sex besessen zu sein, schafft keine einfache Situation: man muß immer Pläne machen, eine Frau suchen, nachdenken und kalkulieren. Selbst beim Zazen gibt es einige, die immer nach schönen Frauen Ausschau halten. Während der Sesshin ist das erste, was sie suchen: eine schöne Frau! Man will sie kennenlernen, sich ihr nähern, man muß lächeln und versuchen, neben ihr einen Platz zu bekommen, um dann charmant mit ihr zu sprechen. Während des Frühstücks, wenn sie schließlich neben ihr sitzen, denken sie überhaupt nicht an das Sutra. Ihr Geist ist ständig auf dieses Problem konzentriert. Sie müssen ihr ganzes Bewußtsein für dieses Ziel einsetzen, sind völlig auf Sex polarisiert. . .

Es ist schwierig, mit einer schon verheirateten Frau zu schlafen. Man hat Angst und ist unsicher: „Sicherlich schämt sie sich und denkt an ihren Mann.“ Auch dieses Kai ist also schwer zu durchbrechen. Ebenso ist Lügen schwierig!

Dagegen ist es überhaupt nicht schwierig, das zehnte Kai zu verletzen, zu denken: „Ich kann nicht Gott werden, ich kann nicht Buddha werden! Es gibt keinen Gott, es gibt keinen Buddha!“ Es ist nicht gut, so zu denken, es ist ein Minderwertigkeitskomplex, ein Mangel an Selbstvertrauen. Wir müssen daran glauben, wir müssen an die kosmische Ordnung glauben. Wir sind mit der kosmischen Wahrheit verbunden. Wir leben nicht isoliert und vom Rest der Welt getrennt, wir stehen in enger Beziehung zu allen Wesen des Kosmos.

Eine andere Interpretation des zehnten Kai:
Die Drei Schätze nicht herabsetzen (*fubosanbo-kai*)

Die Vier Edlen Wahrheiten nicht herabsetzen.
Den Buddha nicht herabsetzen.
Die Lehre Buddhas, das Dharma, nicht herabsetzen.
Die Sangha der Mönche nicht herabsetzen.

In den monotheistischen Religionen (Judentum, Christentum, Islam) gibt es ebenfalls zehn Gebote. Die drei ersten betreffen die Einzigartigkeit Gottes und verwahren sich gegen falsche Meinungen diesbezüglich. Die letzten fünf gleichen den ersten fünf des Zen: „Du sollst nicht töten.“ „Du sollst nicht ehebrechen.“ „Du sollst nicht stehlen.“ „Du sollst kein falsches Zeugnis ablegen wider deinen Nächsten.“ „Du sollst nicht deines Nächsten Frau, Diener, Dienerin oder Güter begehren.“

Die drei ersten Gebote

Du sollst keine anderen Götter neben mir haben. Du sollst dir kein Bildnis oder sonstige Darstellung der Dinge im Himmel, auf der Erde und in den tiefsten Gewässern der Erde machen. Du sollst sie nicht anbeten und ihnen nicht dienen, denn ich, der Ewige, dein Gott, bin ein eifersüchtiger Gott, der die Ungerechtigkeit der Eltern den Kindern gegenüber bis zur dritten und vierten Generation derer, die mich hassen, bestraft, und ich verzeihe bis zu tausend Generationen denen, die mich lieben und meine Gesetze beachten. Du sollst den Namen des Ewigen, deines Gottes, nicht sinnlos anrufen, denn der Ewige läßt den, der seinen Namen sinnlos anruft, nicht unbestraft.

Die drei ersten Gebote entsprechen dem zehnten Kai des Buddhismus: Gott ist reine Wahrheit, von der wir uns kein Bild machen können und sollen.

All das läßt sich in einer einzigen Regel zusammenfassen: das Ego aufgeben, eins werden mit Gott. Es gibt nur eine Wahrheit, einen Weg, ohne Ego. So heißt es im SHINJINMEI: „Die Gegensätze auflösen." Die totale und absolute Wahrheit, der Wahre Glaube, bedeutet, daß wir mit unserem Ego, unseren persönlichen Ansichten, Schluß machen. Deshalb schrieb auch Meister Dogen im SHOBOGENZO: „Die Buddhalehre zu ergründen bedeutet, es aufzugeben."

Wenn man das Ego nicht aufgeben, nicht eins mit der kosmischen Wahrheit, mit Buddha und dem Meister werden kann, wenn es irgendeinen Gegensatz gibt, kann man Zazen zwar zehn oder zwanzig Jahre oder auch sein ganzes Leben lang praktizieren, und doch wird es wirkungslos sein. Jeder hat eine persönliche Meinung, an der er eisern festhält. So wird das Leben schwierig und voller Widersprüche. Wenn es einen Gegensatz zwischen Schüler und Meister gibt, wenn der Schüler sein Ego nicht aufgeben kann, wenn er sich nicht in Einheit, in Harmonie mit dem Meister versetzen kann, kann er sich ruhig jeden Tag beim Zazen anstrengen, seine Arbeit ausführen, Zen, den Buddhismus und alle Sutras studieren, nichts von alldem wird wirksam sein.

Shinjin datsuraku. Dies ist die zentrale Aussage des SHOBO-GENZO: „Geist und Körper aufgeben, vergessen, von sich werfen. Sich nur der Familie Buddhas anvertrauen. Dann wird Buddha helfen und leiten.

Wenn man dem Buddha folgt, darf man nicht die persönliche Kraft benutzen, keine Willensanstrengung machen. Unbewußt, natürlich, automatisch kann man Buddha werden, losgelöst von Leben und Tod.

Deshalb dürfen Sie nicht bei Ihrem eigenen Denken stehenbleiben. Das ist die Essenz des Zen, *hishiryo*. Das Ego hört auf. Das ist die Bedeutung des *shiho*. Meister und Schüler befinden sich in geistiger Einheit. Der Schüler dringt in den Geist des Meisters ein, und in diesem Augenblick kann dieser ihm das *shiho* erteilen.

Wenn man im täglichen Leben Zazen praktiziert, darf man nur Zazen praktizieren. Wenn man kocht, darf man nur kochen. Und wenn Sie auf der Toilette sind, dürfen Sie sich nur darauf konzentrieren. Es ist unnötig, auf der Toilette zu denken oder zu rauchen. Wenn Sie das *kesa* oder das *koromo* tragen, müssen Sie es vor der Toilette ablegen. Wenn Sie aufstehen müssen, so stehen Sie auf.

Wie konzentriert man sich? Es darf keine egoistische Konzentration sein. Wenn Sie sich auf den Geist Buddhas konzentrieren, ist Ihr Leben nicht schwierig. Sie folgen unbewußt, natürlich, automatisch der kosmischen Ordnung.

Israel nahm die zehn Gebote an, die Moses ihm diktierte, weil es die Worte Jahves waren, die dem Volk durch Moses übergeben wurden. Das Volk Israel glaubte an Jahve. Die Schwachen und Unreinen jedoch überschritten diese zehn Gebote. Christus glaubte an die alte Religion Israels. Er vereinfachte sie, um noch mehr Menschen zu helfen. So hatte es später den Anschein, als stelle sich das Christentum gegen die Lehre Moses. Moses wollte dem Volke Israel helfen, und der Weg, den er lehrte, war an eine begrenzte Situation gebunden. Sein Weg war einschränkend. Christus verallgemeinerte diese Religion. Er fürchtete sich nicht vor dem Tode, denn auch er war in der Wüste umhergeirrt, hatte gefastet und unter wilden Tieren geschlafen. Dann kam er zu den Menschen zurück und hielt die Bergpredigt, in der Gott durch ihn zu den Menschen sprach. Obwohl sie recht verschieden waren, glichen sich Moses und Christus doch im Grunde. Beide hatten sich geopfert, um den Menschen zu helfen und sie zu retten.

Im 16. Jahrhundert erlebte das Christentum mit Calvin und Luther die große Reform, aus der der Protestantismus entstand, der sich vorwiegend in Nordeuropa ausbreitete. Protestanten und Katholiken waren derart verfeindet, daß sie in den Religionskriegen sogar einander abschlachteten. Aber Jesus hat einmal gesagt: „Selig sind die Armen im Geiste, denn ihrer ist das Himmelreich."

Heutzutage wird Religion oft negiert, und der historische Materialismus mit der Idee des Klassenkampfs hat sich ausgebreitet. Marx entlehnt von Feuerbach die Idee der Entfremdung. Nach Feuerbach projiziert der Mensch den Traum von Gerechtigkeit, die er auf der Erde nicht verwirklichen kann, in den Himmel, während er sich selbst davon trennt, entfremdet. Gerechtigkeit, Liebe und Weisheit sind die Merkmale des menschlichen Bewußtseins und damit das auf Gott projizierte Ideal des Menschen. „Religion ist Opium für das Volk." So ist Gott nur eine imaginäre Projektion des Menschen, dem etwas fehlt, was ihm eigentlich gehört, das er aber für eine illusorische Wirklichkeit aufgeben muß. Die Existenz Gottes und des Jenseits zu leugnen ist also für den Menschen eine Möglichkeit, sein Eigentum wiederzugewinnen. Wenn der Mensch die Religion aufgäbe, wäre das der Anfang seiner wahren Befreiung. Worin besteht diese Befreiung aber genau? Wenn der Marxismus und der Leninismus heute den Materialismus aufgäben, so würden sich Anzeichen für eine wahre Befreiung abzeichnen!

Die Zivilisation hat eine Entwicklung durchgemacht, durch die sie sehr kompliziert wurde. Sie steht gegenwärtig in einer tiefen Krise – kann man da noch von Fortschritt, von Evolution sprechen? Parallel zu Erfindungen und Entdeckungen haben sich auch Zersplitterung und Individualismus entwickelt . . .

Im alten Griechenland regierten die Weisen und Philosophen den Staat. In China gab es den König und den WEG des Königs. Der König konnte weder die Nation noch das Volk als Objekte der Manipulation benutzen, denn er vertrat den WEG des Himmmels, und dieser war dem Volk ein geheiligter Begriff. Der König konnte nur in einem Rahmen existieren, wie es auch Sonne und Mond taten, und entsprechend konnte er nur gemäß der Ordnung der Natur handeln. Er mußte also vollkommen *mushotoku* sein.

In dieser Weise muß man den wahren weglosen WEG verstehen, wie die kosmische Ordnung, wie die Bewegung der Gestirne, die immer auf derselben Umlaufbahn kreisen, dem weglosen Weg . . .

„Der wahre Weg ist kein gewöhnlicher Weg", sagte Lao-tsu. Die wahre Zivilisation ist nicht die wirkliche und materielle, sondern eine unsichtbare Zivilisation. Die Sprache der prähistorischen Zeit war zunächst eine einfache Sprache: die Worte waren heilig, zutiefst religiös, denn alles war Gegenstand der Verehrung. Dann mußte das Unsichtbare, Geheimnisvolle, Absolute, benannt werden. Es entstanden religiöse Texte, die immer weiterentwickelt wurden. Alles drückte sich in einfachen Begriffen voller Geheimnisse aus, an die ein jeder restlos glaubte. Unterteilungen, Kompliziertheiten, aus Analyse entstandene Kategorien gab es nicht.

Jesus selbst sagte: „Seht den Vogel, der am Himmel fliegt, seht die Lilie, die auf der Wiese blüht!" Warum ist die Zivilisation so kompliziert geworden?

Die Bevölkerungszahlen sind explodiert, Organisation nötig geworden. Immer mehr Erfindungen haben immer mehr neue Wünsche hervorgebracht. Individualismus und Egoismus haben zugenommen, und der Mensch hat die anderen Wesen, die tiefen Beziehungen, die ihn mit ihnen allen und dem gesamten Kosmos verbinden, vergessen. Er interessiert sich nur noch für seine eigene Person und die Befriedigung seiner Unmengen von Wünschen. Er hat Gesetze, Regeln und Techniken entwickelt, um das, was er für seinen Besitz hält, und auch sich selbst vor den anderen zu schützen.

Die Systeme mußten sich aufgrund immer engerer Strukturen vervielfachen, und Gesetze ohne Ende mußten geschaffen werden. Wissenschaft und Technik wachsen über den Menschen hinaus, der alles, ohne es zu verstehen und irgend etwas kontrollieren zu können, über sich ergehen läßt. Echte und spontane Kommunikation hat einer kalten, abstrakten Zeichensprache Platz gemacht, die keine menschlichen Werte besitzt.

Jeder pocht im Namen seiner Pseudo-Freiheit, aber zum Schaden der Freiheit des anderen, auf Bequemlichkeit und Problemlosigkeit. Mit dem Verlust menschlicher Werte wie Anstrengung, Mut und Tapferkeit ist die Geistigkeit verschwunden. Der materialistische Sozialismus ist an die erste Stelle getreten mit seinen Kämpfen, seinen Revolutionen und Gegenrevolutionen, deren aller Grundthema ist: die Suche nach dem materiellen Wohl, die Gier nach mehr Wohlbefinden.

Selbst Kriege, so verabscheuungswürdig sie auch sind, appellieten früher an den Menschen in seiner Ganzheit, an seine Tapferkeit, seinen Mut und oft auch an seine Seelengröße. In unserer Zeit der Atomenergie genügt es, auf einen Knopf zu drücken, und die Welt stürzt ein. Man hat den Menschen gelehrt, auf diesen Knopf zu drücken, er wird es tun, kalt, maschinell . . .

Revolutionen, Kriege und Gegensätze hat es in der Geschichte der Menschheit immer gegeben. Aber diese Ereignisse zeugten von einer verdorbenen Kultur, die notwendigerweise eine Rückkehr zu den ursprünglichen, unveränderbaren Werten, zur Einfachheit, mit sich brachte. Die Kriege führten keine radikale Änderung der Kultur herbei, sondern ließen den Menschen zunächst einmal wieder zu seinem Ursprung finden.

Ein chinesischer Kaiser befahl einst, alle Bücher zu verbrennen. Sie seien das Produkt einer dekadenten, von zu viel Raffinement und geistigem Hochmut geschwächten Kultur, so meinte er. In Homers Ilias wird ähnliches berichtet. Das Recht spielte zu jener Zeit schon eine wichtige Rolle. Viele Philosophen versuchten, die ideale Gesellschaft und die ideale Regierungsweise zu definieren. Mit der Zunahme der Bevölkerung mußten sich die Staatsstrukturen einerseits verstärken, andererseits veränderten sie sich mit der Evolution der Gesellschaft immer mehr bis hin zu Umstürzen und Revolutionen. Darüber hinaus entstanden mit der Entwicklung von Geistes- und Naturwissenschaften neue Gesellschaftstheorien und eine neue Wissenschaft, die Soziologie.

Der Irrtum der Wissenschaftler war gewesen, ihre bruchstückhafte und begrenzte Wissenschaft als ein allgemeingültiges Gesetz aufstellen zu wollen. Der Kapitalismus ist ebenso wie der Kommunismus ein Irrtum, der Irrtum nämlich, nur einen Aspekt allein zu sehen. Wir müssen immer beide Aspekte einer Sache in Betracht ziehen und uns keine bruchstückhafte Meinung bilden, die ganz notwendigerweise Gegenstand von Streit ist. Wir müssen den Glauben besitzen und der Kraft des Ganzen, der Kraft der kosmischen Ordnung vertrauen.

Fujakenkai ist das Gebot, frei zu sein von Dogmatismus und falschen Ansichten. *Ken* ist im Buddhismus die rechte Ansicht, der Weg der Mitte, das Gleichgewicht, heißt, weder nach rechts noch nach links zu gehen, nicht in *jaken*, die falschen Ansichten verfallen.

Im KONGOKYO (Diamantsutra) heißt es, daß man nicht bei einem Gedanken stehenbleiben, sondern schöpferisch sein soll. Man muß alles vorbeiziehen lassen, vorbei, vorbei . . .

Nur *shiki soku ze ku*, das ist Spiritualismus. Nur *ku soku ze shiki*, das ist Materialismus. Buddha und wir sind nicht getrennt. Manchmal wird aus Buddha der Teufel, manchmal aus dem Teufel Buddha.

Hishiryo, das ist denken, ohne zu denken, nicht denken, und doch denken, das unendliche, höchste Denken.

Als Narita-Roshi mich einmal besuchte, ging sein Koffer verloren. Man suchte einige Zeit nach ihm, aber er sagte uns, wir sollten uns keine Sorgen machen. Ich jedoch konzentrierte mich darauf, ihn wiederzufinden. Manch ein schlechter Gedanke kam mir dabei: „Sicher hat ein Schüler ihn gestohlen! Ich muß den finden, der so etwas tun konnte." Genau das aber ist typisch für das kategorische Denken, also für falsches Denken, *jaken.* Meine Sekretärin meinte, Narita-Roshi mochte vielleicht nur glauben, seinen Koffer mitgenommen zu haben, hätte ihn aber vielleicht im Hotel gelassen, sein Denken und Handeln sei also einer Illusion unterworfen gewesen.

Das Hishiryo-Bewußtsein ist das unendliche Bewußtsein, bei

dem die Weisheit erscheint. Narita-Roshi war ein japanischer Gast, der die Einteilung europäischer Stockwerke nicht kannte. Viele haben sich dadurch schon täuschen lassen, denn in Japan entspricht die erste Etage unserem Parterre, die zweite Etage unserer ersten, usw. Ich wollte also diesen Koffer wiederfinden, denn Narita-Roshi hatte behauptet, ihn vor meiner Tür abgesetzt zu haben, und ich konnte nicht zulassen oder glauben, daß auch nur irgend etwas, was mir anvertraut worden war, gestohlen würde. Im allgemeinen kommt man, um an meiner Tür etwas zu hinterlassen, und nicht, um etwas mitzunehmen. Also rief ich meinen Neffen, der als Japaner mit am besten verstehen konnte, was passiert war. Er hatte sich selbst einmal im Stockwerk geirrt und versucht, bei der Nachbarin unter ihm hereinzukommen, worüber diese alles andere als erfreut war. So dachte er schnell, daß der Koffer vielleicht vor der Tür des Nachbarn unter mir stehen könnte. Einige Augenblicke später kam er mit dem Koffer zurück. Unbewußt war es mir klar gewesen, daß er ihn finden könnte. Also habe ich seine Intuition benutzt. Wenn die intuitive Weisheit nicht vom Denken blockiert wird, erscheint die wahre Weisheit.

„Die Japaner sind anders als die Europäer, wir müssen am Zen Änderungen vornehmen!“, denken manche. Aber es ist eine dümmliche Idee, ein „europäisches“ Zen schaffen zu wollen. Zen ist Zen! Natürlich muß die echte Essenz bewahrt bleiben, und Ausschmückungen und Beiwerk sollten entfernt werden. Man darf sich weder ein falsches Bild von Zen machen noch die Bedeutung des Zen auf die Gesundheit beschränken oder ein „Yoga-Zen“ erfinden! Wenn die Leute dem authentischen und reinen Zen nicht folgen wollen, so ist das kein Grund, uns für ein falsches Zen geringerer Dimension herzugeben! Wir müssen entschlossen sein, dem wahren Zen Dogens, das ich vermittle, zu folgen. Für diejenigen, die Zen auf ihre Ebene bringen wollen, es mit ihren engen, kleinlichen Dogmen vermahlen wollen, ist es nutzlos, Zen zu lehren. Entweder sie akzeptieren Zen in seiner Ganzheit, oder sie gehen wieder. Kein Kompromiß!

Es ist nicht nötig, sich mit dem Kaiser oder dem König einzulassen und dafür Zen einzuengen, damit es Platz in ihren engen Kategorien findet. Wenn sie Angst haben, Zen in seiner Authentizität zu erfahren, hat es keinen Zweck, ihnen ein verkümmertes Zen zu lehren. Wenn man niemanden findet, der das wahre, authentische Zen üben will, ist es besser, Zazen allein zu üben.

Vor zehn Jahren, als ich nach Paris kam, stieß ich auf allerlei Kritik, vor allem von Seiten der Theravadabuddhisten. Die ersten, die mir ein Dojo anboten, waren die Makrobiotiker. Sie hatten den Ehrgeiz, ein makrobiotisches Dojo zu errichten. Aber das makrobiotische Zen ist nicht das wahre Zen, ebensowenig wie das „Yoga-Zen", das „Gesundheits-Zen" oder das „Theravada-Zen".

Ich habe niemals Kompromisse akzeptiert oder bin diplomatisch gewesen. Ich habe das wahre Zen, *shikantaza*, weitergeführt, und so hat sich das authentische Zen verbreitet. „Wenn das Holz zu Asche geworden ist, kann die Asche nicht wieder zum Holz werden." So heißt es im SHOBOGENZO–GENJOKOAN.

Wenn unser Körper stirbt, stirbt auch unser Geist. Im Buddhismus wird keiner Existenz *ga*, eine bleibende Substanz, zuerkannt. Das Karma jedoch existiert, es setzt sich fort. Den Körper kann man vergleichen mit dem Holz, den Geist mit dem Feuer. Wenn das Holz zur Asche geworden ist, verlöschen die letzten Flammen. Aber es ist auch möglich, daß die Flammen von einem Scheit auf den anderen übergehen, wenn mehr Holz da ist und Wind herrscht. Das Feuer lebt auf, und es erscheinen neue Flammen. Durch die Kraft des Windes setzt sich diese letzte Flamme zum nächsten Holzstück fort. Das Karma gleicht dem Wind. Ein Holzscheit ist aufgebraucht, der Körper des Menschen stirbt. Mit dem nächsten Holzscheit geht das Leben im Jenseits weiter. Die Flamme des Geistes wird von der Luft oder dem Wind des Karmas unterhalten. Das ist das Prinzip von *gokan-engi*, dem Prinzip der wechselseitigen Abhängigkeit.

„Ich will nicht sterben, ich will nicht in den Sarg!" Aber im Augenblick des Todes vergißt man all das, sogar die Familie, Ehrungen, Freunde . . . Man muß alles hinter sich lassen, alles außer dem Ego, das man nicht ablegen kann: man kann sich nicht selbst aufgeben, man will noch leben . . .

In den seltenen Fällen, in denen es einem gelingt, sich aufzugeben und den Tod zu akzeptieren, geschieht dies oft in der Hoffnung, sich in einem ruhigen, friedlichen und glücklichen Universum wiederzufinden. Man lehnt die Einsamkeit ab und stellt sich ein Paradies vor, einen Gott oder Buddha, von dem man sich abhängig macht. Die Bindung an die Liebe ist oft am stärksten.

Das Karma ist das Handeln, die Sprache unseres Körpers und Geistes. Aber es bedeutet auch die Summe aller unserer Handlungen, die selbst Teil der im Kosmos allgegenwärtigen Energie sind. So stellt sich, wenn man das Problem des Karmas angeht, gezwungenermaßen das Problem der ständig im Kosmos vorhandenen Bewegung. Wir müssen also verstehen, worin dieser Impuls, die kosmische Urkraft besteht.

Unsere körperliche und geistige Energie ist völlig mit der Energie des Kosmos verbunden, und diese Beziehung entsteht aus dem Impuls der kosmischen Urkraft. So kann das Karma verstanden werden als die raumzeitliche Aktualisierung dieses Energieimpulses, dieser kosmischen Urkraft.

In der Philosophie des Ostens bedeutet Karma etwas anderes als Fatalismus, als Schicksal, so wie es im Westen verstanden wird. Nach der europäischen Terminologie bereitet das Schicksal einem jeden ein gewisses Los, das von einer höheren Macht, die der Mensch überhaupt nicht kontrollieren kann, bestimmt wird. Diese Ergebenheit entspringt dem persönlichen Unwissen in Bezug auf die kosmische Ordnung. Was ist dieser „göttliche Wille", den Theologen und Philosophen immer zu erklären versuchen? Die Schöpfungskraft des Kosmos, von der unser Karma abhängt, ist in uns selbst. Wir können sie verstehen und kennenlernen. Der Fatalismus hingegen ist eine von der menschlichen Vorstellungskraft geschaffene Illusion.

„Wir sind Reisende auf dieser Erde." So drückte es Einstein aus.

Wir sind für einen kleinen Augenblick zu Besuch auf diesen Globus gekommen, aber was bedeutet das, was ist der Sinn unseres Lebens „hier und jetzt"?

Wie leicht vergessen die Menschen diese wesentliche Frage!

Mit welcher Naivität glauben sie an die Wirklichkeit dieser Welt! Sie bekämpfen sich, hassen sich, führen Kriege. Sie sind blind für die Hinfälligkeit und Unbeständigkeit aller Dinge. Sie haben den Sinn für die wahre Wirklichkeit, die Flüchtigkeit unseres Lebens und Nichtigkeit unserer Illusionen, verlernt. Durch Zazen müssen wir die Realität und Irrealität der Erscheinungen dieser Welt verstehen und verwirklichen.

Der Hinduismus spricht vom illusorischen Wesen aller Dinge. *Maya*, die Illusion, läßt uns an die Wirklichkeit der Existenzen des Kosmos glauben. Maya bezeichnet auch die Urenergie, die schöpferische, befruchtende Kraft, die Kraft der Frau und der weiblichen Geschlechtsorgane.

Die Seele hat keine Wirklichkeit, keine Substanz. Wenn wir sterben, endet unser Körper und ebenso unser Geist. Dies gleicht der Beziehung zwischen Holz und Asche. Nach dem Tod bestehen die Komponenten des Körpers weiter und kehren zu den vier Elementen zurück.

So ist es für immer und ewig. Im Kosmos gibt es nicht die geringste Verminderung noch Vermehrung. Im HANNYA SHINGYO heißt das: *fuzo fugen*. Wenn dies für unseren Körper gilt, so gilt es ebenso für unseren Geist, für den nach dem Tode weder etwas hinzukommt noch etwas abnimmt.

Alles Dasein ist abhängig vom Karma, von der kosmischen Bewegung, der Tatkraft. Sie alle werden von dieser universellen Kraft gelenkt. Das Karma und die Nichtexistenz einer bleibenden Substanz sind wie Vorder- und Rückseite eines Blattes Papier.

Meister Dogen sagte im SHOBOGENZO-ZUIMONKI: „Wollen wir den Zustand des Nicht-Verlangens erreichen, so müssen wir uns wirklich vom Ego trennen und *mujo* betrachten, die Unbeständigkeit, die Leere, die Ungewißheit."

Dann fügte er hinzu: „Die Buddhalehre zu ergründen und zu verstehen bedeutet, das Ego zu ergründen und zu verstehen. Das Ego zu ergründen und zu verstehen bedeutet, das Ego zu vergessen und aufzugeben. Dies führt zu *muga*, Nicht-Substanz, Nicht-Ego."

Das Ego aufzugeben bedeutet, daß man die Zustimmung, die Bestätigung des ganzen Kosmos, aller Wesen, der kosmischen Ordnung, erhält. Der Mikrokosmos gleicht dem Makrokosmos. So können wir die kosmische Energie erfahren, indem wir hier und jetzt leben und zu Gott werden.

Das Leben ist Bewegung. Die lebendigen und sich bewegenden Wesen kann man nicht erfassen. Deshalb ist auch das Karma unsere Illusion, unsere Einbildung. Es entsteht aus unserer Vorstellung und hat keine eigene Wirklichkeit. Jedoch ist es nicht ohne Bedeutung.

Welche Kraft übt das Karma aus? Das ist das wirklich wichtige Problem, das Problem der besonderen Kraft der Energie, die alle Wesen in Bewegung und Entwicklung hält. Diese ist natürlich nicht vollkommen mit dem Karma identisch. Das Karma symbolisiert die kosmische Energie, beinhaltet aber auch noch eine andere spezifische Kraft. Durch die ihm eigene Besonderheit manifestiert sich die kosmische Urkraft. Die Ordnung der Menschenwelt ist angeblich durch diese besondere Kraft des Karmas geschaffen.

Die Bewegung im Kosmos kann nicht nur von der Energie der universellen kosmischen Kraft geschaffen worden sein, sie setzt die Existenz der besonderen Qualität des Karmas voraus, die sich in jedem Wesen, das zu einer bestimmten Zeit und an einem bestimmten Ort lebt, verwirklicht. So ist das, was man allgemein mit Karma bezeichnet, durch die Kategorien der Menschen, durch das Dasein eines jeden Individuums begrenzt. Dieser enge und begrenzte Karmabegriff ist demnach abhängig von den intellektuellen Kategorien eines jeden, von den Umständen und der jeweiligen besonderen Kultur.

Die grundlegende Kraft des Karmas ist nicht nur auf die Menschenwelt begrenzt. Es ist eine unendliche Kraft, die den gesamten Kosmos trägt, alles Dasein, alle Sternensysteme regiert. Alle Wesen sind in und aufgrund dieser Kraft vereint, wie das ins Feuer gehaltene Eisen unter der Wirkung der Hitze schmilzt, oder wie das Eis sich unter dem Einfluß der Sonne verflüssigt und auflöst. Der Kosmos ruht niemals. Er verbindet und zerstört, schafft gleichzeitig Ordnung und Chaos. Chaos heißt auf sinojapanisch *konton. Konton* bedeutet die Zerstörung aller Dinge, von Gut und Böse, Teufel und Gott, Menschen und Planetensystemen. Aber selbst das

Chaos bleibt nicht. Das kosmische System wiederholt ständig die schöpferische und zerstörerische Bewegung, und seine Aktionskraft besteht ewig. Es gibt im Kosmos weder Beginn noch Ende.

So wird das Karma tatsächlich von der kosmischen Urenergie geschaffen und verwirklicht.

Die kosmische Energie, die seit aller Ewigkeit das gesamte Universum und alle Wesen erfüllt und beeinflußt, die die ganze Natur durchzieht, angefangen bei den Mineralien und Pflanzen bis hin zu den empfindenden Wesen, den Tieren und Menschen, wird unbewußt, natürlich, automatisch von jedem Wesen empfangen.

Beim Zazen können Sie diese Kraft erfahren, sie unbewußt spüren und durch das Hishiryobewußtsein erkennen.

Je dichter die Materie ist, desto schwächer und ungeordneter verwirklicht sich die kosmische Urkraft. Beim Menschen verwirklicht sie sich durch seinen Körper und Geist auf geordnete Weise. Sie taucht begrenzt im Bewußtsein auf, wo sie sich mit Hilfe des Vorderhirns durch den Willen manifestiert. Für die ganze Natur und alle anderen Wesen ist diese Kraft nur unbewußte Bewegung. Für den Menschen verwandelt sich diese Energie in Verhalten, Denken und Handlung: das nennt man Karma.

Der Sinn des Lebens

Im allgemeinen bringt Handeln Bewegung mit sich. Das Handeln bestimmt alles, was den Menschen ausmacht: Denken, Wollen und konkrete Verwirklichung. Beim Laufen zum Beispiel ist zunächst der Gedanke da, dann das Wollen, dann setzt sich unter Einfluß des motorischen Willens der Körper in Bewegung. Das Tun, die Tatsache des Handelns bedeutet, daß die kosmische Energie mit Hilfe unseres bewußten Willens konkret eingesetzt wird. Handeln ist also selbst das Karma. Die kosmische Urkraft, die sich individuell im Menschen ausdrückt, verwirklicht sich im Wollen. Die kosmische Energie wirkt in uns, und selbst die Kraft der Entscheidung wird von der kosmischen Urkraft gelenkt. Diese manifestiert sich stets und zu gleicher Zeit in zwei extremen, von Grund auf entgegengesetzten Aspekten, wie etwa Schöpfung und Zerstörung. Auch in unserem Willen finden sich stets diese beiden Aspekte. Die Fähigkeit, keine Entscheidung zu treffen, ist dementsprechend ein anderer Aspekt unseres Karmas. Unser Wollen beinhaltet die widersprüchlichen Aspekte Entscheidung und Nicht-Entscheidung, und die Aktivität, die daraus entsteht, wird zu einem Mikrokosmos, der die kosmische Urkraft manifestiert. Von da aus läßt sich der Aufbau des Kosmos in Mikrokosmos und Makrokosmos und die Widersprüche innerhalb der Körper-Geist-Beziehungen, die sich vor allem auf der Ebene des Bewußtseins zeigen, verstehen.

Widersprüche und Unterschiede haben jedoch die Tendenz, beim Zazen abzuklingen. Das Hishiryo-Bewußtsein – Harmonie und Einheit mit dem Makrokosmos – erscheint durch die kosmische Urkraft, die es speist. So schafft jede Handlung oder jeder Gedanke, der sich gegen die Ordnung des Makrokosmos stellt, schlechtes Karma. Im Buddhismus heißt der Wille Mana-Bewußtsein (im Gegensatz zum Alaya-Bewußtsein), die Wurzel aller Illusionen.

Das persönliche Handeln verwirklicht das Karma, und der Wille ist die ursprüngliche Quelle des Handelns. So bedeutet die Erkenntnis des Wesens des Karmas, sich dessen bewußt zu werden, daß seine Basis der menschliche Wille ist und daß dieser Wille nicht uns selbst gehört, sondern von der kosmischen Kraft gelenkt wird. Hishiryo beinhaltet alles: da es ohne Ego ist, umfaßt es alles, was existiert, Gutes und Böses, Relatives und Absolutes, Rationales und das Irrationale. Die kosmische Ordnung folgt nicht nur der Vernunft, sie umfaßt die Gegensätze. Wenn Sie nicht der kosmischen Energie folgen, werden Sie ein schwieriges Leben haben. Wenn Sie Zazen üben, können Sie natürlich, unbewußt, automatisch das Hishiryo-Bewußtsein erlangen. Deshalb sagte Dogen: „Die Buddhanatur saugt alle Wesen bis ins Tiefste in sich auf. Jedoch saugen gleichermaßen alle Wesen die Buddhanatur bis ins Tiefste in sich auf."

Bonno und Karma muß man subjektiv verstehen. Ebenso ist es mit Zazen. Sie müssen verstehen, daß die Beziehung zwischen der kosmischen Ordnung und Ihrer persönlichen Existenz zum Ursprung des Karmas wird. Die Energie des Kosmos ist ohne Beginn noch Ende, jenseits von Raum und Zeit, jenseits von persönlicher Wahl. Das kosmische System leitet uns von außen her: selbst wenn wir denken, einen vollkommen freien Willen zu besitzen, können wir uns nicht von ihm trennen, und selbst wenn wir uns von ihm trennen wollen, ist dieser Wille immer noch Teil von ihm.

Leidenschaft, „Passion", kommt vom lateinischen *passio* und vom griechischen *pathos*. Descartes schrieb 1645 eine Abhandlung „*Über die Leidenschaften der Seele*", die er der Prinzessin von Böhmen, Elisabeth, Tochter Jakobs I von England und Gemahlin des pfälzischen Prinzen Philip V, widmete. (Sie unterstützte die beginnende Rosenkreuzerbewegung und versuchte so, die Harmonie zwischen wissenschaftlicher Erkenntnis und spiritueller Erfahrung zu fördern.) Eine Kopie davon schickte er an die Königin

Christine von Schweden. Man liest darin, daß „die Frauen feinfühlig und zu starken Leidenschaften fähig" sind. Nicht nur sie sind es! Nach Descartes entspringt die Leidenschaft im Gegensatz zu Vernunft und Emotion dem Körper, und sie entsteht aus Bewunderung oder Überraschung, während man im Osten der Ansicht ist, daß die Bonno dem Unwissen, *mumyo*, entstammen.

Wenn Makrokosmos (das Universum) und Mikrokosmos (unser Körper) in Harmonie sind, können wir die Energie des Kosmos empfangen. Dann strömt die Energie des Makrokosmos in den Mikrokosmos ein. So können wir durch Zazen unendliche Kraft empfangen. Diese Energie (jap. *ki*, chin. *ch'i*) ruft starke spirituelle Kräfte wach, bewirkt tiefe Weisheit und gibt die Macht, sowohl Frieden zu stiften als auch zu zerstören.

Was ist Liebe? Es ist eine Emotion, die sich dem Objekt, das sich mit uns in geistiger Übereinstimmung befindet, anschließen will. Haß bedeutet das Gegenteil.

Liebe dauert selten an. Manche sind geduldig bis zum Tod, aber viele Lieben enden tragisch. Und diese Tragik gibt der Liebe ihren Glanz. Wenn es wahre Liebe ist, taucht auch die Hingabe auf, und diese Leidenschaft wird von Reinheit und Respekt geprägt (wie zum Beispiel auch in der Beziehung zwischen Meister und Schüler). Jeder trägt beides in sich, Haß und Liebe, und beide wechseln einander ab. Solche Widersprüche formen das Schicksal des Menschen. Im Zen wird manchmal das Gute zum Bösen und das Böse zum Guten. Die Widersprüche werden integriert, und es besteht kein Dualismus mehr. Es ist wahrlich schwer, vollkommen zu werden.

Zögern ist nicht gut. Im Gegenteil. Mut und Tapferkeit sind die Essenz aller menschlichen Aktivität. Natürlich soll man sich nicht wie ein Wildschwein benehmen, aber echte Tapferkeit erweist sich in Augenblicken der Entscheidung von großer Bedeutung. Zögern Sie nicht, entscheiden Sie, finden Sie mutig die Lösung!

Es ist wichtig, etwas gut gelingen lassen zu wollen, aber nur in einer Wettbewerbshaltung zu leben, ist kein Zeichen von Geistesgröße. „Es ist müßig und nutzlos, sich über andere erheben zu wollen", sagte Dogen. In unserem Leben wird der Sieg zur Niederlage und die Niederlage zum Sieg. Mit Hilfe von Zazen können wir unsere Leidenschaften, Emotionen, unser Schicksal und unser Karma sehr genau beobachten. Der Geist des Zazen, das Hishiryo-Bewußtsein, ist wie ein Spiegel.

Wenn wir uns bewegen oder sprechen, ist diese Tätigkeit ein Ausdruck des Verlangens. Aber dieses Bonno selbst ist nicht unbedingt schlecht. Da Gut und Böse menschliche Kategorien sind, können sie sich mit der Umgebung, der Zeit und dem jeweiligen Individuum verändern. So haben sie keine wirkliche oder absolute Existenz. Es gibt weder ein absolutes Schlechtes noch ein absolutes Gutes. Für den Spaziergänger etwa mag ein Stein auf dem Weg ein Hindernis sein, während der Dichter ihn einfach nur schön finden wird. Der Stein selbst ist weder gut noch schlecht. Ein Stein ist ein Stein.

Hat unser Leben einen wirklichen Wert, eine wirkliche Bedeutung? Wenn sich Zweifel in Bezug auf die Wirklichkeit des Lebens erheben, müssen wir das Kernproblem von Leben und Tod lösen. Letztlich sind nur Leben und Tod wirklich wichtige Probleme. Wenn wir nur dem Essen und Sex hinterherlaufen und uns vom Gesellschaftssystem steuern lassen, haben wir keine Gelegenheit, über uns selbst nachzudenken. Unser Bewußtsein ist nicht stark genug, um sich dem Problem des Todes zu stellen. Wir müssen erwachen! Solch eine Überlegung über unser eigenes Bewußtsein sollte von der Art und Intensität unserer Lebenserfahrung bestimmt sein. Manche sagen: „Eines Tages muß man sterben." Und für sie beschränkt sich der Tod auf: „Da kann man nichts machen, das ist eben das Leben!" Das ist wohl eine richtige Schlußfolgerung. Aber es ist leicht, so zu reden – die Lösung hingegen ist nicht so leicht. Sich zum Sterben zu entschließen und dies zu akzeptieren, ist nicht so einfach. Es verlangt tiefe Erfahrungen und langes Nachdenken.

Unser persönliches Problem bezüglich Samsara (Seelenwanderung und Wiedergeburt) ist nicht das eines andern, und man kann es auch nicht durch wissenschaftliche Untersuchungen lösen. So ist es zum Beispiel schwer für jemanden, der Satori erfahren hat, diese Erfahrung zu beschreiben und objektiv darzulegen, denn er selbst hat es erlebt, nicht die anderen. Er kann nur sagen: „Sie müssen es erfahren, Sie müssen es selbst erleben!"

In den Sutras wird Samsara manchmal geleugnet, manchmal bestätigt. Das Sutra MILINDAPANHA erklärt dies so:

Der griechische König Milinda fragte den Bodhisattva Nagasena: „Was ist Samsara?" Nagasena antwortete: „Oh, großer König! Hier wird man geboren und stirbt, da stirbt man und wird geboren, dann stirbt man von neuem und wird von neuem geboren und stirbt von neuem. . . man wird geboren und stirbt. . . oh, großer König, das ist Samsara." Der König sagte: „Ich verstehe nicht, bitte erklärt es mir ausführlicher!"

Darauf Nagasena: „Es ist wie mit dem Kern der Mangofrucht, den man einpflanzt, um dann die Frucht zu genießen. Wenn der große Baum emporgewachsen ist und Früchte gebracht hat, essen sie die Menschen und pflanzen die Kerne neu ein. Und aus diesen Kernen wächst wieder ein großer Mangobaum, der Früchte gibt. So endet dieser Mangobaum nie. Und ebenso, großer König, werden wir hier geboren, sterben, werden geboren, sterben, werden geboren, sterben. Das, großer König, ist Samsara."

In einem anderen Sutra jedoch leugnete Nagasena die Existenz von Samsara: König Milinda fragte: „Was wird in der kommenden Welt wiedergeboren? Nagasena antwortete: „Nach dem Tod werden der Name, der Geist und der Körper geboren." Der König fragte: „Ist es derselbe Name, derselbe Geist und derselbe Körper, die nach dem Tod geboren werden?" „Es ist nicht derselbe Name, derselbe Geist und derselbe Körper, die nach dem Tod geboren werden. Dieser Name, dieser Geist und dieser Körper bringen das Handeln hervor. Durch dieses Handeln, dieses Karma werden ein anderer Name, ein anderer Geist und ein anderer Körper geboren."

Samsara, die Reinkarnation, ist die Wiederholung von Leben und Tod. Aber das bedeutet nicht die Wiederholung unseres Namens und unserer Gestalt, unseres Geistes und Körpers. Es ist die Wiederholung unseres Karmas, das aufgrund unseres Körpers und unseres Geistes geschaffen wurde. Körper und Seele wiederholen sich nicht. Allein das Karma bleibt in Bewegung. So verwirklicht sich die kosmische Urkraft als Wiederholung von Leben und Tod, als

Naturgesetz. Aber obwohl diese Kraft mit Hilfe unseres persönlichen Willens verwirklicht werden soll, muß es natürlich und automatisch, durch das Denken von Körper und Geist geschehen. Der Buddhismus leugnet damit auf der einen Seite die objektive Existenz des Egos, bestätigt aber andererseits die kosmische Urkraft. Wenn wir verstehen loszulassen, nicht festzuhalten, unser persönliches Bewußtsein aufzugeben, können wir der universellen Ordnung folgen. Zazen ist dabei die beste Methode, um diese kosmische Energie zu empfangen. „Die Buddhalehre zu ergründen, bedeutet, das Ego zu ergründen. Das Ego zu ergründen bedeutet, das Ego aufzugeben", sagte Dogen. Wir müssen die Bestätigung aller Wesen empfangen, vom gesamten Universum erleuchtet sein. Das ist die Bedeutung des Ausdrucks *manpo*. Wenn wir loslassen, das Ego vergessen, können wir zum ganzen Kosmos werden. Unser Körper und Geist werden beide völlig eins mit dem Kosmos.

Das Satori Buddhas unter dem Bodhibaum ist die Verwirklichung des erwachenden Menschen, eine Verwirklichung, zu der nur der Mensch fähig ist und die darin besteht, vom Karma zur Erkenntnis der höchsten Wahrheit zu erwachen. In einem Sutra aus den Anfangszeiten des Buddhismus, dem SHOBOKYO, steht: „Im Augenblick seines Todes muß sich derjenige, der wiedergeboren werden will, den Schatten eines Felsens über seinem Körper vorstellen und denken, daß dieser Felsen ihn überrollt. Dann muß er sich an andere erinnern, die ihm zu Hilfe kommen und diesen Felsen von ihm wegrollen. In dem Augenblick, in dem er leidet, da er den Tod näherkommen sieht und alle Dinge seines vergangenen Lebens noch einmal erblickt, soll er sich folgendes vorstellen: Er sieht die sexuellen Beziehungen seiner Eltern vor sich. Wenn er in seinem nächsten Leben als Mann wiedergeboren werden will, muß er sich vorstellen, daß er sexuelle Beziehungen zu seiner Mutter hat, daß sein Vater sie jedoch unterbricht. Wenn er als Frau wiedergeboren werden will, so macht er dasselbe mit seinem Vater, wobei seine Mutter jedoch den Vorgang unterbricht. Dann kommt der Tod. Daraufhin erscheinen dann von neuem Leben und Bewußtsein." Die Beziehungen von Ursache und Wirkung bilden sich von neuem. Das ist wie bei der Herstellung eines Petschafts aus einer Gußform. Selbst wenn die Form zerbricht, ist sie doch bereits in das Petschaft eingedrückt. Es lassen sich auch Analogien zwischen diesem Sutra und den Freudschen Theorien entdecken. Buddha hat diese Idee nur teilweise akzeptiert, er hat sie umgewandelt, um sie verständlicher zu gestalten.

Natürlich benutzt der Buddhismus manchmal den Begriff der Kausalität. Auf gute Ursachen folgen gute Wirkungen, auf schlechte Ursachen schlechte Wirkungen. Aber das ist nicht die Essenz der Buddhalehre.

Zu Beginn wollte Buddha eine Heilmethode für die leidende Menschheit finden: das war die Untersuchung des individuellen Karmas. Er entdeckte die Bedeutung des Bewußtseins, nicht nur in Bezug auf das Karma, sondern auch in Beziehung zur kosmischen Urkraft. Der Mensch kann aus eigener Kraft von seinem Karma erwachen. Dieses Erwachen bedeutet, daß individuelles Karma und kosmische Urkraft in Einklang miteinander gelangen.

So hörte Buddha nach vielen Jahren plötzlich mit seinen traditionellen Yogaübungen und seiner Askese auf. Er war äußerst geschwächt und dem Tode nahe. Er hatte unter dem Bodhibaum die Zazenhaltung entdeckt und hörte nicht mehr damit auf, bis er schließlich Satori erlangte. Dieses besteht in der objektiven Beobachtung des eigenen Karmas, des gesamten persönlichen Lebens.

Wenn jemand handelt, sei es gut oder schlecht, kann er der Wiedergeburt nicht entrinnen. Was daran hindert, der Welt der Wiedergeburt zu entfliehen, ist das Anhaften: sich von allem Anhaften zu befreien, bedeutet, sich von der Welt der Wiedergeburt zu befreien. Wenn wir in der Welt der relativen Moral und des Dualismus von Gut und Böse verharren, können wir nicht von der Wiedergeburt befreit werden. *Fuse* (Spenden) zu geben, zu beten, gute Taten zu vollbringen und zu denken, daß man sich dadurch richtig verhält, der Moral entspricht und gute Verdienste erlangen wird, um einst ins Paradies zu kommen (wie es die alten Hindus glaubten), geht nicht über den Rahmen dualistischer und relativer Moral hinaus.

Beim wahren Satori Buddhas befindet man sich jenseits der Welt der Kausalität. Und besonders im Zen müssen wir jenseits der

Welt von Wiedergeburt und Moral sein. Wir dürfen uns nicht von der Idee eines durch Gaben und Gebete entstehenden guten Karmas besessen machen lassen. Die guten Taten, die *fuse*, die *kito* (magische Gebetszeremonien) usw. müssen ohne irgendeine Hoffnung auf zukünftige Belohnung ausgeführt werden. Wir müssen die Welt des Haftens hinter uns lassen. Das Haften ist ein Trieb des Menschen und besitzt als solcher instinktiven Charakter; jenseits des Haftens zu sein oder sich davon zu lösen, bedeutet jedoch nicht, alles Menschliche zu verneinen. Im Gegenteil soll dieses Ablegen des Haftens dazu dienen, die Menschheit zu verwandeln.

Wie kann man die Menschheit verwandeln?

Im Sutra MILINDAPANHA steht weiter: Der König: „Ist es möglich, in der kommenden Welt nicht wiedergeboren zu werden?" Nagasena: „Oh, großer König, wenn jemand in der zukünftigen Welt nicht wiedergeboren wird, wird er es sicher wissen!" Und Nagarjuna erklärt seinerseits dazu: „Wenn jemand die Ursache seiner Geburt in der kommenden Welt beseitigt, weiß und versteht er es."

Jemand fragte mich einmal: „Warum werden wir wiedergeboren?" Die Wiedergeburt ist keine unabwendbare Notwendigkeit, wenn man sie nicht wünscht und ihr ein Ende bereiten will. Ich dachte, daß der Fragesteller wohl Angst vor der Hölle hatte und deshalb nicht daran glauben wollte. Er hatte sicherlich ein schlechtes Karma und wollte daher nicht in eine andere Welt gelangen: diejenigen, die ein gutes Karma haben, mögen nämlich meist den Gedanken an Reinkarnation und Seelenwanderung!

An die Seelenwanderung zu glauben und sie zu wünschen oder nicht daran zu glauben und Angst davor zu haben, sind beides falsche Einstellungen. Im Buddhismus stehen beide in einer Wechselbeziehung zueinander: auf der einen Seite hat der Buddhismus jede Vorstellung von Seelenwanderung negiert, auf der anderen aber bestätigen gewisse Texte deren Realität. In der Tat, wenn wir jenseits der Welt der Seelenwanderung und jenseits der Moral sein wollen, müssen wir den Grund für die Seelenwanderung verstehen. Beim Zazen können wir den Grund für diese Seelenwanderung verstehen, Satori erfahren und dies mit der Ganzheit von Körper und Geist verwirklichen.

Löst man alle Verhaftungen, verschwindet damit auch sofort das Wesen der Seelenwanderung. Und wenn es keine bleibende Substanz gibt, gibt es auch nichts mehr zu lösen! Keine Furcht vor dem Tod, keine Bindung ans Leben, kein Haften am Ego, kein Verlangen, das Leben weiter fortzusetzen: da der Mensch nicht mehr am Ego haftet, taucht der Gedanke an die Seelenwanderung auch nicht mehr auf. Das verbrannte Holz wird zu Asche; es ist dies eine fortschreitende Umwandlung des Holzes, während das Feuer weiterbesteht. Das Karma wird weitergegeben in der Fortsetzung unserer Gedanken, Worte und Taten.

Die Flamme des Karmas brennt, während das Ego sich verwandelt wie das sich verzehrende Holz. Das Holz wird zu Asche, aber weder kann das Holz die Asche sehen noch die Asche das Holz. Es gibt keine bleibende Substanz, kein Wesen an sich. Durch Zazen und das Hishiryobewußtsein können Sie diese schwierige Philosophie verstehen. Aber es ist nutzlos, ein rein intellektuelles Verständnis anzustreben.

Shiki soku ze ku. Ku soku ze shiki. Das Ego ist identisch mit *ku* (Dasein ohne bleibende Substanz), aber *ku* wird zu *shiki* (Erscheinungen).

Alles Bestehende ist *ku*, Erscheinung der kosmischen Urkraft, die sich jenseits aller physischen, metaphysischen, materiellen und spirituellen Welten befindet. Nur die kosmische Urkraft ist absolut, ohne Wesen an sich, *ku*.

Ku bedeutet nicht „leer“, sondern die gewaltige und unendliche Macht des Kosmos, das enorme kosmische Potential. *Ku* bringt alle Erscheinungen hervor und zerstört sie auch wieder. So bedeutet das *ku soku ze shiki* des HANNYA SHINGYO, daß *ku* und die Erscheinungen nicht voneinander verschieden sind, wobei *ku* das Absolute bedeutet.

Im christlichen Glauben wird ein Gott als persönliche Wesenheit verehrt. Wie ich schon erklärt habe, bezeichnet Gott die kosmische Kraft oder Potenz, die grundlegende, unsichtbare Energie.

Aber das sind nur Worte . . . Gott läßt sich nicht als ein persönliches Wesen erfassen. Der Kosmos ist in seiner Gesamtheit ohne Substanz, dies wird heute von den modernen Wissenschaftlern wie Capra und anderen bestätigt. Die kosmische Urkraft ist seit aller Ewigkeit ohne Anfang und Ende, absolute und ewige Existenz. Wir sind alle ihre Kinder, Teil des kosmischen Ganzen. Wir müssen zu dieser Gesamtheit erwachen, was Dogen im SHOBOGENZO-GENJOKOAN mit dem zitierten Wort ausdrückt: „Die Bestätigung aller Wesen erlangen."

Beim Zazen können wir durch das Aufgeben des Egos, durch die richtige Haltung, die richtige Atmung und das Hishiryobewußtsein die Erfahrung der Einheit unseres Körpers mit dem Kosmos machen: unser Ego und der Kosmos durchdringen sich, das Hishiryobewußtsein befindet sich in vollkommener Einheit mit dem Kosmos und umfaßt ihn in all seiner Fülle. In der herkömmlichen religiösen Terminologie handelt es sich um die göttliche Vereinigung, die mystische „communio".

Im Tantrismus, dem traditionellen Hinduismus oder selbst dem tibetanischen Buddhismus entspricht diese kosmische Urkraft dem, was im Sanskrit *shakti*, wörtlich „Kraft" oder „Energie", genannt wird. In der nicht dualistischen Hinduphilosophie findet sich manchmal der Begriff „Maya", in dem sich das unendliche „Brahman" in seiner endlichen Erscheinung manifestiert. Im Tantra symbolisiert das Bild der sexuellen Vereinigung auf kosmischer Ebene das menschliche Ego, das mit der kosmischen Kraft verschmilzt. Die Harmonie wird vollkommen, der sexuelle Orgasmus verwandelt sich in ein kosmisches Satori . . . Für die meisten Menschen ist dies ein gefährlicher Weg. Natürlich kann die tantrische Symbolik, falls sie auf einer höheren Ebene erfaßt wird und mit dem Heiligen in Beziehung steht, eine tiefe Bedeutung erlangen. Ich jedoch kann nicht an die Gleichheit von sexueller und göttlicher Vereinigung glauben, ebensowenig wie an den Satori-Orgasmus!

Ego und kosmische Kraft stehen ständig in einer dualistischen Beziehung, aber durch Zazen können wir erleben, wie das Ego unbewußt, natürlich und automatisch zu Gott oder dem Absoluten wird. Zazen wird der Kosmos. Shakti ist Zazen selbst! Ihre Zazenhaltung selbst ist Gott! Daher müssen Sie Vertrauen in Zazen haben. Beim Zazen das Ego hinter sich zu lassen, bedeutet, alles Haften an der Substanz des Egos aufzugeben: dies nennt man *mushin*, Nicht-Geist. Professor Suzuki verwandte diesen Ausdruck gerne. Dogen sprach lieber von *hishiryo*, das seinen Ursprung im SHINJINMEI, dem „Gedicht über den Glauben an den Geist" von Meister Sosan hat. Das Hishiryobewußtsein kann nicht gedacht, erfaßt oder beobachtet werden. Es entsteht nicht aus dem ichbezogenen Bewußtsein, dem letzten der sechs Sinne im Buddhismus, der ebensowie die fünf anderen eine Quelle der Illusion ist.

Das Leben des Kosmos besteht aus wechselseitigen Beziehungen, aus denen Körper und Geist entstehen und an denen sie teilnehmen. Die neuesten Forschungen auf dem Gebiet der Biologie beschäftigen sich immer wieder mit der eigentlichen Substanz des Lebens. Es ist vorerst eine unlösbare Frage und wird es für das normale menschliche Denken sicherlich auch weiterhin bleiben. Da das Ego keine eigene Substanz besitzt, hat das Karma auch keine. Sieht man dies ein, so kann man jegliche Seelenwanderung und Reinkarnation abschneiden. Im Sutra VISUDDHIMAGGA heißt es: „Es gibt keinen Urheber des Karmas, und niemand kann die Folgen davon erfahren. Es gibt nur auftauchende und wieder verschwindende Erscheinungen. Sie verwandeln sich durch sehr differenziertes Aufeinandereinwirken, wodurch Bezugsketten geschaffen werden, wie sie zum Beispiel zwischen einem Samen und einem Baum bestehen. Karma ist nichts anderes als diese endlose Aufeinanderfolge. Keine zurückliegende, ursprunghafte Erscheinung kann anerkannt werden. So kann auch keine zukünftige Seelenwanderung stattfinden."

Unsere Ansicht über die Seelenwanderung ist das direkte Ergebnis des begrenzten menschlichen Bewußtseins, das unfähig ist, den Faktor Zeit zu vergessen und so die Ewigkeit des Absoluten zu erfassen. Ursache und Wirkung haben keine eigentliche, feste oder fortgesetzte Existenz. Sie sind *ku*, ohne Wesen an sich, ständig in Bewegung, ohne Dauer. Die Begriffe „Karma ohne Eigensubstanz", „Existenz ohne Wesen an sich" und „Wesenlosigkeit aller

Dinge" haben jedoch nichts mit Nihilismus zu tun. Es wird im Gegensatz zu aller und im übrigen durchaus geleugneten Unbeweglichkeit und Festgelegtheit einer bestimmten karmischen Substanz das bewegende, die Erscheinungen hervorbringende Prinzip des Karmas betont. Die Wirkung des Karmas besteht in der Bewegung. Das kosmische Potential manifestiert sich in der Welt der Menschen durch die Illusion unseres ichbezogenen Bewußtseins: dieses Bewußtsein wird einerseits vom Karma hervorgebracht und bringt andererseits selbst Karma und allerlei Beziehungen hervor, die wiederum nur aufgrund der Illusion unseres Egos bestehen.

Daher entspricht das Erwachen im Buddhismus der Verwirklichung der kosmischen Urkraft, die in jedem Menschen und seinen Handlungen latent vorhanden ist. Dieses Erwachen besteht in der Entdeckung der Unsterblichkeit des Handelns, der ständigen Bewegung als grundlegendes Prinzip des Karmas.

„Das Hishiryobewußtsein ist die geheime Essenz des Zazen." So die Worte Dogens. Beim Zazen sollen wir denken, ohne zu denken, hören, ohne zu hören, sehen, ohne zu sehen, fühlen, ohne zu fühlen.

Buddha Shakyamunis Humanismus ging aus von der kosmischen Urkraft. Der Mensch wird nicht als ein einer bestimmenden Macht unterworfenes Wesen betrachtet. Er trägt im Gegenteil die Möglichkeit in sich, zu absoluter Freiheit zu gelangen, indem er sich ganz der kosmischen Energie öffnet. Im Gegensatz dazu breitete sich in Europa seit dem Beginn der Renaissance und mit den neuen Ideen, die zu der Zeit überall auftauchten, die „heilige" Autorität der Kirche aus und nutzte ihre Macht durch Einschüchterung und Verängstigung der Massen vor der Bestrafung durch Gott. Es gab zahlreiche Kämpfe und Verfolgungen, die jedoch die Entwicklung einer Bewegung nicht hemmen konnten, bei der das Verlangen nach rationaler Wahrheit und Kunstverständnis stark hervortrat. Dieser Humanismus, der sich nicht ohne ein gewisses Herumtasten und so manche Kontroversen durchsetzte, wurde immer gelehrter und bildete besondere Zweige der Wissenschaft aus, die als Beginn des Rationalismus des 17. Jahrhunderst gelten können. Die Kirche wurde immer schwächer und kam nicht mehr gegen die Autorität der Vernunft an, die sie doch einst versucht hatte einzugrenzen. Zu Ende des 17. und während des gesamten 18. Jahrhunderts legte die universelle Souveränität der Vernunft das Prinzip des Glaubens, das bis dahin der Hauptpfeiler aller festen Ordnung gewesen war, bloß. Gott hatte zu sterben und wurde zum Heil des Menschen und seiner Befreiung aus geistiger Knechtschaft geopfert. Die Philosophen bemächtigten sich dann des Glaubens und versuchten ihn in ihre eigenen Systeme zu integrieren. Durch die Infragestellung der religiösen Texte entfalteten sich zahlreiche metaphysische Systeme, die jedoch aufgrund ihrer Unterschiedlichkeit die Festigkeit einer universellen religiösen Lehre nicht ersetzen konnten. Der vielschichtige Humanismus des 20. Jahrhunderts ist das Ende dieser Blüte und Explosion: im Laufe der Jahrhunderte stellte sich die Vernunft nach und nach mehr in den Dienst des materiellen anstelle des spirituellen Glücks des Menschen und beschleunigte so den kulturellen Verfall. Die kosmische Kraft (der Heilige Geist der Christen) und der Mensch waren von nun an bei der Suche nach dem Glück keine Einheit mehr.

Es liegt im westlichen Karma begründet, die Dinge immer von außen zu betrachten. Meine Aufgabe besteht darin, auf dieses Karma mit der Essenz der östlichen Kultur einzuwirken und aus dieser Vereinigung die Quintessenz ihrer sich gegenseitig ergänzenden Werte herauszukristallisieren.

Karma und Schicksal

Was ist wirklich wichtig in unserem Leben? Was für ein Leben sollen wir führen? Wie werden wir sterben?

Das Problem von Leben und Tod ist von jeher ein Grundproblem des Menschen. Das Glück ist der Schlüssel zu diesem Problem. Aber was für ein Glück? Spirituelles und körperliches Glück sind beide notwendig und nicht voneinander zu trennen. Natürlich müssen wir uns ernähren und ein Sexualleben führen. Aber die meisten Menschen leiden an diesen so lebensnotwendigen Bedürfnissen. Tatsächlich verwandeln sich die zu befriedigenden Bedürfnisse in nicht zu befriedigende Sehnsüchte, Gier, Hunger und Lust. Die Sehnsucht nach Liebe wird beinahe zur Hauptbeschäftigung im Leben. Und dieses komplexe Karma taucht umso stärker während und durch die Zazenübung auf.

Das tägliche Problem der Ernährung war immer sehr wichtig im Zen. Der *tenzo* (der Küchenchef im Tempel) kommt im Rang gleich nach dem Abt des Tempels. Während der Zensesshin werden die Mahlzeiten auf besondere Art eingenommen. Dabei wird ein Ritual befolgt, das es heutzutage in unserem Alltagsleben nicht mehr gibt. Wohl neigt man manchmal mehr zur Tantrik, manchmal mehr zur Askese, aber wir müssen unsere Lebensweise kontrollieren und das rechte Gleichgewicht finden! Während der Zeit eines Sesshin ist Einfachheit am besten, besonders was die Nahrung und die Sexualität angeht. Durch diese Einfachheit, die Ihr Zazen beeinflußt, können Sie zum wahren spirituellen Glück gelangen. Körper und Geist werden vollkommen eins.

Durch Zazen findet man in der wahren Haltung und der Beobachtung unseres nach innen gerichteten Geistes Zugang zur wahren und reinen Weisheit. Bis jetzt haben die Menschen im Westen ihren Geist vor allem nach außen gerichtet und Wissen durch objektive Beobachtung gesucht. Selbst diejenigen, die Zazen seit langem üben, schauen nach außen, beobachten, analysieren und trennen. Sie schauen sich etwas an, drehen und wenden es, zerlegen es in Teile, aber verstehen das Wesentliche dabei nicht. Sie können auch den echten Geist des Meisters nicht verstehen, *i shin den shin*. „Von meiner Seele zu Deiner Seele“. Also kann ich das *shiho* nicht geben.

Das Schicksal beinhaltet die Unterwerfung unter ein von einer höheren Macht entschiedenes Los. Gott hat die Kontrolle über die Menschen, diese aber haben keine Kontrolle über das ihnen bestimmte Los. Das lateinische Wort für Schicksal ist *fatum*, „ das, was vom Orakel gesagt worden ist“. Der griechische Begriff *moira* entspricht der Schicksalsgöttin in der griechischen Mythologie. Moira bezeichnet darüber hinaus das Gesetz, nach dem jeder Mensch seinen jeweiligen Schicksalsanteil erhält. So war der Begriff des Schicksals im Westen stets mit Determinismus und Heteronomie verbunden. Gott herrscht über das Schicksal der Menschen, die von göttlichen Mächten geleitet werden, welche dem freien Willen nicht zugänglich sind. „Wenn das Schicksal den Menschen heimsucht, kann ihm niemand entrinnen, nicht einmal die Tapferen und Furchtlosen", sagte Homer. Es ist sehr wichtig, sich von diesem Fatalismus und der Unterwerfung unter den Determinismus zu befreien. Niemand hat wirklich erklärt oder zumindest eine Möglichkeit gesehen, wie man dem Zugriff des im westlichen bzw. indoeuropäischen Denken allgegenwärtigen Fatalismus entrinnen kann. In der Idee der Schicksalhaftigkeit und der daraus entstehenden Lehre, dem Fatalismus, steckt der unglückshafte Aspekt des Schicksals mit drin. Es stellt sich dem Menschen nun paradoxerweise die Frage, wie er sein schlechtes Schicksal umgehen kann, welche Methode es gibt, um zum ewigen Glück zu gelangen und sein unglückliches Schicksal zu beenden.

Worin liegt der Ursprung unseres Unglücks?

Der Westen antwortet: „Eine äußere (göttliche) Kraft bestimmt und leitet unser Leben." Und der Osten: „Wir selbst sind die Ursache unseres Unglücks; wir müssen uns selbst verstehen, um wahrhaft glücklich zu werden."

Die alten Zivilisationen Griechenlands und Indiens standen in regem Austausch. So zeigen ihre jeweiligen Mythologien zahlreiche Entsprechungen. Die Göttin Shakti in Indien entspricht der kosmischen Energie, sie vereinigt in sich die drei Prinzipien Schöpfung (Entstehung), Schutz (Ernährung) und Zerstörung.

In der griechischen Mythologie vereint Moira, das Schicksal, dieselben drei Aspekte. Sie sind personifiziert in Klotho, der Spinnerin, die den Faden des Lebens aufrollt und über die Geburt der Menschen wacht, Lachesis, der Verteilerin des Schicksals, die über das Leben der Menschen herrscht und jedem sein Schicksal zuteilt, und Atropos, die unnachgiebig und mitleidslos den Faden des Lebens durchtrennt.

Die Hindumythologie gründet sich auf die Dreiheit (*trimurti*) von Brahma (dem schöpferischen Aspekt des Absoluten), Vishnu (dem beschützenden Aspekt) und Shiva (dem zerstörerischen Aspekt).

Die griechische Mythologie bezieht sich jedoch mehr auf die Wünsche des Menschen, während die Hindumythologie in erster Linie eine Kosmogonie ist. Der griechische Fatalismus ist spezifisch menschlich, das hinduistische Karma wird von der einzigartigen, absoluten Macht Shaktis beherrscht, welche die drei Prinzipien Schöpfung, Erhaltung und Zerstörung innerhalb des gesamten Kosmos und bei allen existierenden Wesen in sich vereinigt. Shakti entspricht zum einen der kosmischen Urkraft – dem dreifachen dynamischen Aspekt von Brahman – und zum anderen Maya, welche das unendliche Brahman in der begrenzten Welt der Erscheinungen verwirklicht. Auf menschlicher Ebene steht Shakti in Zusammenhang mit der Energie Kundalini, die in Form einer zusammengerollten Schlange dargestellt wird, welche das Erwachen des Menschen bestimmt und sich entlang der Nervenzentren in der Wirbelsäule vom Steißbein bis zum Scheitel entfaltet.

Die Idee des Karmas schließt nicht die Möglichkeit aus, das Schicksal zu verändern. Der Mensch kann mit seinem Willen in sein Karma eingreifen und es verwandeln. Der Mensch ist kein fest und unveränderlich strukturierter Organismus, er ist in ständiger Entwicklung. Seine Entwicklungsstruktur charakterisiert seine Elastizität und Anpassungsfähigkeit an die jeweiligen Umstände. Eine Vielzahl von Möglichkeiten bietet sich ihm an, von Halsstarrigkeit und Bestätigung des Egos bis zur anpassungsfähigsten Weichheit und Aufgabe des Egos. Diese Anpassungsfähigkeit ist genau das, was ich unter „Befolgen der kosmischen Ordnung“ verstehe.

Das Gesetz von Ursache und Wirkung, das den Determinismus kennzeichnet, ist so streng, daß die Überlagerungen und Kreuzungen der Einzelbestimmungen, aus denen eine solche Persönlichkeit zusammengesetzt ist, nur ein einzig mögliches Resultat ergeben können. Der Raum der Wahl, der dem Menschen innerhalb der Grenzen dieses Determinismus bleibt, ist gleichermaßen null.

Im Gegensatz dazu kann das Karma eine Quelle vollkommener Freiheit sein, wenn es sich in perfekter Harmonie mit dem Strom der kosmischen Ordnung befindet. Es wird dann von der kosmischen Urkraft gelenkt. Diese existiert nicht nur außerhalb von uns, sondern in jeder unserer Zellen. So können wir die Kraft, die in uns ist, kontrollieren und lenken. Wir können ohne Unterlaß die stets sich bewegenden Grenzen, die Sekundärmerkmale unserer Persönlichkeit, transzendieren.

Das Handeln gegen den Strom der kosmischen Ordnung bringt Karma hervor, das heißt egoistische Merkmale, Geschwüren vergleichbar, die, wenn sie nicht rechtzeitig entfernt werden, den Zerfall des Organs und dann der gesamten Person bewirken: es ist der Sog in den teuflischen Kreis der Reinkarnation und Seelenwanderung, die Verkettung an Samsara. Das Leben zur Vollendung zu bringen, heißt zur reinen und vollkommenen Freiheit zu gelangen, dem kosmischen Gesetz folgend, sich darauf stützend und sich von allem egoistischen Karma freimachend. Auf diese Weise regeneriert man seine kranken Zellen und gibt dem Körper, der nun nicht mehr in seiner Handlungsfreiheit beschränkt ist, sein volles Leben wieder. Man handelt frei und im Vollbesitz seiner Kräfte: dies ist die authentische und einzige Freiheit. Wie Hermann Hesse so schön gesagt hat: „Unser Schicksal liegt in uns selbst und nicht außerhalb von uns." Unser Schicksal schmiedet sich in uns, es wächst in unserem Geist, und ebenso ist es mit dem Leiden: die Wurzel liegt in den Tiefen unserer eigenen Unvollkommenheit. Die äußere Ursache spielt nur die Rolle eines Katalysators, der dieses Übel an die Oberfläche bringt. Die Entfremdung durch das illusorische und unbeugsame Ego stellt die allererste Ursache dar. Wenn man sämtliche egoistischen Züge an sich ausmerzt, handelt man im Sinne der wahrhaften Befreiung seiner selbst.

Wir selbst sind die Ursache unserer Entfremdung. Sie ist das Los eines verschlossenen, egoistischen Bewußtseins, das der fluktuierenden Bewegung der kosmischen Energie eine starre Struktur entgegenstellt. Das in sich, das heißt in seinen Wünschen, Gefühlen, Ansichten und seinem eigenen Wollen erstarrte Ego stößt sich ständig an allem, was ihm nicht entspricht. Sein Moralempfinden bietet dem Menschen die Möglichkeit, Werte wahrzunehmen. Dieses qualitative Erkennen seiner selbst und der Außenwelt ist entscheidend für die eigene Zukunft, die sich nach dem Sinn ausrichtet, die der Mensch ihr gibt: befreit von der Befriedigung seiner Instinkte und Lüste wird das Bewußtsein fähig, Initiativen zu ergreifen und im Zusammenhang eines Wertesystems zu wählen, das ganz bewußt an die Stelle eines bloßen, impulsiven Lebenwollens tritt. Das Handeln wird absichtslos, die Kräfte, die das Ego bilden, verringern sich und bringen die moralischen Kräfte in Harmonie mit der Ordnung des Universums. Die Spannung nimmt ab und befreit die Energie, welche sich in die Unendlichkeit des Kosmos weitet. Die Befreiung findet statt . . .

Der Fluß hält einen langen Vortrag,
Ohne Unterbrechung singt er
Von Mitternacht bis Morgen 84000 Sutras.
Wie könnte ich euch am nächsten Tag
Die ganze Bedeutung mitteilen?

Für manche ist das Rauschen des Flusses nur ein Geräusch, das sie beim Zazen stört. Aber es ist sehr schwierig, darüber hinaus zu gelangen. Wenn man, anstatt siegen zu wollen, mit Zen vertraut wird, ist man in der Lage, dessen ganze Tiefe zu verstehen.

Nietzsche hat vom *amor fati* gesprochen, der Liebe zum Schicksal. Fatalismus ist die Einstellung der Schwachen und der Sklaven. Asketentum ist heuchlerisch, wider die Natur, gegen die Kräfte des Lebens gerichtet. Die geeignetste Haltung gegenüber dem Schicksal besteht letzten Endes weder in einer bedingungslosen Unterwerfung noch in einer Flucht, sondern in einem verstehenden Annehmen – mit seinem Schicksal vertraut zu werden und es zu verstehen bedeutet schließlich, sich zutiefst selbst zu verstehen und voll bewußt anzunehmen.

Diese Haltung führt bei Nietzsche zum Thema der „ewigen Wiederkehr". Aber obwohl er sein ganzes Leben lang im Dienste der Wirklichkeit mit ihren Schmerzen und Freuden gegen Heuchelei und Vorurteile gekämpft hat, ist es Nietzsche letztendlich doch nicht gelungen, den Rahmen der verwirrenden Wechselfälle seiner eigenen Existenz zu sprengen.

Der Begriff des Schicksals gehört zum Höchsten, denn er bezieht Gott und den Menschen, den menschlichen Mikrokosmos und den großen Makrokosmos mit ein, das Werden des Menschen innerhalb des Kosmos . . . Wir müssen unser Schicksal analysieren. Der Karmabegriff im Buddhismus kann uns dabei helfen, denn er entspricht tatsächlich dem Verständnis der Gesetze von Ursache und Wirkung. Ich sage immer: „Zazen besteht darin, mit seinem Ego vertraut zu werden." Kodo Sawaki wiederholte dies ebenfalls: „Zazen bedeutet, das Ego zu verstehen." Und Meister Dogen: „Die Buddhalehre zu ergründen, bedeutet, das Ego zu ergründen, das Ego zu ergründen, bedeutet, das Ego abzulegen." Man sagt auch manchmal: „Zazen heißt das Ego erobern, das Ego übersteigen." Zazen ermöglicht es, alles zu lösen: die Probleme des Schicksals, des Karmas, der Einsamkeit, des Egos, der Liebe, des Sex . . . Das ist ein Koan.

Wir müssen verstehen, daß die Idee des Schicksals illusorisch und leer ist, eine menschliche Erfindung ohne jede Grundlage. Niemand kann unser Schicksal erschaffen. Das Karma lehrt uns, daß die Illusionen in Bezug auf unser Schicksal selbst wieder Karma erzeugen. So schließt das Karma das Schicksal mit ein. Im übrigen kann uns die Beobachtung unseres Karmas jedoch dazu führen, es abzuschneiden und zur Dimension der wahren Freiheit zu gelangen, die selbst wieder ein Aspekt des umgewandelten Karmas ist. Wahre Freiheit bedeutet Freiheit im Handeln und Verhalten, losgelöst von allem, was früher maßgeblich und bestimmend war. Dieses freie Handeln ist das Prinzip des Karmas.

Fatalismus bedeutet manchmal die Hoffnung auf die Ewigkeit. In die Tiefe der Verlassenheit dringt die Hoffnung auf die Ewigkeit. Das Karma seinerseits ist weder eine Vision noch eine Illusion, sondern die Intuition der ewigen Macht der Natur, die mittels der Intuition wahrgenommene Wirklichkeit.

Die Wirklichkeit des Geistes – des absoluten Denkens und der Intuition – hängt nicht mit den fünf Sinnesorganen zusammen, sondern liegt jenseits davon. Wir können dies durch Zazen verstehen. Die reine, authentische Wahrheit liegt im Bereich des Unausdrückbaren. Deshalb spreche ich immer von der Beziehung *i shin den shin*, von Seele zu Seele, jenseits der Sprache.

Die Reinheit des Windes,
Die Klarheit des Mondes,
Wer kann sie malen?

Karma und das Gesetz von Ursache und Wirkung

Viele meinen, daß Karma sich auf eine Beziehung von Ursache und Wirkung begrenzt. Das ist jedoch ein Irrtum. Das Karma erscheint weniger unwiderruflich und undurchdringlich als das Schicksal. Das Kausalitätsprinzip allein kann unser Leben nicht beherrschen, denn es ist ein aus Vielem zusammengesetztes Ganzes. All das, was zuvor war, all die früheren Ursachen, bringen nicht systematisch ein einzig mögliches Ergebnis hervor. Das psychische Leben hängt zwar mit dem Gewesenen zusammen, ist aber nicht streng davon abhängig oder bestimmt. Dem menschlichen Bewußtsein steht die freie Wahl offen, die wohlüberlegte, klare Entscheidung, das heißt, stets ist alles möglich, nichts geschieht mit absoluter Notwendigkeit. Im Mineralreich und der Pflanzen- und Tierwelt unterstehen die Erscheinungen allein der Notwendigkeit, dem physikalischen Gesetz des Determinismus – wenn die erforderlichen Bedingungen erfüllt sind, manifestiert sich die Erscheinung. Aber der Determinismus, der das Kausalitätsprinzip bestimmt, kann auf die menschliche Psyche keinen Einfluß haben; je mehr ein Lebewesen zur Wirklichkeit erwacht und sie versteht, desto weniger ist es dem Determinismus unterworfen, und desto größer ist seine Handlungsfreiheit und Autonomie, und seine Handlungen sind immer weniger voraussehbar.

Das Kausalitätsprinzip ist ein rationales Faktum der westlichen Philosophie, aber dieser Rationalismus ist unfähig, die Totalität der Wirklichkeit auszudrücken, insbesondere wenn es um metaphysische oder religiöse Wirklichkeit geht, einen Bereich also, der von der ihrem Wesen nach irrationalen, nicht diskursiven und spontanen Intuition beherrscht wird.

Ein solchermaßen einschränkender Rationalismus kann kein echtes Bild vom Leben, diesem Komplex wechselseitiger Abhängigkeiten, diesem globalen, in stetem Werden befindlichen Ganzen schaffen. Unser tägliches Leben ist ein komplexes Ganzes, das von keiner Wissenschaft und keiner Theorie völlig erfaßt werden kann, sondern immer nur bruchstückhaft und einseitig. Die von unserem augenblicklichen Bewußtsein gelebte Wirklichkeit stellt die einzige Wirklichkeit dar.

Wendet man den Determinismus auf das menschliche Leben und Schicksal an und reduziert damit die beiden auf ein einfaches, mechanisches Prinzip, so gerät ein wichtiger Aspekt des menschlichen Bewußtseins in Vergessenheit: der Wille, das handelnde, wählende Bewußtsein. Dies gehört zum Bereich des Unvorhersehbaren, der Freiheit. Es ist etwas nicht zu Bestimmendes, das sich mit dem Erwachen des Bewußtseins zu Verständnis und Wissen entwickelt und bestätigt.

Die geistige Schau ist intuitiv und direkt: alle Gegebenheiten, selbst die entferntesten, werden gegenwärtig und augenblicklich verstanden. Zwar haben Philosophie und Geisteswissenschaften auch das globale Verständnis zum Ziel, jedoch wird die Philosophie immer hypothetisch bleiben. Was die Geisteswissenschaft angeht, so nehme man zum Beispiel die Psychologie. Die objektive, diskursive und analytische Sicht der Dinge hindert sie daran, von innen her die Gesamtheit einer Persönlichkeit zu erfassen. Die therapeutischen Möglichkeiten sind daher begrenzt und unfähig, bei dem Betreffenden neue, frische, lebendige und regenerierende Schaffensfreude hervorzubringen. Die Psychologie mag in der Lage sein, die Bedingungen für die Entstehung der Bonno und ihre Charakteristika darzustellen, aber kaum, im Individuum eine wesentliche Umwandlung zu bewirken. So kann sie wohl auch nicht als Quelle des Satori gelten . . .

Manchmal gibt sich Spiritualität einen philosophischen oder psychologischen Anstrich, aber dies sind nur verschiedene Aspekte eines unendlichen Ganzen und abhängig von der jeweiligen Art des einzelnen, sich der Wirklichkeit zu nähern. Das Kausalitätsgesetz, das die Verbindung zwischen Ursache (oder einem Ursachenkomplex) und Wirkung herstellt, trägt also nur teilweise zum Verständnis bei. Das Karma hingegen beschreibt die Beziehung(en) zwischen einer Vielzahl von Ursachen und möglichen Wirkungen, verstanden als *en*, wechselseitige Abhängigkeit und wechselseitiges Aufeinander-Einwirken. Das im Determinismus einzig mögliche Ergebnis wird durch eine Vielzahl aus dem Karma entstehender möglicher Ergebnisse, die Idee der karmischen Möglichkeiten ersetzt.

Unser Leben vergegenwärtigt eine lange Entwicklung, deren Ursprung sich in der Nacht der Zeiten verliert. Es ist ein sich in der Dauer erfüllendes, in ständiger Umwandlung befindliches Werden, das einen gewissen Teil an Unveränderbarkeit enthält, der das Individuum charakterisiert: ein Individuum bleibt es selbst, ist aber immer anders. Die Kausalität und ihre notwendige Folge, der Determinismus, ist ein in der Physik Newtons allgemein anerkanntes Gesetz: man geht von einer gegebenen Situation, die aus Einzelzuständen besteht, die jeweils exakt bestimmbare Wirkungen hervorrufen, auf eine Zukunft zu, die ihre direkte Folge ist und die in der Vergangenheit bereits enthalten ist und von ihr geleitet wird. Die Quantentheorie jedoch ersetzte dieses Gesetz durch den Wahrscheinlichkeitsbegriff, und im Bereich der Psyche gibt es ohnehin gewichtige Argumente dagegen. Tatsächlich streben das zunächst dunkle Bewußsein, dann die klare Intelligenz, welche trotz der egoistischen, auf sich selbst bezogenen Kräfte eine Öffnung nach außen bewirkt, danach, einer mechanischen Fatalität zu entkommen und sich von den Gesetzen frei zu machen, die die Materie und die niederen Zustände des Bewußseins (Instinkte und Impulse) regieren. Das Leben ruft Energie hervor und koordiniert sie in der Richtung, in der der Mensch entsprechend seinen Wertvorstellungen es will.

Die Wahl setzt bereits die Prämissen für die Freiheit: je mehr sich die Wahl von den Anforderungen des Egos freimacht, desto mehr manifestiert sich die Freiheit und desto weniger wahrscheinlich wird das Handeln des Menschen.

In dieser Fähigkeit der Wahl verwirklicht sich die vollkommene kosmische Freiheit: diese besteht in einer völligen Öffnung des Bewußtseins zur kosmischen Ordnung hin, so daß schließlich Subjekt und Objekt, individuelles Bewußtsein und kosmische Ordnung nicht mehr voneinander verschieden sind. Dann negiert sich die Wahl selbst, denn sie kann sich mit allen Möglichkeiten identifizieren und sich so bis ins Unendliche ausdehnen.

Dennoch übertrifft die Stärke der früheren Einflüsse (die Wirkungen des vergangenen Karmas) oft an Intensität die Kraft der durch die kosmische Ordnung fühlbare moralische Gerechtigkeit und treibt den Menschen aufgrund der unbewußten Kräfte, die ihn ohne sein Wissen beherrschen, in die Niederlage. Ursache für diese Niederlage sind insbesondere die Unwissenheit bezüglich des wahren Wesens des Seins und das Unverständnis der vergangenen, unbewußten Ursachen. Diese Unwissenheit heißt im Sanskrit *avidya*, im Japanischen *mumyo*. Das Nachlassen der Unwissenheit führt zur Befreiung vom Gewicht des vergangenen Karmas. Dann zeigt sich in unserem Geist durch die Zazen-Erfahrung unbewußt, natürlich und automatisch die echte Wahrheit. Das persönliche Bewußtsein wird zum absoluten Denken und erlaubt das vollkommene Verstehen aller Erscheinungen und des Bereichs jenseits der Erscheinungen. Das wissenschaftliche, objektive Denken und das subjektive, spirituelle Bewußtsein ergänzen nun einander.

Eine einzige Ursache bringt nicht nur eine Wirkung hervor, und zahlreiche Ursachen bringen zahlreiche Wirkungen hervor. Unser Körper ist nicht so einfach, er ist sehr sensibel. Wenn wir zu nervös sind, wird sich das sicher auf den Magen niederschlagen, welcher wiederum das Gehirn beeinflußt. Befindet sich die Leber in schlechtem Zustand, so neigt man dazu, schnell aufzubrausen. Die Milz unterstützt die Leber und die Nieren. Ist die Milz angegriffen, werden diese beiden Organe geschwächt. Wenn man zu zornig ist, verliert die Leber an Kraft. Ist die Blase in schlechtem Zustand, so sind es die Nieren ebenso. Kranke Nieren beeinflussen das Herz. Das kranke Herz beeinflußt die Nieren. Die Krankeit der Nieren überträgt sich auf die Blase. Alle inneren Organe sind untereinander abhängig. Wenn eines krank ist, verschlechtert sich auch der Zustand der anderen. Wenn wir krank werden, wird immer unser schwächster Punkt zuerst krank. Heutzutage werden besonders leicht Magen und Darm, die mit dem Gehirn in Verbindung stehen, betroffen. Wir essen zu viel. Der Magen wird vergiftet und verliert seine Aktivität, was dazu führt, daß der Darm nicht arbeitet. Die Blutzirkulation verschlechtert sich im Darm, und das unreine Blut wird zu Gift . . . Während der Zazenübung können Sie nicht nur Ihren Geist verstehen, sondern auch Ihren Körper spüren. Wenn Ihr Magen in schlechtem Zustand ist, ist Ihr Atem nicht frisch, oder ein Teil des Magens wird schmerzen. Wenn Ihre Lungen schwach und Sie daran gewöhnt sind, in einem gleichmäßig geheizten Raum zu leben, wird das Einatmen frischer Luft Sie zum Husten bringen.

Es ist wichtig, die Bedeutung der wechselseitigen Abhängigkeit zu verstehen. Nicht nur im Körper, sondern bei allen Dingen.

Im Sanskrit heißt Ursache *hetu*, was „Fortschreiten" bedeutet. Die Wirkung, *phal*, bedeutet „Frucht". Die meisten Philosophen, Intellektuellen und Wissenschaftler gehen immer von der Ursache aus, die eine Wirkung hervorbringt. Aber in unserem täglichen Leben ist das nicht so. Es gibt zahlreiche Ursachen und zahlreiche Wirkungen, von denen wieder Ursachen ausgehen. So ist das wirkliche Leben. Die Wirklichkeit unseres täglichen Lebens in der Gesellschaft, zwischen Mann und Frau und in unserer Familie, stellt immer ein wechselseitiges Aufeinandereinwirken dar. Wenn es dem einen nicht gut geht, geht es auch dem anderen schlecht. Diese Beziehung ist nicht zuerst eine Ursache, dann eine Wirkung, sondern ein wechselseitiges Abhängigkeitsverhältnis.

Die Liebe stellt eine sehr spezielle Art gegenseitiger Abhängigkeit dar. Ist sie nur einseitig, handelt es sich nicht um wahre Liebe. Manchmal liebt ein Mann eine Frau. Die Frau erwidert diese Liebe, wodurch der Mann noch leidenschaftlicher wird und die Frau vor ihm flieht. Der Mann läuft daraufhin auch davon und die Frau ihm hinterher . . . Wenn Sie diese wechselseitige Beziehung und Abhängigkeit nicht verstehen, können Sie die Probleme Ihres täglichen Lebens nicht lösen.

Beim Zazen leben wir nicht nur durch uns selbst, sondern unser Lebensimpuls entspringt der kosmischen Energie, der kosmischen Kraft, die uns leitet. Beim Zazen kann man das spüren. Wenn wir es erfahren, so ist das Satori. Man kann es auch intellektuell erfassen, will man es aber verstehen, so kann man dies nur aus der Tiefe von Geist und Körper heraus.

Unser Leben unterhält eine Wechselbeziehung zwischen dem Ego und allem Dasein im Universum. Wir leben nicht allein. Egoisten können das nicht verstehen. Deshalb werden sie krank und können nicht geheilt und glücklich werden. Legt man das Ego jedoch ab, so erhält man viel von der Kraft der wechselseitigen Abhängigkeit.

Wenn eine Zelle unseres Körpers vom Krebs befallen ist, kämpft sie gegen die frischen, gesunden Zellen. Die Krebszellen werden egoistisch und kämpfen gegen andere, immer dagegen . . . Schließlich breiten sie sich im ganzen Körper aus und töten die gesunden Zellen. Ebenso verhält es sich in der heutigen Welt. Die egoistischen Menschen nehmen immer mehr zu, und das führt zur Krise der Zivilisation.

Durch die richtige Zazenhaltung kann man die wahre kosmische Energie empfangen. Die Aktivität, die Energie, manifestiert sich. Man kann von außen, von anderen Menschen, anderen Lebewesen, allen zusammen im wechselseitigen Einfluß das erhalten, was man *ki* nennt und was durch den gegenseitigen Austausch zunimmt. Ein einzelner Holzscheit in einem Kamin bringt kein großes Feuer hervor, mit viel Holz jedoch wird das Feuer stark.

Die wechselseitige Abhängigkeit (Engi)

Eines der bekanntesten Begriffe im Buddhismus Chinas und Japans ist *en* oder *engi*, „wechselseitige Abhängigkeit“. *Innen* bedeutet die Beziehung, die wechselseitige Abhängigkeit (*in*: Ursache; *en*: Karma) und manchmal auch die Wirkung, die sich infolge dieser Abhängigkeit ergibt. Es gibt nicht nur eine Ursache, es gibt viele *en*, viel wechselseitige Abhängigkeit, durch die die Wirkung entsteht.

Im VISUDDHIMAGGA-SHASTRA heißt es: „Was ist *en*? Wenn es existiert, existiert auch etwas anderes. Wenn es erscheint, erscheint auch etwas anderes. Wenn es nicht existiert, existiert auch nichts anderes. Wenn es zu Ende geht, geht auch etwas anderes zu Ende."

Im Sanskrit entspricht *en*, die wechselseitige Abhängigkeit, dem Begriff *pratyaya*, „die Stirn bieten", aber auch „zurückkommen, zurückspringen". Wechselseitige Abhängigkeit im Sanskrit hat die Bedeutung eines Balles, den man gegen eine Mauer wirft und der zurückkommt. Die Ursache erscheint, verschwindet und erscheint wieder.

In unserem Leben existieren wir nur aufgrund der wechselseitigen Beziehungen. Zwischen Pflanzen, zwischen Tieren, manchmal auch zwischen Tieren und Pflanzen oder zwischen Tieren und Menschen muß es immer wechselseitige Beziehungen geben. Das läßt sich anhand zahlreicher Beispiele verstehen, auch am Beispiel Leben und Tod . . . Im Buddhismus erklärt man auch Leben und Tod mit Hilfe der Logik des Prinzips der wechselseitigen Abhängigkeit – *ku soku ze shiki, shiki soku ze ku.*

Wenn wir Zazen praktizieren, können wir uns von allem lösen, den Körper vergessen, ganz allein sein. Wir können unseren Geist ganz objektiv beobachten, zutiefst mit uns selbst vertraut werden. So kann sich unser Geist mit der kosmischen Urkraft vereinigen.

Der Mensch kann sich nicht jenseits des Laufes der Zeit bewegen. Jeder muß einmal sterben, der Tod wird uns heimsuchen. Jeder weiß das. Während der Fatalismus jedoch ein menschliches Gesetz innerhalb der Dimension Zeit ist, ist die wechselseitige Abhängigkeit das kosmische Gesetz innerhalb der Dimension des Raumes. So wird es möglich, dem menschlichen Willen und der Hoffnung einen Platz einzuräumen. Die Freiheit jenseits von Raum und Zeit ist eine mystische Erfahrung. Aber in unserer realen gesellschaftlichen Wirklichkeit gibt es nur die Freiheit des Willens, und diese ist durch Raum und Zeit massiv beschränkt. Wir müssen begreifen lernen, daß das Ego die Verwirklichung der kosmischen Urkraft ist und sich in einer Abhängigkeitsbeziehung mit allen Lebewesen befindet.

Das sind die Prinzipien des lebendigen Nirvanas. Wenn Sie das gut verstehen, so ist es die Antwort auf die Frage: „Warum haben Sie gesagt, daß man wie tot werden muß, um das Erwachen zu erleben?" Wenn man mir diese Frage im Anschluß an eine gründliche

Untersuchung der Begriffe Nirvana und Tod gestellt hätte, wäre es eine große Frage gewesen. Aber als man mir die Frage neulich gestellt hat, habe ich gespürt, daß der Anlaß der Frage kein echter war. Also antwortete ich: „Das ist das Prinzip des lebendigen Nirvanas."

Nirvana bedeutet im Sanskrit „vollkommener Tod". Warum also „lebendiges Nirvana"? Das ist die Essenz des Mahayana-Buddhismus . . . das lebendige Nirvana ist Zazen. Zazen ist lebendig – es ist vollkommenes Erwachen. Aber Zazen wird zu Nirvana. Sie müssen in Ihren Sarg steigen . . .

Der Geist will ewiges Leben haben. Wenn der Körper stirbt, werden alle seine Bestandteile vom Kosmos absorbiert. Deshalb enden sie nie. Auch der Geist bleibt im Kosmos, denn Körper und Geist sind eine Einheit, wie die Vorder- und Rückseite eines Blattes Papier. Wenn wir etwas wünschen oder erhoffen, so verwirklicht der Gegenstand unseres Wunsches die Existenz dieses Wunsches oder dieser Hoffnung. Wenn wir wünschen oder hoffen, ewig zu leben, existiert diese Ewigkeit, verwirklicht sich das ewige Leben. Es ist nicht unmöglich. So kann man es das lebendige Nirvana nennen, und wir können es hier und jetzt erreichen. Das ist Zazen!

Askese ist eine Methode, die erlaubt, auf geradem Wege, durch Abschneiden der körperlichen Bonno, den ewigen Geist zu finden. Man trennt sich von allen körperlichen Hindernissen und läßt die Seele in all ihrer Klarheit allein leuchten.

Es gibt auch eine entgegengesetzte Methode. Nach einem guten Essen oder befriedigendem Sex ist sicher jeder müde und ohne große Lüste und Wünsche. In diesem Augenblick ist es möglich, die Welt der Reinheit ohne Befleckung zu erreichen. Das ist der tantrische Weg im Universum der Erscheinungen. Große Ärzte, das heißt die großen Heiligen, benutzten beide Methoden, um üble Ausschläge zu heilen. Die eine besteht darin, sie wieder im Körper verschwinden zu lassen, die andere darin, sie von außen zu operieren, sie abzuschneiden.

Entweder unsere Gifte in den Körper zurücknehmen oder sie nach außen abgeben. Zieht man beispielsweise seine Geschlechtsorgane zurück, kann man die sexuellen Bonno kontrollieren. Läßt man es andererseits zu einem Ausbruch kommen, kann man das Problem anders herum lösen und beenden. Man darf nicht vergessen, daß das Ziel darin besteht, die Verfassung des lebendigen Nirvanas zu erreichen, einer Dimension, die über die der körperlichen Begierden weit hinausgeht. Die Leidenschaften abzuschneiden oder zu befriedigen sind nur Methoden, um diese hohe Dimension zu erlangen. Man darf sich daher nicht auf die Methode selbst beschränken.

Wir können also mit der kosmischen Kraft in Verbindung treten. Aber die Praxis dieser beiden Methoden allein macht nicht vollkommen genug, um in aller Tiefe mit dieser kosmischen Urkraft zu kommunizieren.

Buddha Shakyamuni und alle Meister in seiner Nachfolge haben auf unterschiedlichste Weise eigene Erfahrungen mit diesen Methoden gesammelt. Buddha Shakyamuni machte seine sexuellen Erfahrungen in seinem Palast und wurde ihrer überdrüssig. Er war von zahlreichen jungen Frauen umgeben und hatte eine schöne Gattin. In seinem Haus gab es zu viele sinnliche Freuden und zu viel Essen. Darum floh er. Er machte zuerst Erfahrungen als Asket und folgte sechs Jahre lang dem traditionellen Yoga. Diese beiden Methoden erschöpften ihn völlig. Er hatte sie beide gelebt, als er dann endlich unter dem Bodhibaum durch die Zazenhaltung Satori erlebte.

In seiner Autobiographie erklärte Nagarjuna diese beiden Methoden sehr ausführlich. Die Meister in der Nachfolge Buddhas haben sie ebenfalls verstanden. Bodhidharma hatte sehr viele Schüler in China. Nachdem er den Kaiser Liang verlassen hatte, blieb er im Tempel Shaolin und hatte zahlreiche Schüler, Mönche und Nonnen. Natürlich konzentrierte er sich auf Zazen, auf Shikantaza. Aber er ging auch auf die Toilette, aß, schlief . . . manchmal übte er auch Karate. Aber hauptsächlich konzentrierte er sich auf Zazen. Jeder, alle großen Meister, haben das durch diese Methoden eingesehen. Das lebendige Nirvana ist etwas Schwieriges. Es ist nicht so leicht, die Illusionen durch Askese abzutöten. Durch tantrische, sexuelle Techniken jedoch eine höhere Dimension erreichen zu wollen, kann für gewöhnliche Menschen gefährlich werden. Bei dieser zweiten Methode macht man leicht Fehler: sie kann bei denen, die sie unvollkommen anwenden, zu einem schlechten Karma führen. Die Moralisten können sie kritisieren, denn sie brechen die herrschenden Gesetze und haben einen verderblichen Einfluß auf die Gesellschaft. Ich möchte daher behaupten, daß Zazen der einzig gangbare Weg ist, um diese beiden Methoden auszugleichen, es ist sowohl jenseits der Askese als auch jenseits der Tantrik. Durch Zazen erreicht man „hier und jetzt", unmittelbar, das absolute, vollkommene, lebendige Nirvana.

Unser Ego, das gleichzeitig Körper und Geist ist, besitzt keine bleibende Substanz, hat kein Wesen an sich. Unser Karma besteht aus der wechselseitigen Abhängigkeit aller Wesen im Kosmos, und es wird von der kosmischen Urkraft geleitet. Nach dem Tod existiert keine Substanz von uns mehr, nur unser Karma – als eine mit dem gesamten Kosmos in Beziehung stehende Erscheinung. Als solche kann es ewig weiterleben. Das Karma als Erscheinung wird auch das wahrhaft Seiende genannt, „der Strom der Existenz". Man kann es den Strom unser selbst in der großen kosmischen Ordnung nennen. Durch diese Erkenntnis kann man zum ewigen Leben erwachen. Wenn man wünscht und hofft, ewig zu leben, wird unser Geist ewig im Kosmos fortbestehen . . . Das ist das Prinzip des lebendigen Nirvanas, der höchsten Dimension des Glücks im menschlichen Leben. Zazen ist selbst das große Satori, das lebendige Nirvana, Nicht-Geist, Hishiryo, absolutes Denken, Preisgabe des Egos an die kosmische Kraft.

Die Menschen sind traurig über den Tod des Körpers. Ich habe es selbst in meiner Kindheit erfahren. Mein erster Schock war, als meine Großmutter starb. Ich rüttelte an ihrem Sarg: „Warum bist Du tot?" Sie hatte mich geliebt, und ich war sehr traurig, aber sie konnte in ihrem Sarg nicht wieder zum Leben erwachen. Die Familie bedeckte sie mit einem Leichentuch, man brachte sie zur Totenfeier in den Tempel, und dann wurde sie eingeäschert. Ich sah, wie der Körper verbrannte. (Auf dem Land kann man den Einäscherungen beiwohnen.) Ich sah eine rote Flamme und blauen Rauch. Der Rauch des verbrennenden Körpers macht die Zuschauer traurig. Ich dachte: „Der Körper meiner Großmutter verbrennt, aber ihre Seele lebt sicherlich weiter.“ Ich hoffte es. Ich wollte nicht, daß ihre Seele verbrennt. In Paris starb dann eine meiner ersten Schülerinnen bei einem Autounfall. Das war für mich ebenfalls ein großer Schock. Ich dachte und hoffte, daß ihre Seele in dieser Welt weiterlebt. Das Problem der Unsterblichkeit der Seele ist kein gefühlfreies Diskussionsobjekt, es ist eine Frage der Intuition. Seit den ältesten Zeiten wollen die Menschen an die Lehre von der Unsterblichkeit der Seele glauben, selbst wenn es unvernünftig und weder wahr noch weise ist. Und selbst wenn eine Lehre, die die Unsterblichkeit der Seele leugnet, vernünftiger, intelligenter, wissenschaftlicher erscheint und selbst wenn bestätigt wird, daß die Seele mit dem Körper völlig verschwindet, wollen religiöse und spirituelle Menschen nicht daran glauben. Sie wollen an die Ewigkeit des reinen Geistes glauben. Dante nannte dies ein menschliches Postulat. Was mich angeht, so glaube ich, daß es weniger ein Postulat als der innigste Wunsch des Menschen ist.

Die Katholiken graben die toten Körper in einem Friedhof ein und glauben, daß sie wiederauferstehen und zum Himmel auffahren werden. Das deutet auf den Wunsch nach dem ewigen Leben des Körpers. Die Buddhisten verbrennen den Körper, wodurch man nicht mehr an ihm haften kann. In Amerika werden heutzutage bei bestimmten Totenfeiern der Körper und das Gesicht des Toten geschmückt, um seine einstige Schönheit zu konservieren.

Wir müssen das Problem unseres eigenen Todes lösen. Dann kann unser Leben stark und frei von Angst werden.

Buddha lehnte nicht nur die Unsterblichkeit des Körpers, sondern auch die der Seele ab. Er dachte ganz kühl und rationalistisch. Das Sutra MILINDAPANHA berichtet von einer Diskussion zwischen dem König Milinda und dem Bodhisattva Nagasena. Es geht um *vedagu*, die Seele. Der König fragte: „Gibt es *vedagu* oder nicht?“ Der Boddhisattva Nagasena antwortete: „Es gibt sie nicht“. Das Wort *vedagu* bedeutet die „materielle Seele“, z.B. die Irrlichter, die man nach dem Regen auf den Friedhöfen oder an den Orten, wo die Toten eingegraben werden, sieht; früher dachte man, das seien die Seelen. Heutzutage glaubt das niemand mehr. Man hat erkannt, daß es sich um das chemische Phänomen des Phosphoreszierens handelt. Dann stellte der König eine philosophische Frage höherer Dimension: „Gibt es ein *atman*?“ *Atman* bedeutet das Ego, das Wesen an sich, die spirituelle Seele, die Substanz unseres Körpers und Geistes. Nagasena aber verneinte auch die Existenz des Atmans. . .

Beim Zazen wird unser Körper völlig ruhig. Ich sage immer: „Sie müssen in Ihren Sarg steigen, beim Zazen im Dojo sterben!“ Das heißt, Ihren Körper vergessen, ihn aufgeben. Nur der Geist bleibt, und das Hishiryo-Bewußtsein wird eins mit der kosmischen Urkraft. Die Meister in der Nachfolge Buddhas und alle Patriarchen haben es bestätigt: *Zazen selbst ist Satori.* Es ist das lebendige Nirvana. Hier und jetzt wird unser Leben zur Ewigkeit.

In der Zazenhaltung bilden die Hände ein Oval. Lassen Sie darin den Kosmos ruhen. Die Hände, die einige Zentimeter unter dem Nabel das Zentrum der Lebensenergie, das *kikaitanden* (Meer des *ki*) berühren, werden zum Symbol des Kosmos. Diese Haltung heißt *hokai jo'in.*

Aus der Tiefe des Nicht-Denkens heraus denken –
Nicht vom Denken aus denken –
Wie denkt man ohne Denken?
Wie denkt man nicht, während man denkt?
Das ist Hishiryo, jenseits des Denkens.
Dies ist das Geheimnis des Zazen.

Dogen, FUKANZAZENGI

Zazen ist die höchste Meditation jenseits von allem. Das bewußte Denken entsteht im Vorderhirn. Dieser Teil des Gehirns ist heute um so mehr entwickelt, je intellektueller die Erziehung ist und je mehr sie auf einer ständig wachsenden Ansammlung von Wissen basiert. Der Anteil der Intuition am Wissen wird abgelehnt, da es dafür angeblich keine sichere Grundlage gibt. So wird das Stammhirn, das hauptsächlich aus dem Thalamus besteht, sehr wenig benutzt. Wir können daher nicht mehr mit unserem Körper denken. Im Gegensatz dazu werden Tiere nur vom Thalamus, dem Zentrum der Intuition, gesteuert. Dieser Teil des Gehirns entspricht dem Instinkt und der Intuition und steht in enger Beziehung zu den kosmischen Kräften, mit denen auch der Mensch noch in direkter Verbindung stehen könnte, würde die moderne Zivilisation nicht die Entwicklung dieses wesentlichen Teils des Nervensystems ersticken.

Leider ist aber dieses Zentrum bei den meisten Menschen derzeit äußerst schwach. Diese extreme Schwäche des Stammhirns ist der Ursprung zahlreicher Krankheiten und bewirkt auch die Krise unserer Zivilisation, die ohne Weisheit und gegen die kosmische Ordnung lebt. Wenn der Hypothalamus seine Aktivität vermehrt, wächst auch sein stärkender Einfluß auf den Stoffwechsel.

Aus der Tiefe des Denkens heraus – nicht denken.

Aus der Tiefe des Nicht-Denkens heraus – denken.

Man findet dazu analog im HANNYA SHINGYO den Ausdruck *ku soku ze shiki, shiki soku ze ku. Shiki* bezeichnet die Erscheinungen, das Denken, und *ku* das Nicht-Denken. So entspricht *ku* der Konzentration und *shiki* der Beobachtung. Die Konzentration bezeichnet die Aktivität des Stammhirns, die Beobachtung die des Vorderhirns. Durch die Konzentration, *ku*, das mikrokosmische Bewußtsein, wird die Rückkehr zum ursprünglichen Zustand des Menschen, die tiefe Verbindung mit der Ordnung des Universums bewirkt.

Das lebendige Nirvana

Das VIMALAKIRTI-NIRDESA-SUTRA berichtet folgende Geschichte: Yuima begab sich eines Tages in den Wald, wo Sariputra seit mehreren Wochen in Meditation versunken saß. Er ging zu ihm, um ihm dies vorzuwerfen. „Sariputra“, sprach er, „praktiziere Zazen weiterhin in dieser Weise, vergiß ruhig Deinen Körper, und ruhe auf den Drei Welten! Bleibe dann nicht länger in Nirvana, sondern verwirkliche die zahlreichen Haltungen Deiner Würde.

Praktiziere dann wieder Zazen, ohne die Methode des Weges aufzugeben, und verwirkliche Deine natürliche und persönliche Haltung. Fahre fort mit Zazen und trete schließlich, ohne die Bonno abzuschneiden, ins lebendige Nirvana ein!" Der Vorwurf Yuimas gegenüber Sariputra erklärt seine Einstellung zur tiefen Philosophie von *ku* und *shiki*. Sariputra blieb nur in *ku*, in der Zazenhaltung. Die Ansicht Yuimas, nach der das echte Zazen in den Bonno des täglichen Lebens verwirklicht werden muß, erklärt die Philosophie des Mahayana-Buddhismus. Vielleicht suchte Sariputra durch seine Zazenpraxis den Zustand des absoluten Nirvanas, die Fülle des Satori, die heilige und transzendente Weisheit jenseits aller Illusionen der Drei Welten zu erreichen. Aber das echte Satori muß sich auch in der gewöhnlichen Welt der Bonno widerspiegeln lassen. Sariputra hatte sicher vergessen, daß im Mahayana-Buddhismus die Wirklichkeit „hier und jetzt" gelebt werden muß.

Bonno soku bodai – die Bonno selbst sind das Nirvana.

Das Nirvana verwirklicht sich nicht außerhalb der Welt. Wir müssen das verstehen und das lebendige Nirvana mitten in unser tägliches Leben einbeziehen, selbst in die abscheulichste Welt, wo man nur auf die Stimme des Dämons hört, wo man das Dharma und die reine Lehre Buddhas schamlos verhöhnt und die heiligen Unterweisungen anzweifelt. Natürlich geht es nicht darum, sich an eine Welt der Unreinheit zu binden. Man darf nur nicht an ihr haften, sondern muß dem Weg der Mitte folgen.

Im genannten Sutra steht weiter: „Die schöne Lotusblüte wächst weder im grünen Feld noch oben auf dem Berg: sie entsteht tief unten im schlammigen Teich. Ohne in den Ozean der Bonno zu tauchen, können wir den Schatz der absoluten Weisheit nicht entdecken." Bonno und Karma sind der Samen, der Ursprung, die Quelle des lebendigen Nirvanas.

Das lebendige Nirvana existiert nicht in dem abgeschlossenen Leben der Klöster und auch nicht im Asketendasein der Einsiedler. Das ideale Satori, die göttliche Verbindung, die man sich so vorstellt, als stünde sie in vollkommenem Gegensatz zu unserem täglichen Leben, ist nur eine Falle, ein abstrakter Kunstgriff und ebenso weit von der Wirklichkeit entfernt wie eine Puppe von einem lebenden Kind. Deshalb erkläre ich:

(1) Auch wenn Sie weltliche Kleidung tragen und Ihre Haare behalten, praktizieren Sie dennoch weiter Zazen und verhalten Sie sich rein und richtig. Natürlich ist es besser, das Mönchsgewand zu tragen und sich den Kopf zu scheren, jedoch hängt das Wichtigste, das rechte Handeln, davon nicht ab.
(2) Auch wenn Sie ein Familienleben führen, darf Sie das nicht dazu verleiten, der Welt des Gewöhnlichen zu verfallen.
(3) Auch wenn Sie verheiratet sind und einen Partner haben, müssen Sie sich an der Einsamkeit freuen können und sie genießen.
(4) Wenn Sie durch eine gewöhnliche Arbeit Geld verdienen, darf Ihnen das doch keine Freude bereiten.
(5) Auch wenn Sie sich in der Welt des Gewöhnlichen befinden, müssen Sie doch einen reinen Geist voller Mitgefühl bewahren und durch Ihre Arbeit den anderen helfen, indem Sie mit ihnen gemeinsam spielen.

Die Wahrheit von *ku* erwacht also in den Bonno. Die Bonno sind der Ort, an dem sich das Satori verwirklicht. Das Eis der Bonno wird zum Wasser des Nirvanas. Wie nutzt man also die Bonno? Wie verändert man sein Karma? Das ist eine wichtige Frage. Wenn man die Bonno der Bonno wegen nutzt, so setzt man das schlechte Karma fort, die Seelenwanderung geht weiter. In meiner Kindheit sang ich oft folgendes Lied:
„Laßt euch nicht vom Regen besiegen,
nicht vom Schnee, und nicht vom Eis. . ."
Auch wenn Sie die Wärme des Sommers genießen, einen gesunden Körper haben, weder Wünsche noch Zorn hegen, ständig friedlich lächeln, den ganzen Tag nur *genmai*-(Reis-)Suppe und ein wenig Gemüse zu sich nehmen, so achten Sie dennoch darauf, dabei nicht nur ständig an sich selbst zu denken; seien Sie *mushotoku*! Bemühen Sie sich, richtig zu beobachten, zu hören, zu verstehen, sich richtig zu konzentrieren und richtig zu erinnern. . .

„Ich würde gerne allein in einer kleinen strohgedeckten Einsiedlerhütte im Schatten eines Pinienwaldes irgendwo in der Ebene leben. Wenn im Osten ein Kind krank würde, ginge ich dorthin, um es in meine Arme zu nehmen. Wenn im Westen eine Mutter ihre Kraft verlieren würde, ginge ich zu ihr, um ihr zu helfen und ihr die Schultern zu massieren. Würde im Süden jemand im Sterben liegen, so ginge ich zu ihm und würde ihn bitten, nicht traurig zu sein und keine Angst vor dem Tod zu haben. Würde er aber sterben, so weinte ich in tiefem Mitgefühl für ihn und seine Familie. Wenn es im Norden einen Streit gäbe, würde ich ihn schlichten und sagen: streitet euch nicht, denn das führt zu nichts. Selbst wenn andere mich kritisieren und als dummen Jungen behandeln, werde ich darüber nicht traurig sein. Selbst wenn andere mich bewundern und loben, werde ich mich nicht darüber freuen. So ein Kind möchte ich werden."

Dies ist ein japanisches Kinderlied, das zeigt, wie das Bodhisattvaideal auch in der traditionellen Kindererziehung verwurzelt ist. Im Mahayanabuddhismus schneidet man die Bonno nicht ab. Man muß sie umwandeln, sublimieren, in eine höhere Dimension bringen und sie dazu benutzen, anderen zu helfen.

Aber das ist gefährlich, man darf sich nicht täuschen. Manche sagen: „Ich helfe mit meinen Bonno den Frauen (resp. den Männern). Ich öffne mich ihnen." Das ist natürlich so nicht richtig. Das ist nicht der wahre Bodhisattvageist.

Hier ein Gedicht von Shinran, dem großen Meister der Nembutsu-Schule:

„Sünde und Karma
werden zum Gefäß der Nächstenliebe und Tugend.
Es ist wie die Beziehung
zwischen Eis und Wasser. Je mehr Eis –
desto mehr Wasser."

Je mehr Bonno vorhanden sind, desto größer kann das Satori werden. So kann man umso eher das lebendige Nirvana erreichen.

Die kosmische Urkraft

Im traditionellen hinduistischen Denken ist *shakti* die dem kosmischen Pulsschlag zugrundeliegende Kraft. Buddha hat diesen Gedanken abgewandelt, und so ist daraus die Quelle und Basis der persönlichen Handlungen geworden. In der Buddhalehre bedeutet Handlung die Beziehung zwischen Ursache und Wirkung des Karmas, wobei die Wirkung einen positiven und einen negativen Aspekt hat bzw. eine „erwünschte“ und eine „unerwünschte“ Wirkung. Shakti, die kosmische Urkraft, heißt auch *karitra*. Dieses Wort hat drei verschiedene Bedeutungen: Handlung, Zeremonie und Auswirkungen.

1. Handlung

Die eigentliche Bedeutung von Handlung ist Karma. Es gibt zwei Arten von Handlung:

– die Funktion, die eine Wirkung hervorbringt (*jnana* im Sanskrit)

– das, was sonst noch mitwirkt, beeinflußt das Ergebnis (*aksepa*).

Diese beiden Arten von Handlungen verwirklichen sich in der persönlichen Handlung. Von den beiden Ursachen ist die eine direkt, intern, die andere indirekt, das heißt, sie verwirklicht sich durch *en*, die wechselseitige Abhängigkeit. Die meisten Menschen glauben, die Ursache des Karmas sei intern. Das stimmt nicht. Die Wirkung, das Ergebnis der Handlung, erfordert nicht nur eine direkte Ursache, sondern zahlreiche verschiedene Ursachen. Wenn man meint, die Ursache des Karmas sei nur direkt, wird die Lehre vom Karma unwissenschaftlich und falsch. Diese Lehre ist vielmehr ein weitaus rationalistischeres System als die Wissenschaft. Wenn man sie versteht, kann man sich mit Kraft und Vernunft weiterentwickeln. In der Wissenschaft ist die Kausalität nicht wirklich rational, sie ist abstrakt; eine einzige Ursache bringt eine einzige Wirkung hervor. Aber in der Karmalehre bringen zahlreiche Ursachen zahlreiche Wirkungen hervor.

2. Zeremonie

Was ist Zeremonie oder das Zeremoniell? Bei diesem Begriff geht es um die Form, die einer Handlung gegeben wird, um die Art und Weise, in der etwas nach bestimmten Regeln ausgeführt wird. Ich verwende hier „Zeremonie" im Sinne von „Verhaltensweise im Leben". Manche behaupten, die Zeremonie sei eine Reflexhandlung, eine Gewohnheit des Körpers, ähnlich dem „bedingten Reflex" Pavlovs. Das ist nicht völlig falsch – und überhaupt sollten positive Körpergewohnheiten nicht vernachlässigt werden. Diese Sicht der Dinge ist jedoch allein zu begrenzt, denn im Zen ist der Körper – im Gegensatz zum bedingten Reflex – absolut wachsam. Das, was durch die Verhaltenswissenschaften analysiert wird, beruht nur auf einer objektiven, äußeren Beobachtung. Es geht dabei nicht um die innere Dimension, die selbst von der Psychologie niemals erfaßt werden kann. Es gibt eben beide Bewußtseinsformen, die objektive und die subjektive, und im Zen geht es darum, sie beide voll zu entfalten.

Der Bewußtseinszustand beim Zazen, die Konzentration in *shikantaza*, ermöglicht die subjektive Verinnerlichung, aus der das jeweils individuell verschiedene Denken entspringt, welches aber dennoch gleichzeitig eine objektive Beobachtung dieser Verinnerlichung mit sich bringt.

Hishiryo ist das höchste Bewußtsein, bei dem Subjektives und Objektives zu einem unteilbaren Ganzen vereint sind. Einige werden einwenden, Zazen sei keine Zeremonie. Nun – es ist die höchste Zeremonie, die Zeremonie par excellence, bei der die Haltung von Körper und Geist der vollkommene Ausdruck des absoluten Handelns ist. Nach dem Zazen folgt die Zeremonie im eigentlichen Sinn: das HANNYA SHINGYO wird rezitiert, es wird *sampai* (die dreifache Verneigung) ausgeführt – und zwar jeden Tag auf dieselbe Weise. Man kann darin natürlich in der Tat ein automatisches Verhalten sehen, und die strenge Zazenhaltung selbst kann zur Gewohnheit werden im Laufe langer, täglicher Praxis. Jedoch bestehe ich immer darauf, daß aus dem erweckten Zazen-Bewußtsein heraus in jedem Augenblick eine frische, neue Haltung entsteht. Jede Handlung unseres Lebens muß diese Frische und Reinheit haben, die sich zwar auf alte Gewohnheiten stützen mag – aber alles muß in jedem Augenblick neu entdeckt werden. Das ist Konzentration... Jedes Verhalten, jede Haltung des Körpers beeinflußt das Bewußtsein; deshalb befinden sich in den buddhistischen Sutras, und vor allem im SHOBOGENZO Meister Dogens, die Beschreibung strenger Regeln, die die Mönche bei den verschiedenen Handlungen des täglichen Lebens beachten müssen. Dies betrifft ganz einfache und normale Handlungen, wie zum Beispiel essen, auf die Toilette gehen, sich hinlegen und ausruhen, gehen, sich je nach Ort und Umständen hinsetzen, sich waschen usw.

Das ist der zweite Sinn des Karmas: es hängt zusammen mit der Körperhaltung, dem Verhalten, dem täglichen, in jedem Augenblick gelebten Handeln, sei es nun zeremoniell oder nicht.

3. Auswirkungen

Auswirkungen gibt es zweierlei:
– Angenehmes Karma (*ista* im Sanskrit),
– Unangenehmes Karma (*anista*).

Gemeint ist das subjektive Urteil desjenigen, der die Auswirkungen seines Karmas erfährt. So wird die Einschätzung der auf die Handlung folgenden Wirkung dazu führen, entweder mit der Handlung fortzufahren oder sie zu wiederholen, wenn die Wirkung angenehm ist, oder aber sie zu vermeiden und damit aufzuhören, wenn die Wirkung unangenehm ist. Es geht hier nicht mehr um ein objektives Urteil, sondern um subjektive Einschätzung und persönliche Psychologie. Gut und Böse haben keine rein moralische Bedeutung, sondern sind das Ergebnis einer subjektiven Werteinschätzung, die mit der Sensibilität und der der jeweiligen Person eigenen Gefühlswelt zusammenhängt. In gewisser Hinsicht ist dieses subjektive Erfassen „primitiver“ als das moralische Denken, bei dem sich der Gesichtskreis auf die Umgebung ausweitet und die wechselseitige raumzeitliche Abhängigkeit miteinbezieht. Dementsprechend wandelt sich das Karma nicht nur in Abhängigkeit von der sozialen Ordnung oder der Evolution, und es ist auch nicht streng durch die

Regeln der Moral und der Gesellschaft bestimmt, ja nicht einmal durch die ganz persönlichen moralischen Wertvorstellungen, im Gegenteil steht es oft im Gegensatz zu den von Vorschriften und Gesetzen bestimmten gängigen Verhaltensformen und wird in der persönlichen, subjektiven Einschätzung nicht als gut oder schlecht, also moralisch bewertet, sondern als eine angenehme (erwünschte) oder unangenehme (unerwünschte) Wirkung.

Es gibt zwei verschiedene Begriffe im Chinesischen und Japanischen, um die Welt zu bezeichnen, je nachdem, ob es sich um die Welt der Natur – des Universums – oder die des Menschen handelt. *Sekai* bezeichnet die Welt, unser Universum, *seken* die Welt der Menschen, genauer, das innere Universum des Menschen, dessen festes Merkmal *mujo*, die Unbeständigkeit, ist. Es ist dies eine Welt, die – bis auf einen sehr geringen Teil – nicht Gegenstand wissenschaftlicher Untersuchungen werden kann. Sie ist eine Welt der Subjektivität und Innerlichkeit, innerhalb derer die Suche nach einem echten Humanismus, der den Menschen zu seinem höchsten Entwicklungsgrad gebracht hat, ein wichtiger und bestimmender Faktor beim Aufblühen des Buddhismus war. Die indischen Religionen hatten diesen tiefen Sinn des Humanismus verloren. Sie waren zu irreal geworden, besaßen unzählige Mythologien und Bilder und quollen über von Symbolen und komplexen Systemen. Deshalb bemühte sich der Buddhismus darum, gleich zu Beginn wieder einen echten Humanismus entstehen zu lassen. Dieser Humanismus steht in den Lehren Buddhas an erster Stelle. Buddha selbst hatte dessen Wert, den Wert der echten und absoluten Menschlichkeit, bei seinem Erwachen unter dem Bodhibaum erfahren.

Obwohl sie universell ist, ist diese Suche nach Menschlichkeit doch zutiefst subjektiv und persönlich. Sie stellt einen wesentlichen Bestandteil von *seken* dar, der Welt, die individuell, in Abhängigkeit vom persönlichen Karma, gelebt wird. Diese Welt ist, parallel zum Karma, unbeständig und dauernd in Bewegung. Je nach den angenehmen oder unangenehmen Wirkungen des Karmas wird *seken* (das innere Leben) auf befriedigende oder unbefriedigende Weise erfahren. Man kann jedoch, obwohl man sich genau auf dem rechten Weg befindet, dennoch auf Hindernisse stoßen:

hier manifestiert sich dann altes Karma. Die guten Wirkungen stellen sich selten sofort ein. Wie alles, so brauchen auch sie ihre notwendige Zeit der Reife. Man darf aber nicht auf sie warten, denn dieses Warten, diese Ungeduld und diese Suche nach Gewinn ist selbst wieder Saat für schlechtes Karma. Sie würden nur das Gegenteil von dem ernten, was Sie erwarten. Seien Sie *mushotoku*, ohne Zielvorstellung und Streben nach Profit, das ist die höchste Dimension von *seken*.

Die Stimme des Tales
Hält einen langen und großartigen Vortrag.
84 000 Sutras habe ich vernommen –
Wie werde ich morgen darüber reden können?

Das ist ein Gedicht des großen altchinesischen Dichters und Kalligraphen Sotoba. Er hatte Satori, als er die ins Licht getauchten Berge betrachtete und den Klang des Flusses im Tal hörte. Der lange und große Vortrag, das sind die Worte und die Lehre. Die Stimme des Tales sind die Klänge der Natur. Die ins Licht getauchten Berge sind der Leib Buddhas. Wie Shakyamuni, der beim Betrachten des Morgensterns zu Buddha, dem Erwachten, wurde, so erwachte Sotoba durch die Schönheit der Farben der Natur und die Melodie der Klänge, die sie durchzieht.

Von Mitternacht bis zur Morgendämmerung
Habe ich 84 000 Sutra-Gedichte vernommen –
Wie könnte ich diesen Vortrag erklären?
Wie könnte ich ihn ausdrücken?

Soll man ein Gedicht aus Sätzen und Schriftzeichen daraus machen? Wie läßt sich das Unausdrückbare ausdrücken? Ist es möglich, Kategorien des Unaussprechlichen zu schaffen, die höchste Wahrheit zu formulieren? Die subjektive Beobachtung beim Zazen ist für jeden anders. Jeder denkt anders, das Karma steigt aus dem Unterbewußten auf, und viele unterschiedliche Gedanken ziehen vorbei. Jedoch in Hishiryo kann jeder die einzigartige Erfahrung der höchsten Wahrheit finden.

Später schrieb Dogen dieses Gedicht der Sammlung SANSHODOEI:

Die Farbe des Berges,
Das Echo des Tales –
Alles ist der Geist
Und die heilige Haltung
Unseres Buddha Shakyamuni.

Das ist Gott, der Geist und die Haltung Gottes, die Haltung und der Geist des Zazen. Jede strukturierte und organisierte Gesellschaft hat ihre Gesetze und Regeln, die die soziale Ordnung aufrechterhalten. Aber es ist immer interessant, die Ungenauigkeit, die Inkompetenz und die Ungerechtigkeit dieser sozialen „Moral" festzustellen. Ein ehrlicher Arbeiter zum Beispiel mag sein ganzes Leben lang arm bleiben, während ein unehrlicher Raffzahn ohne Skrupel zu Reichtum gelangt und sich ein angenehmes Leben macht. Hier liegen die Grenzen der sozialen Moral. Die verdienstvollen Tätigkeiten, die „Belohnung", haben nichts mit der sozialen Welt zu tun. Es ist dies ein zutiefst individuelles und religiöses Problem, das Problem des Karmas. Das Verdienst, das einer guten Handlung entspringt, ist eine innere, immaterielle Angelegenheit. Es ergibt sich ganz notwendig und ohne unser Wissen durch die Auswirkung unserer Handlungen – und diese zeugen exakt von unserem Karma.

Unsere Lebensweise gibt Aufschluß über das Verständnis, das wir von unserem Karma haben, sie ist ein genaues Abbild, die Manifestation dieses Karmas. Sokrates sagte: „Der Mensch muß in rechter Weise leben." Aber was heißt „in rechter Weise"?

Die Antwort ist sicher je nach Ort und Zeit verschieden. Die Kriterien dafür sind nicht streng allgemeingültig, was wiederum auf die Grenzen der gesellschaftlichen Moralbegriffe verweist. Das Problem des Karmas geht über diese Gegebenheiten und Grenzen hinaus, denn es bezieht sich nicht auf abstrakte oder philosophische Gesetze. Seine Wirkungen sind an den subjektiven Gegebenheiten der Zufriedenheit oder Unzufriedenheit zu erkennen. Diese Gefühle sind es, die im Buddhismus Gut und Böse einen echten Sinn geben: jede gute Handlung ist Quelle innerer Freude, jede schlechte Ursprung von Mißbehagen. Unsere innere Stimme ist der unerbittliche Richter unseres Tuns. Jede unrechte Handlung bringt, selbst wenn sie das Ego im Augenblick befriedigt, im Anschluß ein schlechtes Gewissen mit sich (mehr oder weniger stark, entsprechend dem jeweiligen Grad des Egoismus). Wenn sich das Gewissen nicht meldet, so bedeutet das, daß Sie krank oder anormal sind, wie zahlreiche Kriminelle.

Die Wirkung des Karmas ist nicht unbedingt sofort zu erkennen. Die direkte Folge einer schlechten Handlung ist oft Freude und Vergnügen – sonst würde man es gar nicht erst tun. Aber diese Befriedigung ist nur die erste Phase der Wirkung, ihr folgt eine zweite, tiefere und ernstere Phase, die des Unbehagens. So müssen wir also bei jeder Handlung das karmische Resultat in seiner Gesamtheit und nicht nur die augenblicklich aus der Handlung entstehende Befriedigung vor Augen haben. „Hier und jetzt" ist Zazen schmerzhaft, es erfordert Opfer und Bemühung. Sicher denken die meisten Menschen, wir seien verrückt, vergeudeten unsere Zeit und seien Masochisten. Aber das Ergebnis dieses Karmas ist wahrlich groß, es ist das größte überhaupt, es ist unendlich, und es wird sich mit eindeutiger Notwendigkeit in der Zukunft manifestieren. Dogen selbst sagte im SHOBOGENZO: „Durch Zazen erlangen wir in der Zukunft unendliche Verdienste."

Dennoch dürfen wir aber Zazen nicht um dieser Verdienste willen praktizieren. . .

Die Macht der Karmawirkung

Nimmt man als Beispiel eine Krankheit, so wirkt das Karma nicht direkt, sondern indirekt. Das Karma bleibt eigentlich individuell und wirkt nicht auf andere. Das derzeitige Karma verwirklicht das vergangene, und die Handlungen des vergangenen Karmas vergegenwärtigen sich in den Wirkungen des derzeitigen und zukünftigen Karmas. Man erfährt nur die Wirkungen seines eigenen Karmas, das der anderen hat keine Beziehungen zu einem selbst. Die Macht des Karmas ist subjektiv und psychologisch. Es kann daher auch nicht objektiv von einem anderen erdacht werden. Wenn etwas schöpferisch ist und Dinge hervorbringt, so muß es die Kraft zum Hervorbringen, zum Schöpferischen, in sich tragen. Gleichzeitig muß es aber auch mit anderen Kräften in Verbindung stehen, die es dem in ihm potentiell Vorhandenen ermöglichen, sich zu manifestieren. Damit zum Beispiel eine Saat sprießen kann, muß der Same die Fähigkeit des Sprießens in sich tragen; weiter gehören dazu ein günstiger Boden, Wasser und Sonne. Das Ganze stellt die Kombinationskraft der Natur dar. Die Macht des Karmas ist also nicht etwas Materielles und Erstarrtes, sondern lebendig und ständig in Bewegung. Ihre Substanz ist ewig und bestimmt als der Lebensimpuls die Aktivität des Bewußtseins.

Unsere Handlungen manifestieren sich objektiv in Raum und Zeit: sie sind die Potentialität eines Augenblicks. Für die gesellschaftliche Moral und das Gesetz sind sie nichts als dies. Ein Mord zum Beispiel stellt für die Justiz ein in sich abgeschlossenes Problem dar und wird nur als solches betrachtet: die Polizei hat die Funktion, den Mörder zu erwischen, die Justiz die, ihn zu verurteilen, und damit ist das Problem gesellschaftlich mehr oder weniger gelöst. Von einem religiösen Standpunkt aus endet die Handlung jedoch dort nicht, und das verursachte Karma setzt sich ewig fort. Jede Handlung birgt in ihrer Tiefe eine Saat. In dieser Tiefe existiert das nichtmanifeste Karma (jap. *mushogo*) ebenso unzerstörbar wie das Unterbewußtsein in der Psychologie. Dieses innere, tief verborgene, subjektive Karma ist ebenso schwer wahrzunehmen wie die verklingenden Schwingungen eines Tones oder das Sprießen der Wurzeln einer Pflanze. Diese Saat entwickelt sich jedoch und besiegt unseren Willen, wenn er schwach ist oder kämpft mit ihm, wenn er stärker ist. Es stellt sich also das Problem, mit der Kraft dieses nichtmanifesten Karmas fertigzuwerden, sie aufzuhalten. Der Buddhimus hat diesem Problem stets große Aufmerksamkeit gewidmet, und so sind die Lösungen, die er anzubieten hat, recht tiefgreifend.

Selbst für einen starken Willen ist es sehr schwierig, die Wirkungen dieser Saaten schlechten Karmas auszulöschen, denn das innere Karma, die Möglichkeit, verwirklicht sich nicht an der Oberfläche, sondern bleibt vergraben und manifestiert sich kaum wahrnehmbar in aller Tiefe. Nehmen wir als Beispiel eine Kerze: Die Flamme sei das manifeste Karma von Körper und Bewußtsein, also alle körperlichen und geistigen Handlungen. Wird die Flamme ausgeblasen, so bedeutet dies das Ende unserer Handlungen, also das Ende unseres manifesten Karmas. Dennoch existiert die Kerze weiter, unser Körper und unser Bewußtsein bestehen weiter. Ebenso existiert das nichtmanifeste, aber stets verwirklichungsfähige, Karma weiter.

Ein anderes Beispiel: ein Sturm auf dem Ozean. Die aufsteigenden Wellen sind das manifeste Karma. Wenn der Sturm vorüber ist, wird das Meer wieder ruhig. Als Möglichkeit enthält es jedoch weiterhin die Manifestation des Sturm-Karmas. Manifestes Karma ist die ausgeführte Handlung – bereits vollendet oder im Begriff, vollendet zu werden. Überall jedoch bleibt eine unsichtbare Macht, eine nichtmanifeste Kraft bestehen, die wir *mushogo* nennen.

Dieses Karma setzt sich fort und wird sich in den zukünftigen Handlungen verwirklichen, denn es enthält in sich selbst die Fähigkeit des Wachstums und der Entwicklung. Sobald die Saat sich in einem günstigen Boden befindet, wird sie sich dementsprechend entwickeln. Der Wille kann nichts dagegen tun, denn die Saat sitzt so tief, daß das Bewußtsein keine Macht darüber hat. Sie gehört zum Bereich des Unterbewußten, das unsere Zellen durchdringt und von unserem Stammhirn gelenkt wird. Dennoch sind die Beziehungen zwischen manifestem Karma (die Handlung von Körper und Bewußtsein) und nichtmanifestem Karma sehr eng. Wäre das nichtmanifeste Karma getrennt von jeglichem Handeln, jenseits aller Beziehungen innerhalb der Erscheinungswelt, so wäre es der reine, ursprüngliche, formlose und ewige Geist. Es wäre die Negation des Karmas, das Nicht-Karma, die Nicht-Handlung, das reine Sein, welches jede Handlung transzendiert. (Das ist das Hishiryo-Bewußtsein des Zazen.) Aber das nichtmanifeste Karma wird durch seine Beziehungen zur Erscheinungswelt bestimmt. Es ist eine potentielle Manifestation, die sich in Abhängigkeit von dem bereits manifestierten Karma verwirklicht. Die Beziehung ist also eine Abhängigkeit wie der Schatten abhängig ist vom Baum. Mehr noch: es ist eine Koexistenz innerhalb einer engen Verschachtelung von Wechselwirkungen. Es gibt Menschen, die zur allerersten Ursache zurückfinden und wissen wollen, ob zuerst das manifeste oder das nichtmanifeste Karma existierte. Das ist die ewige und nutzlose Frage des Dualisten, der die Gleichzeitigkeit des Daseins und der zahllosen Erscheinungen des Kosmos nicht erkennt und das Gesetz der wechselseitigen Abhängigkeit, von dem alles bestimmt wird, nicht versteht.

Was war zuerst da: das Huhn oder das Ei? Der Körper oder der Geist?

Unser Bewußtsein ist es, das diese Frage stellt – selbstverständlich in dualistischer Form, denn dies sind die Gegebenheiten, in denen es handeln kann. Es ist nun einmal diskursiv und durch Körper und Ego in Zeit und Raum begrenzt. Hat man indessen „Körper und Geist abgeworfen" (das heißt die aus unseren fünf Sinnen und unserem persönlichen Bewußtsein entstandenen Illusionen), so hat man das Ego überhaupt aufgegeben, und diese Frage stellt sich nicht mehr: man versteht. Keine einzige Frage bleibt dann mehr, und dies ist die Dimension der absoluten Einheit.

Solange wir fortfahren, mit Hilfe von Körper und Bewußtsein erkennen zu wollen, werden wir derartige Probleme ständig von neuem haben, ohne sie lösen zu können.

Es gibt im Zen diesbezüglich einige berühmte Geschichten, unter anderem ein Mondo (Zwiegespräch) zwischen Eno und seinen Mönchen:

Ein Mönch sagt: „Die Fahne bewegt sich."

Ein anderer Mönch: „Nein, es ist der Wind, der sich bewegt!"

Darauf Meister Eno: „Es ist euer Geist, der sich bewegt!"

Die Anekdote berichtet weiter, daß eine weise Nonne, die von diesem Mondo gehört hatte, schließlich sagte: „Alles ist in Bewegung, die Fahne, der Wind und der Geist."

Das ist die Beziehung zwischen manifestem Karma und nichtmanifestem Karma, eine Beziehung wechselseitiger Abhängigkeit.

Im SHOBOGENZO-GENJOKOAN erzählt Meister Dogen folgende Geschichte:

Meister Hotetsu wedelte sich in aller Ruhe mit einem Fächer Luft zu. Ein junger Mönch kam zu ihm und fragte: „Warum benutzt Ihr einen Fächer? Die Luft ist doch überall!"

Der Meister erwiderte: „Du weißt nur, daß die Luft überall ist, aber du weißt nicht, daß ohne Bewegung kein Wind entstehen kann!"

Es gilt also, keine Illusionen mehr zu schaffen. Nehmen Sie stattdessen die richtige Haltung ein, atmen Sie richtig, und das ursprüngliche Bewußtsein wird wieder entstehen. Wenn Sie im Dojo Zazen üben, schaffen Sie ein unendlich gutes, nichtmanifestes Karma. Selbst wenn Ihr manifestes Karma schlecht ist, wiegt die Wirkung des guten Zazen-Karmas das schlechte auf, kontrolliert es und läßt es abnehmen. Das ist die Kraft des nichtmanifesten, ursprünglich guten Karmas.

Es gibt zwei Lehren hinsichtlich des nichtmanifesten Karmas:

– Im Geist gibt es kein nichtmanifestes Karma,
– Im Geist gibt es ein noch viel stärkeres nichtmanifestes Karma.

Wenn wir beim Zazen die Gedanken vorbeiziehen lassen, denken wir zwar, aber nichts bleibt, alles ist im Fluß. Die Gedanken hinterlassen keinerlei Spur. Es wird dabei kein nichtmanifestes Karma geschaffen. Der Geist wandelt sich ständig, wie der der Affen. Wenn wir jedoch beim Denken Bonno schaffen, an unseren Gedanken haften, so hinterläßt das Spuren, die die Neuronen des Vorderhirns und des Stammhirns stark beeinflussen. Physiologen und andere Wissenschaftler haben dies bestätigt. Wenn wir zum Beispiel gegen jemanden Haß empfinden und die ganze Zeit daran denken, so wird das ein großes Bonno, ein starkes Anhaften. Es setzt sich fort und wird zu nichtmanifestem Karma. Die Substanz des Karmas ist also das Denken.

Wie denkt man „hier und jetzt"? Dogen sagte: „Denken, ohne zu denken – nicht denkend denken. Wie denkt man nicht-denkend? Das ist Hishiryo, das Geheimnis des Zazen." Das Schriftzeichen *shi*, „Denken", *setana* im Sanskrit, bedeutet „aufstapeln, anhäufen", also die Gedanken, das gute und schlechte Karma fortsetzen.

Beim Zazen steigt das Unterbewußtsein auf und verschwindet unbewußt und automatisch auch wieder. Das Karma erscheint und verschwindet. Wenn wir einen Gedanken haben, so hat dieser Gedanke ein Bezugsobjekt. „Ich denke, also bin ich", sagte Descartes. „Ich denke nicht, also bin ich" – das ist Zazen! Aber beides ist notwendig, manchmal denke ich, und manchmal denke ich nicht... also bin ich! Die französischen Philosophen lieben das Denken. Sagte Pascal nicht: „Der Mensch ist ein denkendes Schilfrohr"? Maine de Biran jedoch hat das Denken Descartes' berichtigt: „Ich handle, also bin ich..."

Die menschliche Erfahrung setzt sich zusammen aus dem Ego, dem inneren Geist und den äußeren Erscheinungen, der Umgebung. Wenn jemand zum Beispiel die Sonne sieht, braucht er sich keine Fragen bezüglich der Wirklichkeit und der Existenz dieser Sonne zu stellen. Die Sonne ist immer in Bewegung und setzt sich aus zahlreichen Bestandteilen zusammen. Was wir sehen, ist nur eine Illusion, eine Vision der Sonne; ihre wahre Substanz können wir nicht erkennen. Ebenso hat auch das Ego keine Substanz. Es besitzt keine Wirklichkeit. Zwischen dem Ego und der Sonne ist also überhaupt keine Beziehung möglich, da beide kein Wesen an sich besitzen. Die Welt und der Mensch stehen durch wechselseitige Abhängigkeit und eine Kombination der Erscheinungen zu unendlich vielen Wesen in unendlich vielen Beziehungen. Zahlreiche Ursachen bringen zahlreiche Wirkungen hervor. Die Struktur der Welt, in der wir leben, besteht aus einem Zusammenspiel der Erscheinungen.

Wie kann man gutes Karma schaffen? Unser Wille, unser Denken, unser Bewußtsein, werden zur Quelle einer grundlegenden Kraft, die uns reden und handeln läßt. Unser Bewußtsein bestimmt und entscheidet unsere Handlungen. Manchmal sprechen, manchmal handeln wir zuerst. Manche sprechen ständig, ohne zu denken. Eine mir bekannte Frau fängt, sobald sie die Gesichter ihrer Freunde sieht, automatisch an zu sprechen. Manche kritisieren, sobald sie ihre Freunde sehen, automatisch andere. Manche kritisieren die Nahrung, wenn sie sie sehen: „Wie langweilig! Es gibt nur Cous-

cous und überhaupt kein Fleisch!", oder: „In der Reissuppe ist nichts als Wasser!"

Der große chinesische Meister Fuyo Dokai wurde vom Kaiser eingeladen, folgte dieser Einladung aber nicht. Er errichtete stattdessen in den Bergen, nahe einem See, ein Dojo. Viele Schüler kamen zu ihm. „Wenn zu viele kommen, wird der Kaiser sicher eifersüchtig und zornig", dachte er. Er machte keine Reklame, aber dennoch kamen viele Leute. Zu viele in der Tat, und deshalb mußte er Schüler abweisen. Großen Meistern fällt es jedoch schwer, jemanden abzuweisen. (Auch Bodhidharma wollte Schüler abweisen. Heutzutage gehen die Leute jedoch von alleine, das ist sehr praktisch, und es ist gar nicht nötig, jemanden abzuweisen. Wenn ich das Kyosaku einmal etwas stärker gebe, laufen einige schnell davon!) Als die Zahl seiner Schüler sich also vergrößerte, fügte Fuyo Dokai der Suppe sehr viel Wasser bei und verwandte kaum mehr Reis. Diejenigen, die zu hungrig waren, gingen daraufhin weg. Das war eine sehr gute Methode!

Als der 85-jährige Professor Doshu Okubo in unserem Pariser Dojo zu Besuch war, aß er mit uns die allmorgendliche Reissuppe und zeigte sich sehr beeindruckt, denn man hatte eine sehr dünnflüssige Suppe zubereitet. Es waren nämlich an jenem Morgen sehr viele Leute gekommen, sodaß man einfach Wasser hinzugefügt hatte. Professor Okubo erinnerte sich deshalb an die Geschichte von Meister Fuyo Dokai.

Große Meister suchen immer nach Wegen, das schlechte und vor allem das nichtmanifeste Karma abzuschneiden. Alle Meister in der Nachfolge Buddhas fragten sich letztenendes, wie man schlechtes Karma abschneiden kann, nicht nur ihr eigenes, sondern auch das der anderen. Auch ich denke darüber nach. Darin besteht die Aufgabe und die Bestimmung des Mönchs. Wenn Sie Mönch werden, müssen Sie sich auf dieses Problem konzentrieren.

Es gibt zweierlei Methoden:

– Vom körperlichen Handeln und Sprechen ausgehend das Bewußtsein beeinflussen und verändern,
– Vom Bewußtsein ausgehend das körperliche Handeln und das Sprechen beeinflussen.

Letztenendes jedoch ist Zazen der Angelpunkt.

Im Buddhismus gibt es zahlreiche Schulen, und die großen Mönche haben zahlreiche Methoden untersucht, das Karma abzuschneiden. In den meisten Schulen wurde die Lehre vom Karma zum Grundpfeiler. Derzeit gibt es zwei große Schulen in Japan, Zen und Nembutsu (Amida-Buddhismus), Nembutsu ist einfacher als Zazen. Obaku beutzt beide Techniken. Es ist jedoch schwierig, sich auf zwei Dinge zu konzentrieren. Man sollte bei einer einzigen Sache bleiben. Wenn man sich auf zu viel konzentriert, kann man letztenendes nichts wirklich erkennen und erlangen. Davon ist auch im SHINJINMEI die Rede: „Wenn man sich auf eine einzige Sache konzentriert, kann man alles erlangen."

Wenn Sie sich gleichzeitig auf Zazen, Yoga, die Kampfkünste und den tibetanischen Buddhismus konzentrieren, werden Sie das echte Zen nie erfahren. Man muß sich auf eine Sache konzentrieren, dann kann man alles erlangen.

Shinran war nur auf Nembutsu konzentriert: „Wenn man Namu Amidabu anruft, nimmt das Karma der drei Welten ab und erlischt schließlich. " Meister Daichi und Dogen ihrerseits schrieben: „Diejenigen, die Zazen nicht ausüben können, müssen doch Kesa und Rakusu anlegen und können so große Verdienste erlangen und sich vom schlechten Karma befreien. Selbst das nichtmanifeste Karma verschwindet auf diese Weise."

Bevor Bodhidharma nach China kam, hatte sich dort das Nembutsu ausgebreitet. Das ist die Philosophie der Sutras, des Tendai. Nembutsu konzentriert sich auf die Rezitation des Namen Buddhas: *Namu Amidabu . . .*, von morgens bis abends. Das bedeutet: ich glaube an Amida-Buddha und verehre ihn. *Namu* ist ein Sanskritbegriff. *Amida* ist der ideale, gottähnliche Buddha, nicht der wirkliche. Hier findet sich die gleiche Beziehung wie zwischen Gott und Christus wieder. Gott ist der Amida-Buddha; der Buddha Shakyamuni dagegen nimmt dieselbe Stellung wie Christus ein. Buddhismus und Christentum haben sich wechselseitig über Griechenland beeinflußt. Wenn man an Amida-Buddha glaubt und sich immer auf seinen Namen konzentriert, ist es möglich, das vollkommene *ojo* (Satori) zu erreichen und im Paradies wiedergeboren zu werden. Christentum und Amida-Buddhismus (*Jodo*-Schule) stehen einander recht nahe. *Jodo* bedeutet das Paradies, das reine Land. Meine Mutter glaubte, als ich klein war, ganz fest daran. Bis zu ihrem Tod glaubte sie daran und lehrte mich nicht Zen, sondern das Rezitieren des *Namu-Amidabu* mit aneinandergelegten Händen (*gassho*). Ich gewöhnte mich völlig daran. Ich stand immer hinter meiner Mutter, und wenn sie ihre religiösen Übungen begann, lief ich davon und kam genau dann, wenn sie aufhörte, wieder zurück. Mein Karma wurde von dieser Religion also tief beeinflußt.

Als ich dann später in Yokohama studierte, ging ich in die evangelische Kirche, um mit der Tochter des Pfarrers Englisch zu üben. Sie war 27 oder 28 Jahre alt und sehr schön. Im Laufe der Gespräche führte sie mich in die Bibel ein. Noch heute erinnere ich mich daran . . . So lernte ich drei Jahre lang. Dabei entdeckte ich, daß das Christentum dem Amida-Buddhismus ähnlich war, ja fast identisch. Der einzige Unterschied bestand in meiner Mutter und der jungen Amerikanerin. Die Amerikanerin war jünger und schöner. Deshalb kam ich bald zu der Ansicht, daß das Christentum besser sei. Ich konzentrierte mich nicht nur auf Christus und seine Botschaft, sondern auch auf das Mädchen. Sie brachte mir das Tanzen bei und begleitete mich ans Meer, führte mich zu sehr schönen Stellen . . . Ich entdeckte aber auch, daß ein wichtiger Unterschied in der Karmalehre bestand, und die reicht im Amida-Buddhismus viel tiefer.

Später hörte ich, die Essenz des Mahayana-Buddhismus liege im Zen. Ich nahm an einem Sesshin im Tempel Engakuji in Kamakura teil. Während meiner Studienzeit war nämlich das Oberhaupt von Engakuji unser Professor in Moral und Ethik. Er lehrte auch Rinzai-Zen an der Universität. Ich ging also zu diesem Sesshin. Eine Woche lang jeden Morgen um zwei Uhr Aufstehen und bis sechs Uhr Zazen. Am Abend durfte man nicht schlafen, auch dann wurde noch Zazen praktiziert, und es gab viele Kyosakuschläge. Mein Körper war ganz rot davon. Nach fünf Tagen – ich war immer geduldig gewesen – täuschte sich beim Morgenzazen der etwas verschlafene *godo* (Dojovorsteher) und schlug mir mitten auf den Kopf. Ich wurde sehr wütend, stand auf, riß ihm das Kyosaku aus der Hand und verprügelte ihn. Dann ging ich.

Im Rinzai sitzt man nicht mit dem Gesicht zur Wand, sondern in den Raum gewendet, jeder konnte also unseren Streit beobachten. Alle standen auf, und man verstellte mir den Weg. Ich war ein geübter Fechter, also konnte niemand mich aufhalten. Ich rief: „Das ist doch keine Religion, das ist Gewalt!" Daraufhin lief ich davon und ging zum Oberhaupt des Tempels, der gerade in seinem Raum schlief. „Ich möchte gehen und mit Zazen aufhören!", sagte ich und erzählte ihm alles. Er barst beinahe vor Lachen. „In der Geschichte des Zen sind Sie sicher der einzige, der einen Kyosaku-Assistenten geschlagen hat!" Diese Geschichte hat in Japan einiges Aufsehen erregt. Seitdem haben Rinzai- wie Sotomönche Angst vor mir. Kodo Sawaki sagte: „Achtung! Achtung! Er ist zum Zazen gekommen! Wenn ihr Deshimaru Kyosaku gebt, paßt auf!" Während der Sesshin gab mir niemand Kyosaku – jeder hatte Angst. Der Kyosaku-Assistent machte immer einen Bogen um mich. Mein Verhalten war jedoch nicht richtig gewesen, und später habe ich es bedauert.

Nach einer Weile traf ich Kodo Sawaki. Er munterte mich überhaupt nicht auf, Zazen zu praktizieren. Ich wollte es, er aber sagte: „Tun Sie es nicht, es ist schmerzhaft. Namu Amidabu ist leichter." Woraufhin ich natürlich nur noch mehr Lust hatte, mich dem Zazen zu widmen.

Das nichtmanifeste Karma

Als ich in einer Nacht das Geräusch des Flusses in Val d'Isère hörte, habe ich folgendes Gedicht verfaßt:

Wenn ich zurückblicke auf mein vergangenes Leben,
Sind bereits mehr als sechzig Jahre vergangen.
Gutes und Schlechtes trug sich zu in dieser Zeit –
Sie gleicht einem Traum.
Während dieses Sesshin in den Alpen
Tritt der Klang des reinen Stromes im Tal

Anmutig und schnell
Um Mitternacht durch mein leeres Fenster ein.

Das nichtmanifeste Karma, *mushogo*, steht nicht im Widerspruch zur Lehre vom augenblicklichen Verschwinden aller Erscheinungen, die nichts als von unserem Bewußtsein aufgegriffene Illusionen sind und keine Wirklichkeit besitzen. Diese Irrealität ist die wahre Natur der sich ständig in Bewegung befindlichen Lebewesen. Entsprechend dem Bewußtseinsfaktor Zeit und dem daraus folgenden Begriff der Dauer bezeichnen wir diese Bewegung mit den Begriffen Gegenwart, Vergangenheit und Zukunft. Im Buddhismus bedeutet Wirklichkeit Existenz. In dem Maß, in dem es sich nicht nur um nachweisbare Existenz, also um Bewegung von Energie handelt, sondern ebenso um Nicht-Existenz, kann man dies als absolute Existenz bezeichnen.

Buddha schätzte den Begriff Samsara (Seelenwanderung) nicht sehr. Denn das, was nach dem Tod geschieht, hat nichts mit dem Echo, der Widerspiegelung des nichtmanifesten Karmas zu tun. Das oberflächliche, von Körper und Sprache manifestierte Karma wandelt sich in ein Echo um, welches die späteren Handlungen beeinflußt. Dieses manifeste Karma wird aber auch zu einem Hindernis bei der Schaffung guten, nichtmanifesten Karmas. Dies entspricht in der modernen Psychologie der Macht des Unterbewußten, wenn auch die buddhistische Lehre die Analyse noch um einiges tiefer gehen läßt.

Nach dem Tod endet das nichtmanifeste Karma, was im übrigen die Frage „Wie können wir die Wurzeln des nichtmanifesten Karmas abschneiden?“ beantwortet: durch den Tod. Oder indem Sie den gleichen geistigen Zustand wie im Tod erreichen. Das ist dann das Hishiryo-Bewußtsein des Zazen, das lebendige Nirvana. So können Sie das nichtmanifeste Karma abschneiden. Allerdings taucht es wieder auf, wenn man die rechte Geisteshaltung das Zazen nicht mehr besitzt. Deshalb – hören Sie nicht auf, Zazen zu praktizieren!

Die moderne Psychologie ist sich einig, daß eine Lösung zur Reinigung und Entleerung des Unterbewußtseins die Entdeckung überhaupt wäre, wichtiger noch als die Entdeckungen der Kernphysik. Sie wäre zur Weiterentwicklung der Kultur von immensem Nutzen. Seit Jahrhunderten nun stellt Zazen diese Methode dar. Natürlich gab es zur Zeit Dogens noch keine Physik und Psychologie, und es war schwierig, diese Einsichten nur anhand von Gedichten und literarischen Schriften verständlich zu machen. Dogen erklärte jedoch im FUKANZAZENGI: „Was ist *hishiryo*? Es ist Denken, ohne zu denken, nicht denken, aber denken. Es ist jenseits des Denkens, das absolute Denken." Man denkt nicht, aber das Unbewußte steigt auf, man denkt vom Thalamus, vom Stammhirn aus. Dann taucht das wahre Denken auf, das Denken ohne Denken, jenseits allen Denkens.

Das Träumen während des Schlafens spielt eine wichtige Rolle. Das Unbewußte steigt dabei auf, befreit sich und vertreibt die Müdigkeit des Gehirns – selbst wenn man sich manchmal nach einem unruhigen Schlaf körperlich erschöpft fühlt. Gesunde Menschen erinnern sich im allgemeinen nicht an ihre Träume. Der Traum selbst stellt nur ein Element dieser Befreiung des Unterbewußtseins dar, denn das Karma bildet sich während des Wachzustandes neu, und diese Aufeinanderfolge ist ein Zyklus ohne Ende. Um das Unterbewußtsein vollständig zu entleeren, ist eine lange Erfahrung im Zazen nötig.

Es gibt zwei Methoden, um die menschliche Persönlichkeit zu erziehen:

1. Lehren, wie man das Gehirn, das Bewußtsein, durch die Moral und noch tiefgreifender durch die Religion ändern kann. „Ihr müßt nachdenken", sagt der Meister, „diskret sein, euch zurückhalten, vorsichtig und gemäßigt sein und euch unter Kontrolle haben!" Durch Selbstkontrolle können Sie auf Gedanken und Handlungen Ihres Lebens Einfluß gewinnen und sie korrigieren.
2. Die andere Methode heißt „Kinn zurückziehen, Wirbelsäule gerade halten, in der richtigen Haltung sitzen". Ausgehend vom Körper beeinflußt man den Geist. Beim Zazen können wir uns nicht bewegen. Das ist genau die richtige Haltung. Verhalten und Haltung beeinflussen das Denken, das Gehirn. Beim Zazen tauchen viele Gedanken auf, aber man kann sich selbst dabei objektiv se-

hen. Man läßt die Gedanken vorbeiziehen wie Bilder in einem Spiegel.

In Zentexten findet man den Begriff Karma nicht. Im Zen bedeutet Karma einfach die Art und Weise, wie man sich verhält. Die Handlungen im Dojo sind daher sehr wichtig. Wenn Sie eintreten, müssen Sie links gehen, an der Säule links neben der Tür vorbei, und mit dem linken Fuß beginnen. Diese Regeln und Verhaltensweisen sind genauso streng wie die Zazenhaltung selbst. Von der Verhaltensweise ausgehend wird der Geist erzogen. Nach dem *kaijo* (dem Schlagen der Trommel) legt man das *kesa* oder *rakusu* auf den Kopf, rezitiert das KESAKYO und legt dann das *kesa* oder *rakusu* an. In Anwesenheit des Meisters muß man während des Sesshin das *kesa* tragen. Die Verhaltensweise hat im Zen eine große Bedeutung. Karma ist daher gleichbedeutend mit *kai*. Wenn man den *kai* folgt, verbessert sich das Verhalten und das Karma. Sie verbessern sich immer mehr. Das Karma ist nicht mehr irregeleitet. Durch diese Erziehungsmethode versteht der Schüler allmählich *muga*, das Nicht-Wesen, die Nicht-Substanz, *ku*.

Dokan, die Wiederholung, die Übung des Körpers, erweist sich als ganz grundlegend. Haltung, Gesten, Verhaltensweisen und Zeremonie – alles wird ständig wiederholt.

Shiki soku ze ku, ku soku ze shiki. In *shiki* müssen wir *ku* finden. Im Karma müssen wir das Nicht-Wesen, das Absolute finden. Wir müssen Zazen im Karma, in den Erscheinungen des täglichen Lebens praktizieren, *shiki soku ze ku*. Umgekehrt müssen wir aber auch *shiki* in *ku* finden, *ku soku ze shiki*. Beim Zazen, in *ku*, müssen wir unser Karma beobachten und verstehen lernen. Die Anfänger, die zum ersten Mal das „Bussho Kapila", das Essenssutra, rezitieren, sind bestimmt über diese Art, eine Mahlzeit zu sich zu nehmen, erstaunt. In der zweiten Strophe heißt es: „Der erste Löffel dient dazu, alles schlechte Karma abzuschneiden, der zweite, gutes Karma zu schaffen, der dritte, allen Wesen zu helfen. Laßt uns zusammen mit allen Wesen Satori erlangen!"

Es ist ein sehr langes Sutra für eine einfache Schale Reissuppe. Während der Rezitation des Sutras können Sie sich selbst beobachten. Wenn Sie später wieder in die Welt der Erscheinungen zurückkehren, in die Welt von Gesellschaft und Familie, vergessen Sie nicht *shiki soku ze ku*. Entdecken Sie *ku*, Zazen in den Erscheinungen.

Beim Zazen, im Zustand von *muga*, dem Nicht-Ego, müssen wir unser Karma verstehen, und im Karma unseres Lebens müssen wir *muga*, *ku* verstehen. Dann wird *muga* Karma und Karma *muga*, Nicht-Wesen. *Muga*, Zazen und Karma sind eine Einheit jenseits des Dualismus. „Bonno soku bodai“ – die Bonno werden zu Satori. Das Zen Dogens besteht nicht nur in Zazen, sondern auch in der Konzentration auf jede Handlung des Lebens: beim Essen, Schlafen, auf der Toilette, im Bad, beim Arbeiten. Zen existiert überall.

Was ist ein *sesshin*? *Setsu* heißt „berühren“, *shin* „der Geist“ – den Geist berühren. Es bedeutet, den Geist Buddhas zu berühren, nicht den egoistischen, persönlichen Geist, sondern den Geist Gottes. Durch Befolgen der kosmischen Ordnung in Kontakt mit der kosmischen Urkraft gelangen. Zazen ist das vollkommene Shikantaza – sich nur auf die Sitzhaltung konzentrieren. Aber das ist nicht einfach nur dasitzen. Die Natur selbst und der gesamte Kosmos praktizieren Zazen. Es darf nichts vom Ego übrig bleiben. Ich sage stets: gebt das Ego und den Egoismus auf, praktiziert mit dem gesamten Kosmos Zazen . . . Gott und Buddha praktizieren Zazen! Während des Zazen manifestiert sich das Karma eines jeden. Es ist nicht nötig, das auftauchende Unterbewußtsein zu unterdrükken. Sie können es beobachten, ohne zu denken. Während des Zazen manifestiert sich das Karma eines jeden. Es ist nicht nötig, das auftauchende Unterbewußtsein zu unterdrücken. Sie können es beobachten, ohne zu denken. Während des Zazen müssen wir unseren Geist völlig an Gott oder Buddha hingeben. Das bedeutet, vollkommen der kosmischen Ordnung zu folgen. Die Haltung ist dabei das wichtigste. Wenn Ihre Haltung richtig ist, können Sie der kosmischen Ordnung auf ganz natürliche Weise folgen. Wenn Sie krank sind, werden Sie Schmerzen haben, und wenn Ihr Ego zu stark ist, werden Sie sich nicht mit der kosmischen Ordnung harmonisieren können. Die Atmung ist sehr wichtig: es geht aber nicht darum, sie zu kontrollieren. Sie kontrolliert sich selbst, und sie geschieht durch den Körper von selbst. Unsere Atmung ist das Handeln des kosmischen Seins selbst, und der Rhythmus der Atmung ist der Rhythmus der kosmischen Urkraft.

Unser Karma steigt auf wie die Wellen des Ozeans. Doch kleine wie große Wellen kehren in den Ozean zurück, und gleichermaßen beruhigt sich nach einiger Zeit der Zazen-Praxis auch das Karma. Mit der richtigen Haltung wird auch der Atem ruhiger. Wie Meister Dogen sagte: „Den Körper in der richtigen Haltung, aufrecht sitzen und den Atem kontrollieren."

Wir dürfen beim Zazen nicht nach persönlicher Befriedigung suchen, nicht auf ein Ziel hinarbeiten, keinen Zweck verfolgen, denn es ist tatsächlich völlig nutzlos, irgendwelche Wirkungen oder Ergebnisse zu erwarten.

Zazen ist das Gegenteil vom Tanzen. Tanzen ist die Erscheinungsform unseres Karmas. Der Mensch will sich bewegen. Früher (und in bestimmten Berufen noch heute) waren die Menschen körperlich sehr aktiv. Allein um Nahrung zu finden, mußte man sich körperlich anstrengen. Heutzutage verbringt der Mensch die meiste Zeit im Sitzen. Wenn er irgendwohin gehen muß, benutzt er dazu ein Fahrzeug, bei der Arbeit sitzt er hinter seinem Tisch oder seiner Schreibmaschine, und zu Hause sitzt er von neuem. So kommt das Bedürfnis nach Bewegung ganz von alleine. Man kann das bei denjenigen feststellen, die zum Tanzen gehen und sich von oben bis unten durchschütteln. Intellektuelle schütteln vor allem mit dem Kopf. So manifestiert sich das Karma . . . Zudem hat der heutige Mensch im allgemeinen den Kontakt mit der Natur verloren. Er hat Schwierigkeiten, zur natürlichen Harmonie zurückzukehren, die ihn mit der kosmischen Ordnung verbinden würde.

Beim Zazen können Sie alles spüren, die Natur, das Geräusch eines Baches. Zazen ist unbedingt nötig, um völlig der kosmischen Ordnung zu folgen, vollkommen das Ego aufzugeben und so unbewußt, natürlich und automatisch zur kosmischen Urkraft zu gelangen. Die Zazenhaltung selbst ist Gott, Buddha, das ganze Universum, der gesamte Kosmos.

Unsere menschliche Existenz gleicht der der Sonne, der Sterne und aller Galaxien im Kosmos, ebenso wie der der Bakterien und

Pilze. Zazen gehört zum Bereich jenseits menschlicher Begrenzungen. Es übersteigt das Menschliche und führt es zurück zur Wahrheit des Kosmos. So muß beim Zazen alles, was die Besonderheit des Menschen ausmacht, aufgegeben werden, die Vorstellungen und alles vom Willen Bestimmte. Deshalb ist es auch irrig, während des Zazen über Koan zu meditieren. Das ist ein intellektuelles Spiel, aber nicht das wahre Zazen. Es ist zwar interessant, die Zeit vergeht dabei, aber man kann ein Koan niemals durch den Intellekt lösen.

Was ist *mu*? Was für ein Gesicht hatte ich vor der Geburt meiner Eltern? Die Intellektuellen irren sich, wenn sie glauben, die Wirklichkeit mit Hilfe mentaler Begriffe und Kategorien erfassen zu können. Manche bilden sich ein, Satori erlangt zu haben, aber sie haben dabei nur ein persönliches Satori vor Augen. Diese Menschen sind nur auf Selbstbefriedigung aus, was kaum besser ist als sexuelles Verlangen oder die Lust auf ein Steak. Diese Art von Satori ist nichts als die Befriedigung persönlicher Wünsche.

Beim Zazen jedoch muß die Suche nach Selbstbefriedigung aufhören, Sie müssen das Ego aufgeben und sich mit der kosmischen Ordnung harmonisieren. Darin besteht das wahre Zazen, das wahre Satori. Ich sage immer wieder: Die Zazenhaltung selbst ist das höchste Satori. In diesem Augenblick ist es möglich, auch wenn das Karma auftaucht, der kosmischen Ordnung zu folgen. F Für den Menschen gibt es Erfolg, Mißerfolg, Unfälle, Glück, Unglück, Gut und Böse. In der Natur gibt es nichts davon. Der Mensch ist es, der diese Kategorien erschafft. Doch ist er wieder in Einheit mit Himmel und Erde, mit dem Kosmos, so verschwindet jeglicher Begriff von Erfolg und Mißerfolg, Glück und Unglück. Die Natur kennt weder Gut noch Böse, weder Glück noch Unglück, sie folgt der kosmischen Ordnung, sie ist die kosmische Ordnung selbst. Im Kosmos gibt es keine Wunder, keine Geheimnisse, nichts Eigenartiges. Der Mensch jedoch, der nichts vom Kosmos weiß, glaubt an das Seltsame, das Wunder, das Geheimnisvolle . . .

Wir müssen uns in jedem Augenblick konzentrieren. Die Aufeinanderfolge dieser Augenblicke bildet die zusammenhängende Linie des Lebens. So wird unser Leben ein Leben der Konzentration. Wenn jedes unserer „hier und jetzt“ leer ist, bleibt unser ganzes Leben eine leere Seifenblase und führt schließlich zu einem leeren Sarg. Der dritte Patriarch nach Bodhidharma, Meister Sosan, schrieb in seinem SHINJINMEI:

Es ist nicht schwer, den WEG zu durchdringen,
Doch man muß frei sein von Liebe und Haß,
Von Neigung und Abneigung.

Nur der Unwissende bezeichnet als gut, was er als gut empfindet und als schlecht, was er als schlecht empfindet. „Wollen wir uns von jeglichem Nachdenken über Leben und Tod freimachen, so müssen wir Shikantaza praktizieren, den höchsten und besten aller Wege. Zazen besteht einfach darin, den Tag vor einer Wand sitzend zu verbringen. Der Geist ist friedlich, man bewegt sich nicht, spricht und denkt nicht. Man sitzt einfach still auf einem runden Zafu an einem ruhigen Ort.“

Daran ist nichts eigenartig, wundersam oder geheimnisvoll, aber es bringt unendliche Verdienste. So bitte ich Sie also, verbringen Sie Ihr Leben nicht nutzlos. Im Christentum nimmt das Gebet eine wichtige Rolle ein. Im Zen werden manchmal *kito* ausgeführt, die sich vom Gebet ein wenig unterscheiden und mehr mit Gnade und Zeremonie zu tun haben. Ich führe sie manchmal abends im Dojo aus. Während das HANNYA SHINGYO rezitiert wird, öffne ich das umfangreiche Buch mit den geheimnisvollen Sutras DAIHANNYAKYO und RISHUKYO. Ich falte es in Form eines Fächers auf und lasse die Seiten erst zur einen dann zur anderen Seite herunterfallen. Dies tue ich jedoch weder für Gott noch für Buddha, sondern für den Menschen, und ich bediene mich dabei eines Mittels, das ihm Glück und Gesundheit bringen soll. Es ist nur eine Zeremonie niederer Dimension, die Erscheinungsseite des HANNYAKYO.

Als Junge fragte ich mich immer, warum Gott nicht auf meine Gebete antwortet. Ich stellte diese Frage einem Priester, der mir sagte: „Die Antwort Gottes ist die Stille.“ Ich war sehr beeindruckt. Dieser Priester war geschickt! Aber später fühlte ich, daß seine Antwort nicht ausreichend war. Der heilige Augustinus sagte, das Gebet sei ein Gespräch mit Gott. Es werden Fragen und Antworten ausgetauscht . . . Im Zen-Mondo antwortet der Meister manchmal mit Schweigen. Dieses Schweigen ist in sich die Antwort. Und er antwortet dann auf die gestellte Frage. Bei Gott ist es aber nicht so. Seine Antwort besteht darin, uns zur Kommunion zu führen, zur Kommunion mit der Dreifaltigkeit, mit ihm selbst oder Christus. Aber man kann von dieser Kommunion nicht behaupten, sie sei eine Antwort. Es handelt sich eher um das Ergebnis des Gebetes und der Hingabe und deren höchstes Verdienst.

Meister Eckehart sagte vom Gebet, es führe letzten Endes zur Vereinigung, zur Kommunion, und die Antwort Gottes sei nichts anderes als: „Du bist mein Sohn!" Das ist die innigste Antwort Gottvaters an seine Geschöpfe. Die Antwort Gottvaters an seinen göttlichen Sohn vollzieht sich durch den heiligen Geist, der den Sohn durchdringt. In diesem Augenblick geschieht die Kommunion.

Im Zen erfährt man die Wahrheit durch Zazen im eigenen Körper und steht in direkter Verbindung mit der kosmischen Urkraft. Das Ergebnis ist dasselbe, aber die Erklärung wirkt vernünftiger, einfacher, ohne Mysterium. Praktizieren Sie Zazen, und Sie werden Gottes Sohn. Es ist ganz einfach!

In Europa vernachlässigten Philosophen und Theologen den Körper allzusehr. Der Körper galt als unrein und war Ursprung aller Sünden. Der Geist hingegen war nicht nur rein, sondern in ihm bestand die einzige Erlösung. Die aus dem Geist entstandenen Irrtümer wurden so bedauerlicherweise einfach übergangen. Die Religionen schlummerten weiter in ihrer eingebildeten Geistigkeit dahin. Deshalb will das Christentum jetzt auch Zazen für sich nutzbar machen. Des öfteren habe ich jetzt schon christlichen Mönchen Zazen gelehrt . . .

Ich sage immer: Zazen selbst ist Gott oder Buddha. Durch die Zazenhaltung wird man Gottes Sohn. Es ist nicht nötig, umfangreiche Erklärungen abzugeben und komplizierte Philosophien aufzubauen.

Die Lehre Christi ist einfach. Im Laufe der Zeit hat der Mensch sie kompliziert gemacht, sie verdunkelt und sich von ihr entfernt.

Es werden derzeit häufig Verbindungen zwischen der im Zen gelebten Erfahrung und der mystischen Erfahrung Eckeharts gesehen. Die mystische Erfahrung wird im Zen jedoch abgelehnt, denn ihrem Wesen nach ist sie dualistisch und trennt Körper und Geist. Der Körper gilt als unrein, und deshalb will der Geist vor dem Körper fliehen, um seine Reinheit wiederzufinden. Der Heilige Geist durchdringt den Geist des Menschen, der zum Geist des Sohnes in der Einheit Gottes wird. Der Körper wird auf diese Weise vernachlässigt und verworfen. Die göttliche Vereinigung, diese *unio mystica*, wird angestrebt in der Auflösung des Körpers. Das ähnelt sehr dem Rinzai-Zen in seiner Suche nach dem Satori (*kensho* genannt, die Notwendigkeit, die Buddhanatur zu erlangen), bei dem die Koan eine große Rolle spielen. Deshalb sind auch sowohl das Christentum wie das Rinzai-Zen im Niedergang begriffen, da der Körper mehr oder weniger abgewertet und die Funktion des Geistes überbewertet wird. Fantasie und Traum treten in gefährlicher Weise an die Stelle der vom Körper gelebten Wirklichkeit.

Im Soto-Zen dagegen steht die Haltung des Körpers an erster Stelle, dann kommt die Atmung, und beide zusammen bestimmen die Verfassung des Bewußtseins. Die Konzentration beginnt mit der Konzentration auf den Körper. Die Buddhanatur muß sich im Körper verwirklichen. Zazen ist *mushotoku*, ohne Ziel, ohne Suche nach dem Satori oder der Buddhanatur. Zazen selbst ist das vollkommene Satori. Körper und Geist müssen in der Zazenhaltung aufgegeben werden.

Man muß bei Meister Eckehart die Tiefe seiner Mystik durchaus anerkennen, die von einem umfassenden Verständnis zeugt. Er lehnt jede dualistische Haltung gegenüber Körper und Geist ab und betrachtet den Menschen stets in seiner Gesamtheit.

Er sagt: „Da, wo die Kreatur aufhört, beginnt das Sein Gottes. Alles, was von Dir verlangt wird, ist, Gott in Dir Gott sein zu lassen.“ Und er spricht von jener Leere, die das Verschwinden aller Bilder mit sich bringen muß, denn „das geringste Bild versperrt Gott den Weg." Oder: „Die höchste und vollkommenste Hingabe, derer der Mensch fähig ist, ist das Aufgeben Gottes für Gott. Solange die Seele noch einen Gott hat, Gott kennt, sich die geringste Vorstellung von einem Gott macht, ist sie noch entfernt von Gott. In diesem Sinn ist der innerste Tod der Seele zu verstehen, der ermöglicht, göttlich zu werden."

Die Mystik Meister Eckeharts ist eine Mystik der Armut im Geiste, der Entsagung, ohne irgendeinen Kompromiß mit dem Intellekt. In einer seiner Predigten sagte er: ,,Warum wir uns von Gott frei machen müssen: Derjenige, der arm im Geist ist, muß allem eigenen Wissen entsagen, so daß er absolut nichts weder von Gott noch der Kreatur, noch sich selbst weiß. Deshalb ist es nötig, daß der Mensch danach strebt, nichts von den göttlichen Werken zu wissen."

Darin besteht für Meister Eckehart das Verhalten des edlen Menschen, eines Menschen, der die völlige Armut, die Entäußerung alles Geschaffenen, seiner selbst und schließlich auch Gottes verwirklicht. Durch den besonderen Platz, den er diesem Aufgeben von Körper und Geist, dieser Transzendenz von Raum und Zeit einräumt, damit im ,,leeren Tempel des in Gott ruhenden Menschen" die Ewigkeit lebt, ist er dem Zen sehr nahe.

Die Einheit von Gott und Mensch führt direkt zur Gleichheit aller Lebewesen untereinander. „Solange die Seele Gott nicht aufgegeben hat, wird sie von Verlangen getrieben. Sie handelt als eine in der Dualität gefangene Kreatur, erfährt Freude und Leid und unterscheidet die Wesen um sich herum. Die Fliege in Gott ist höherstehend als der höchste Engel außerhalb von Gott."

Die universelle Liebe spielt hier eine wichtige Rolle, denn der mit Gott vereinigte Mensch erkennt die Einheit aller Lebewesen und umfängt sie mit gleicher, unterscheidungsloser Liebe.

Dieser Gedanke ist dem des buddhistischen Mitgefühls und dem *mushotoku* des Zen sehr nahe. Dennoch hat Meister Eckehart keine Methode gelehrt, zu diesem Nicht-Denken, zur *mushotoku*-Konzentration, zu dem, was er mit der ,,Leere der Seele" nennt, zu gelangen. Wie erreicht man diesen Zustand? Wie hat er selbst dazu gefunden? Die praktische, konkrete Seite fehlt bei allen Mystikern.

Zazen ist die höchste und reinste Weise, um zu Gott zu beten und sich mit der kosmischen Urkraft zu vereinigen. Der Heilige Geist, von dem Paulus spricht, ist ein Begriff, der dem Kensho des Rinzai-Zen nahesteht. Paulus schreibt: „Durch den Heiligen Geist lebe ich in neuem und frischem Leben."

In Einheit mit Christus und Gott wird der Körper zum Tempel des Heiligen Geistes. Indem der Mensch den Geist Gottes empfängt, ist er nicht mehr der „zum Verderben bestimmte, aus der Erde geborene Adam", sondern „der letzte, unverderbliche und himmlische Adam, auf den das Reich Gottes übergeht." Durch Christus empfängt der „im Herrn glorifizierte Mensch" die göttliche Weisheit.

„Wir predigen von der geheimnisvollen und verborgenen Weisheit Gottes, die er vor Jahrhunderten zu unserem Ruhm bestimmt hatte. Aber – so steht es geschrieben – dies sind Dinge, die das Auge nicht gesehen und das Ohr nicht gehört hat, die Gott für diejenigen bereitet hat, die ihn lieben. Gott hat sie durch den Geist enthüllt, denn der Geist erforscht alles, selbst die Tiefen Gottes. Wir haben nicht den Geist der Welt, sondern den Geist, der von Gott kommt, empfangen, und wir sprechen davon nicht mit Worten menschlicher Weisheit, sondern mit denen der Weisheit des Geistes." (Kor. 1,7-13) Der Inhalt dieses Abschnitts ist der Welt des Hannya im Mahayana-Buddhismus sehr nahe.

Christus beim Beten . . . Worin bestand seine Meditation? In welcher Haltung befand er sich? Durch sein Gebet und seine Meditation war er in Verbindung mit dem Geist. Bei Christus findet die Meditation mittels seines Körpers in der Einheit von Körper und Geist statt.

Auf die Stimme des Tales lauschend,
Die Farbe der Berge betrachtend,
Vereinigt er sich mit Gott.

Zazen ist in Verbindung, in Einheit mit dem Leben des Kosmos, der göttlichen Welt, der kosmischen Urkraft. Im RINZAIROKU („Äußerungen Meister Rinzais") steht: „Wenn ihr euren Geist zu dem *einen* Denken erweckt, so folgt die reine Erleuchtung; es ist eure Buddhaschaft."

Die reine Erleuchtung besteht aus diesem „einen" Denken, das aus dem Bewußtseinszustand beim Zazen hervorgeht. Die Buddhaschaft ist in Ihnen, sie bedeutet die Erleuchtung Buddhas in Ihrem Geist. Im Soto-Zen sucht man nach keiner Erleuchtung: durch Zazen selbst sind wir von der kosmischen Urkraft durchdrungen.

Ziellos und ohne Streben nach Nutzen

Wir müssen im Geist *mushotoku* sein, ohne etwas erreichen zu wollen, ansonsten kommen wir vom Weg ab. Zen bedeutet, mit allem aufzuhören, alles aufzugeben, sich von jedem Gedanken, jeder Idee freizumachen, sich von allen Träumen und Illusionen zu lösen, alle Begriffe fallen zu lassen, sich von allen Bedingtheiten unseres Bewußtseins freizumachen. Eine sehr starke Haltung . . . Deshalb können manche Menschen Zen nicht ertragen . . . Wie zum Beispiel jener Mann, der wegging und sagte: „Zen gibt mir nichts, ich gehe!" Ohne es zu wollen, bestätigte er, daß es im Zen nichts zu erreichen gibt. Wenn Sie meinen, irgend etwas gefunden oder erreicht zu haben, kann ich Ihnen mit absoluter Sicherheit sagen, daß Ihr Zen völlig falsch ist. Zu Beginn des Buddhismus in Indien geschah es, daß eine bestimmte Schule die Praxis des Zen in Etappen einteilte, Etappen auf dem Weg zur Erlangung des Satori. Aber weder Bodhidharma noch Dogen erkannten dies an. Dennoch werden im Zen vier Arten der Geisteshaltung unterschieden.

Die erste bezeichnet den Willen, die verschiedenen Aktivitäten des Bewußtseins aufzugeben, um die wahre Freude zu erlangen. Es ist eine willensbetonte Haltung, auf der Suche nach Befriedigung durch Freude. Wenn man jedoch weiter Zazen übt und tiefer eindringt, kommt man zur zweiten Verfassung des Geistes, die Ekstase als Folge der ersten Haltung, als Folge des Aufgebens allen Denkens und Wollens. Dies führt wiederum zur dritten Verfassung: nun ist der Geist bis in die Tiefen des Körpers hinein von tiefer, echter Freude erfüllt. Wenn man auch diesen Zustand hinter sich gelassen hat, gelangt man zur vierten Verfassung des Geistes, in der aufgrund des Aufgebens jeglichen Anhaftens weder Leiden noch Freude mehr existieren, sondern nur noch ein Zustand völliger Reinheit und tiefen Friedens. Das ist der Zustand des Satori, das ist Mushotoku.

Wenn man sich in der vollkommenen richtigen Haltung und der richtigen Atmung konzentriert, kann man den Heiligen Geist empfangen – unbewußt, natürlich und automatisch!

Wenn man sich vom Ego befreit und alles aufgegeben hat, kann uns der Heilige Geist völlig durchdringen. Wenn man weiter Zazen praktiziert, kann man diesen Zustand wahrer Reinheit jenseits von Freude und Leid erfahren.

Durch das völlige Aufgeben des Willens, aller Gedanken und Begriffe, manifestiert sich der wahre, reine Geist. Das Gehirn ist gereinigt, gewaschen, geklärt. Im Leben entstehen dann durch die Intuition nur noch wirklich wichtige Gedanken. Sie bilden und verwirklichen sich unbewußt, natürlich und automatisch durch die Weisheit. Mit der fortgesetzten Zazen-Praxis durchdringt der Geist den Körper bis in jede Zelle, er wird zum Körper, und es ist der Körper, der nun denkt. Das Handeln wird rein intuitiv, unendlich viel richtiger als das vom diskursiven Denken und dem Willen gesteuerte Tun. In unserer Zivilisation stellt man meist das Umgekehrte fest. Vom Körper ausgehend gelangt man zum Geist. Der Körper hat Wünsche, und der Geist sucht nach dem Mittel, sie zu befriedigen. Beim Zazen bemächtigt sich der Geist des Körpers und löst die in ihm schlummernden Wünsche auf. So kann man zur vollkommenen Vereinigung von Geist und Körper gelangen. Der Geist wird nicht mehr von der Notwendigkeit gehemmt, körperliche und intellektuelle Wünsche zu befriedigen, die nun nicht mehr existieren. Aller Dualismus, jede Spannung, alles Hin und Her verschwindet und gibt der vollkommenen Einheit von Denken und Handeln Raum.

Als Christus während seines Gebets vom Geist erfüllt wurde, erfuhr er das höchste Glück und vollkommenen Frieden ohne Denken oder Bewußtsein. Sein ganzes Wesen wurde vom unendlichen kosmischen Denken durchdrungen. Der Heilige Geist erfüllte ihn bis in den winzigsten Teil seiner Zellen. Das ist etwas ganz anderes als Phantasie, Traum, Spekulation, Philosophie, Wissenschaft, Psychologie, Tanzologie, Sexologie oder Drogologie, all diese Amusements unserer Zeit, die Amusements der Intellektuellen. GEIST ist keine Schöpfung *unseres* Geistes. Er manifestiert sich im Gegenteil erst dann, wenn *unser* Geist leer ist. Dann bemächtigt sich die kosmische Urkraft unser. Sobald wir verstehen, daß der gesamte Kosmos Gott ist, daß alle Geschöpfe gleich sind, haben wir die Erleuchtung Buddhas. Durch diesen Glauben, der sich in jedem Augenblick vertieft, durchdringt das göttliche Leben, die unendliche und ewige Erleuchtung Buddhas, die Tiefe unseres geistig-körperlichen Seins. Durch die Erweiterung und Vertiefung dieser wechselseitigen Beziehung zwischen Gott und uns wird unser geistiges Leben reicher, und unser Egoismus nimmt ab. Vom Gipfel des Berges aus ist das Panorama weit und erstreckt sich bis ins Unendliche. So kann man die Gleichheit aller Wege erkennen. Sei es das Christentum oder Zen, alle bewegen sich auf diesen Gipfel der Wahrheit und des Lebens hin.

Wo ist der Weg, die Wahrheit und das Leben?

Wenn der Geist sich bewegt, bewegt sich der Körper. Wenn der Körper sich bewegt, bewegt sich der Geist.

Ich hatte sehr viel Vergnügen, in der Discothek beim Tanzen zuzuschauen. Beim Tanzen folgt der Körper ganz exakt dem Geist. Der Tanz entsteht nicht aus dem Körper, sondern ist der getreue Ausdruck des Geistes durch den Körper. Während des Tanzens handelt man unbewußt. Das gesamte Unbewußte manifestiert sich in den Bewegungen. Man kann dabei seinen Körper nicht beobachten, sein wahres Gesicht nicht erkennen. Beim Zazen jedoch kann man seinen Geist beobachten, sein Gesicht sehen und seinen Körper verstehen. Beim Zazen ist unser Körper (im Gegensatz zum Schlaf) in einem Zustand vollkommener, lebendiger Spannung, unser Geist befindet sich in seinem höchsten Wachzustand. Das nennt man die vollkommene Wachsamkeit von Körper und Geist.

Zwischen der Kommunion Christi mit Gott und dem Satori Buddhas unter dem Bodhibaum gibt es kaum einen Unterschied.

Im Falle Christi trat die kosmische Urkraft in seinen Körper ein. Durch den Geist wiedergeboren, wurde Jesus der Gottessohn Christus, so wie Shakyamuni nach 48 Tagen der Meditation am Morgen des folgenden Tages beim Anblick des funkelnden Morgensterns Buddha, der Erwachte, wurde. Er erkannte, daß alle Lebewesen und alle Dharmas das aktive Prinzip des Kosmos sind und es manifestieren. Er erlangte die Erkenntnis, daß er selbst zur kosmischen Urkraft wurde und sie verwirklichte. „Nicht bewegen!" heißt es beim Zazen immer. Doch was bewegt sich? Der Körper? Der Geist? Das ist ein Koan.

Ich besitze ein Gedicht von Meister Jiun, das Kodo Sawaki kalligraphiert hat. Jiun war ein sehr großer Meister. Er war Shingon-Mönch, praktizierte aber täglich Zazen. Hier das Gedicht:

Wenn der Geist sich bewegt,
Bewegen sich ebenso
Berg und Fluß und die ganze große Erde.
Wenn der Geist unbeweglich ist,
Bleiben der Wind, der weht,
Der Vogel im Flug,
Die treibenden Wolken
Ebenfalls still.
Im Zustand von Mushin (Nicht-Geist)
Befindet sich das ewige Leben,
Das größte Glück.
Durch das Denken
Entsteht alles Leiden.
Aus der Nicht-Konzentration
Entstehen die Krankheiten.
Im absoluten Frieden
Von Himmel und Erde,
In der Harmonie des Kosmos,
Erfüllen sich
Die tausend Herbste
Und die zehntausend Frühlinge unseres Lebens.

Mein Meister Kodo Sawaki liebte dieses Gedicht sehr, und für mich war es ein großes Koan. Im gesellschaftlichen Leben will jeder sich bewegen. Bewegung ist interessanter als Bewegungslosigkeit. Man hat Freude am Tanzen, Sprechen und Denken: Bewegung des Körpers, der Sprache und des Geistes. Im Dojo aber sitzen mehr als 200 Leute in Zazen, ohne sich zu bewegen. Das mag in unserer Zeit sehr seltsam erscheinen, ein großes Mysterium zum Ende des 20. Jahrhunderts . . . Es werden selbst die Kinder ruhig dabei, und der Hund liegt friedlich am Boden.

Wenn wir unsere sechs Sinne zum Schweigen bringen, wird unser Geist in der Stille und Reinheit der ursprünglichen Nicht-Form bewegungslos. Sicher ist dies im täglichen Leben, wo die Funktion aller Sinne erforderlich ist, schwierig auszuführen. Jedoch kann durch die fortgesetzte Zazen-Praxis jeder dieser Sinne von dem Geist, der sich beim Zazen entwickelt, kontrolliert werden. Die Handlungen werden frei und ruhig und sind den Leidenschaften der Sinne nicht mehr unterworfen.

Intellektuelles Verständnis ist nötig und nützlich bei unseren Handlungen. Aber es ist nur eine Möglichkeit, in der Erfahrung des Gelebten weiter zu gelangen. Das echte Verständnis geht über den Körper.

Ich sage immer, daß man sich den Geschmack eines Apfels nicht vorstellen kann, wenn man ihn nicht probiert hat. Sutras, Theologie und ethische Lehren sind nichts, wenn sie nur intellektuell verstanden werden und nicht zur Praxis führen. Heutzutage ist eine neue, praktische Theologie notwendig, die auf den Ruinen der alten, unter dem Gewicht ihres Dogmatismus zusammengebrochenen, aufgebaut werden muß.

Alle Zen-Meister in der Nachfolge Buddhas haben mit Shikantaza tiefgründige Erfahrungen gemacht, und das wahre Zen, sein besonderes Merkmal, besteht in der Vermittlung eben dieser religiösen Erfahrung.

Zazen und Alltag, Zazen und *samu* (körperliche Arbeit), sind Vorder- und Rückseite desselben Blattes, das eine geht nicht ohne das andere, beide stehen zueinander in einer Abhängigkeitsbeziehung und beeinflussen sich gegenseitig. Die Geste Christi, die mich am meisten beeindruckt hat, ist die, welche er seinen Schülern gegenüber beim letzten Abendmahl zeigte. Er wusch jedem die Füße und sagte: „Wie ich, der Herr und Meister, euch die Füße gewaschen habe, so müßt ihr sie euch auch untereinander waschen, denn ich habe euch dies zum Beispiel getan, und in Wahrheit ist der Herr nicht größer als sein Diener. Wenn ihr dies wißt, werdet ihr, sofern ihr es auch anwendet, glücklich sein." Demut – das ist eine Geisteshaltung, die heute fast schon in Vergessenheit geraten ist. Ich würde gerne die Füße meiner Schüler waschen! Als ich nach Paris kam, habe ich von morgens bis abends Massagen gegeben, was bei weitem schwieriger ist, als Füße zu waschen.

Der Glaube ist die Grundlage der Spiritualität, er ist seine wichtigste Basis, bestimmt er doch die Kraft der Hingabe und des Einsatzes beim Befolgen des Weges. Entstanden aus dem Irrationalen ist er selbst irrational, er erwacht plötzlich und unvorhergesehen aufgrund tief beeindruckender Umstände, die die feinen Saiten der religiösen Empfindung ins Schwingen bringen.

Religion ohne Praxis ist leer, sie verliert jegliche Existenzberechtigung: die sich durch Gebet und Meditation einstellende Vereinigung ist der Hauptpunkt, in dem sich Religion von theologischen Erörterungen und Philosophie unterscheidet. Die religiöse Erfahrung muß dazu führen, von innen heraus die rationalen, aus den beschränkenden Grenzen des Intellekts heraus entstehenden Probleme der Philosophie zu lösen. Sie ist so ein Weg zur intuitiven, spontanen Erkenntnis des Ganzen. Zum Absoluten hin geöffnet, transzendiert sie alle Philosophie, Theologie und Metaphysik, welche sich auf die rationalistischen Tatsachen des logischen, diskursiven, fragmentarischen Erkennens begrenzen und in der Relativität gefangen sind. Philosophie ist deshalb ständig polemisch, weil sie auf Hypothesen aufbaut und keine sicheren Werte besitzt. Sie entwickelt sich deshalb ständig weiter, wohingegen die Religion aufgrund des Erlebnisses der höchsten Wahrheit, zu der sie durch die mystische Erfahrung der Stille, des Nicht-Denkens, des Hinausgehens über das Denken führt, ewig identisch ist mit sich selbst.

Wenn es im Geistigen eine Transzendenz gibt, so kann es sich nur um die Transzendenz der Grenzen des Denkens handeln. Gott, das Unausdrückbare und Unsichtbare, transzendiert die Welt des sichtbaren und des Menschen, der sich als denkendes und bewußtes Wesen definiert. Durch die Stille, das Ende allen Denkens, aller Worte, aller Spekulation, durch das Zur-Ruhe-Kommen des Geistes wird Gott im Menschen immanent. Er kehrt zurück zu Gott, der Urkraft, es vereinigt sich, was vormals schon eins war.

Sicherlich kann zwischen Philosophie (verstanden als Liebe zur Weisheit) und Religion eine gewisse Beziehung bestehen. Das gilt vor allem für den Osten, wo Philosophie und Religion sich oft vermischen. Was die westliche Philosophie angeht, so ist mit Recht behauptet worden, daß es hier ebensoviele metaphysische Systeme wie Metaphysiker gibt, im Gegensatz zum Osten, der einer Tradition folgt, deren Botschaft unveränderlich ist, da sie ihre Wurzeln in der gelebten, universellen religiösen Erfahrung hat.

Der westliche Mensch errichtet aufgrund seiner Vorliebe für abstrakte Ideen, intellektuelles Forschen und logisches Verstehen Systeme, die sich ständig gegenseitig dialektisch überbieten. Während der westliche Mensch dem Geist – das heißt für ihn, dem Mentalen, dem Intellekt – die Vorherrschaft über den Körper gibt, bedeutet für den östlichen Menschen der Geist in diesem Sinne nur Unruhe, ständige Bewegung und Ursprung aller Schwierigkeiten. Durch die Askese des Schweigens soll dies beendet werden. Darin besteht wieder eine Annäherung zur westlichen Mystik, und es zeigt sich der Bruch, der zwischen Mystikern und Philosophen besteht. Letztere lehnen jede geistig-körperliche Askese ab, denn sie würde höchstwahrscheinlich das Ende ihrer endlosen Schwätzereien bedeuten.

Aus diesem Grund hat die westliche Philosophie nie die Zeit überdauert, ausgenommen die Philosophie derjenigen, die religiöse Erfahrungen gehabt haben, und die man Weise oder Mystiker nennt.

Die östlichen Religionen beschäftigen sich nicht mit dem Begriff der Transzendenz. Es geht um das Wesen, die Natur der Dinge. Nach der Buddhalehre besitzt der Mensch die Buddhanatur, die er durch Meditation wiederfinden muß. Sie ist nichts anderes als die Stille, die Armut im Geiste, von der die großen westlichen Mystiker sprechen. Ergebenheit und Verehrung, so wichtig sie in manchen östlichen Religionen auch sind, dürfen nicht vergessen lassen, daß der wahre Gottesdienst innerlich ist, daß er diesem reinen und ursprünglichen Geist gewidmet ist, den der Mensch in sich trägt und der die Natur des Göttlichen selbst darstellt. Meister Eckehart hatte dies verstanden, deshalb wurde er von der Kirche verfolgt. Ebenso zahlreiche andere Mystiker, wie Thomas von Aquin, welcher sagte: „Wir können Gott durch die Theologie allein nicht begreifen. Wir können durch sie nur begreifen, was Gott nicht ist." Das ist die Leitidee des Zen überhaupt! Die Buddhanatur wiederfinden, eins mit dem Göttlichen werden. Dies setzt das völlige Aufgeben des Verstandes voraus. Gott übersteigt den Intellekt, er befindet sich jenseits aller Begriffe. Die theologischen Lehrsätze und metaphysischen Beweise wären leere Worte, würde ihnen die religiöse Erfahrung nicht Leben verleihen.

Deshalb ist es wichtig, sich nicht bei Begriffsspielereien aufzuhalten, die in keinerlei Beziehung zur höchsten Wahrheit stehen und denjenigen, der nach ihr sucht, nur davon entfernen. *Das Wichtigste ist, so oft wie möglich zur unbewegten Sitzhaltung des Körpers und zur Stille des Geistes zu finden, der Zazenpraxis.* Zazen stellt die höchste Gebetshaltung dar, die höchste Dimension des Gottesdienstes und der Verehrung.

Auf die Frage, wann das Königreich Gottes käme, antwortete Christus: „Das Reich Gottes kommt nicht in einer sichtbaren Form. Man wird nicht sagen: Seht, hier oder da ist es. Denn das Reich Gottes ist mitten unter euch!" Das bedeutet, das Reich Gottes befindet sich in Ihrem Geist. Christus hat den Geist des Zen genau verstanden. Gott ist nicht im Himmel. Warum wäre er an einem so weit entfernten Ort? Nach Christi Tod wurde diesbezüglich viel Falsches gedacht und verbreitet. Gott existiert überall. Aber es geht darum, hier und jetzt zu spüren, wo er existiert!

Theologen, Philosophen, Künstler, Schriftsteller, Professoren und selbst Priester haben von Gott ein zu objektives, nach außen gerichtetes Bild. Sie haben die innere, persönliche Suche und Erfahrung vergessen. Sie gehen nicht in die eigenen Tiefen, um ihren

Geist zu beobachten. Zazen ist nicht etwas, das man nach außen hin zeigt: es bedeutet, sich selbst zu beobachten, in die Tiefen des eigenen Geistes einzudringen.

Durch Zazen entdeckt der Mensch Gott im Inneren seines eigenen Geistes. Gott ist nicht irgendwo weit weg im Himmel! Selbst Schiller hat sich in seiner „Hymne an die Freude" (von Beethoven am Ende seiner Neunten Symphonie vertont) getäuscht:

„Seid umschlungen, Millionen!
Diesen Kuß der ganzen Welt!
Brüder – über'm Sternenzelt
Muß ein lieber Vater wohnen.
Ahnest du den Schöpfer, Welt?
Such' ihn über'm Sternenzelt!
Über Sternen muß er wohnen."

Warum sollten wir Gott über den Sternen suchen? Warum bliebe er im Himmel? Das ist keine richtige Ansicht! Warum sagte Schiller nicht, Gott lebe in unserem Geist? Aber vielleicht ist Gott tatsächlich über den Sternen . . .

Dogen erhielt die Mönchsweihe von Meister Eisai, einem berühmten Rinzai-Meister. Er studierte gründlich den Tendai-Buddhismus, ging dann aber dennoch nach China, wo er zahlreiche Tempel besuchte und viele Rinzai-Meister traf. Schließlich empfing er von Meister Nyojo das *shiho* und kehrte nach Japan zurück. Er wollte nun die Praxis des Zazen verbreiten und schrieb das FUKANZAZENGI. *Gi* bedeutet nicht „Gedicht" oder „Sutra", sondern „Anleitung für die Praxis". Er schrieb auf der ersten Seite: „Der Weg ist überall, und jeder hat die Buddhanatur." Es ist also nicht nötig, ein schwieriges Leben in einem Tempel zu führen, wie ich es am Anfang dachte, denn jeder besitzt schon potentiell die Buddhanatur, die sich immer und überall enthüllen kann.

Eine Frau sagte mir einmal: „Ich besitze bereits den Heiligen Geist." Wenn man jedoch nicht praktiziert, kann man ihn nicht verwirklichen! Wenn man Zazen praktiziert, kehrt man zum normalen Zustand zurück. Die Zazenhaltung ist die Möglichkeit schlechthin. Im HANNYA SHINGYO wiederholen wir immer:

ku soku ze shiki, shiki soku ze ku. Ku ist die Möglichkeit. Ihre Verwirklichung innerhalb der gegebenen Umstände, dem jeweiligen Karma, erfolgt durch die wechselseitige Abhängigkeit von *shiki*, den Erscheinungen: das ist *ku soku ze shiki.* Wenn man das Dojo betritt, wird man ganz ruhig. Das ist *shiki soku ze ku.* Die Möglichkeit, *ku*, ist notwendig. So verwandeln sich die Bonno in Bodhi. Und umgekehrt werden Bodhi und Satori zu Bonno.

Hierzu muß man Zazen lange und intensiv praktizieren. Die großen Meister und Mönche hatten tiefe Erfahrung und übten hart. Dadurch verwandelte sich alles in eine positive wechselseitige Abhängigkeit und gutes Karma.

Meister Dogen schrieb im SHOBOGENZO etwas sehr Wichtiges über Sein und Zeit, *uji*. Es gibt drei Arten von Zeit:
(1) Die gewöhnliche Zeit: Vergangenheit, Gegenwart, Zukunft, einem jedem verständlich.
(2) Die subjektive Zeit, die Dauer: der Lauf der Zeit und der ihr entgegengesetzte, der von der Zukunft zur Gegenwart und in die Vergangenheit führt. Wenn man im Zug sitzt, bewegt sich der Zug vorwärts, die Landschaft jedoch zieht vorbei, sie bewegt sich rückwärts. Hält man den Fuß oder die Hand in einen strömenden Fluß, bleiben Fluß und Hand am selben Platz, das Wasser jedoch zieht vorüber.
(3) Die europäische Philosophie behandelt die beiden ersten Arten der Zeit. Dogen jedoch verweist darauf, daß diese beiden Arten der Zeit gar nicht existieren, denn die vergangene Zeit ist bereits vorbei und die zukünftige noch nicht eingetroffen. Die Zeit in diesem Sinne existiert also nicht, es gibt nur die Gegenwart. Nur der Augenblick, das Jetzt, existiert. Dies ist die Essenz der Philosophie Dogens. Wenn wir diesem Jetzt, diesem Punkt, diesem Augenblick folgen, uns darauf konzentrieren, auf ein Jetzt nach dem anderen, werden diese Punkte zu einer geraden Linie, wie in der Geometrie. Die Linie wird zur Ewigkeit, sie ist mit der Ewigkeit verbunden. *Hier und jetzt* sitze ich in Zazen. Hier ist das Zentrum des Kosmos. Wenn auch nur ein einziger Mensch Zazen praktiziert, so wirkt das auf den gesamten Kosmos. Und umgekehrt konzentriert

sich der gesamte Kosmos in ihm. Auch wenn Sie nur ganz allein Zazen praktizieren, so nehmen daran doch alle Lebewesen teil. Eine einzige Person, die Zazen praktiziert, stellt eine Beziehung zur gesamten Menschheit her. Das ist die Philosophie Dogens. Deshalb soll man sich hier und jetzt konzentrieren. Wenn der Teufel kommt, schlage ihn! Wenn Buddha kommt, schlage ihn! Mit dem Kyosaku. Wir dürfen uns an nichts binden. Deshalb heißt es im SHODOKA:

In der Welt des Satori gibt es nichts zu finden.
In ihr gibt es weder Mensch
Noch Buddha.
Die unzähligen Universen selbst
Sind wie Blasen
Auf dem weiten Meer.
Alle Weisen und verehrungswürdigen Menschen
Sind wie ein Blitz am Himmel.

Die höchste Haltung

Kodo Sawaki sagte eines Tages zu mir: „Warum hat mich Zen so sehr beeindruckt? Es ist nicht so sehr die Lektüre des SHOBOGENZO oder der Sutras, auch nicht die Worte der Meister und Mönche. Als ich in den Tempel Eiheiji kam, durfte ich nicht Mönch werden. Ich arbeitete in der Küche und hatte nicht die Möglichkeit, das Mönchsgewand anzuziehen. Ich putzte das Dojo, machte Besorgungen für die Küche, kaufte Gemüse. Jeden Tag das gleiche. Wenn ich jedoch nachmittags vor dem Schlafen ein wenig Zeit hatte, praktizierte ich Zazen. Ich imitierte die jungen Mönche aus dem Dojo von Eiheiji. Mein Zimmer befand sich neben der Küche, neben dem Gemüse, dem Tamari und dem Miso. Es war schmutzig und klein und roch nach Rüben und Gurken. In diesem Raum praktizierte ich Zazen. Eines Tages öffnete der Tenzo, der Küchenchef – er nimmt im Tempel einen wichtigen Posten ein, er steht an zweiter oder dritter Stelle nach dem Tempeloberhaupt –, die Tür zu meinem Zimmer." Er erblickte die Haltung des sechzehn- oder siebzehnjährigen Kodo Sawaki und war äußerst beeindruckt. Er machte Gassho. Beinahe hätte er sogar Sampai gemacht. Er trat einige Schritte zurück, die Hände in Gassho, und sagte: „Das ist die wahre Haltung Buddhas, der wahre, lebendige Buddha!" Er war völlig benommen. Dieser Tenzo hatte Kodo Sawaki bislang immer geschlagen und war jeden Tag zornig auf ihn. Aber an jenem Tag, als er seine Haltung sah, war er voller Respekt. Er machte Gassho und sagte mit lauter Stimme: „Der wahre, lebendige Buddha!" Kodo Sawaki aber dachte: „Nur die Zazenhaltung ist der wahre, lebendige Buddha."

Geduld ist sehr wichtig. Das Glück und die Gelegenheit, Zazen zu praktizieren, wird den Menschen nicht oft gegeben. Man darf indessen dem Satori nicht hinterherlaufen, sondern muß alles vorbeiziehen lassen, ohne sich an irgend etwas zu klammern . . . Nicht einmal an die Liebe zu Gott, seine Haltung oder das Bild, das man sich von ihm macht.

Beim Zazen ist Ihr Geist wie in einem Sarg. Ihr Leben wird zum kosmischen Potential. Das ist ein Koan!

Vor der Universität Komazawa steht links und rechts neben dem Eingang eine große Bronzestatue in Zazenhaltung. Rechts ist Kodo Sawaki dargestellt, links ein junger Mann mit einem Stück Stoff – ähnlich einem Kesa –, das die linke Schulter zur Hälfte bedeckt. Es ist die sehr starke Haltung eines jungen Mannes. Kodo Sawaki trägt ein Kesa und ein Koromo wie Buddha. Der energische, wilde junge Mann links von ihm trägt die Inschrift: „Sitzender Drache".

Der Bildhauer, der zunächst die Statue Kodo Sawakis gefertigt hatte, wollte ein Jahr später an einer internationalen Ausstellung teilnehmen. Er tat es auch und wurde berühmt. Er war zu Kodo Sawaki gegangen und sagte zu ihm: „Ich möchte eine wirklich gute Zazenhaltung eines jungen Mannes darstellen. Wer unter Ihren Schülern hat die beste Haltung?"

Ich war damals 24 Jahre alt und nicht einmal Mönch. Ich hatte nur die Bodhisattvaweihe erhalten. Es gab noch viele andere Schüler. Aber Kodo Sawaki bat mich, als Modell für diese Statue zu dienen. Der Bildhauer kam zu mir und fotografierte mich unbekleidet. Er war auch ein Schüler Kodo Sawakis, ungefähr fünf Jahre älter als ich. Er bat mich, in sein Atelier in einem Vorort von Tokyo zu kommen. Jeden Samstag und Sonntag ging ich dorthin und praktizierte Zazen. Insgesamt dauerte es drei Monate. Ich war sehr davon beeindruckt und erinnere mich noch heute daran. Zuletzt kam noch Kodo Sawaki ins Atelier und korrigierte einige Details. Er drückte das Kinn etwas zurück, verbesserte auch die Wölbung des Rückens und bat den Bildhauer, das Gesäß mehr nach hinten gehen zu lassen. Es war eine sehr schöne Haltung!

Zahlreiche Besucher kamen zur Ausstellung. Sie legten vor dieser Statue Gaben in Form von Geld nieder oder brachten Weihrauch und machten Gassho. Später wollte der Bildhauer mir diese Statue schenken und brachte sie zu mir. Ich war gerade frisch verheiratet. Meine Frau bekam Angst. Es war unmöglich, miteinander zu schlafen, wenn sie in demselben Raum stand! Ich erzählte Kodo Sawaki davon. „Das stimmt", meinte er, „es ist nicht gut, Zazen vor Ihrer Frau zu praktizieren. Das wird sie nur erschrecken. Es ist besser, diese Skulptur zur Universität Komazawa zu bringen; dort wird sie ein gutes Beispiel sein."

Ich ging oft zu Kodo Sawaki an diese Universität. Er war dort Professor geworden und hielt Vorträge. Gleichzeitig war er damals auch *godo* im Tempel Sojiji und Professor an der dortigen Universität. Vor meiner Heirat schlief ich bei ihm, in dieser Universität. Wenn andere berühmte Professoren oder sonstige Besucher in sein Zimmer kamen, stellte er mich immer mit den Worten vor: „Dieser junge Mann war das Modell für die Zazenstatue. Die Haltung dieser Skulptur ist besser als meine eigene oder die Buddhas. Im allgemeinen stellen Statuen berühmte Leute dar, die in Wirklichkeit gar nicht so edel sind, wie sie in diesen Statuen erscheinen."

Die Originale sind wirklich nicht so vollkommen. Also sah ich es als meine Aufgabe, zu dieser Statue zu werden! Das war mein Koan, und nicht nur für die Zeit des Zazen. Bis heute vergesse ich es nicht. Es wurde zu einem Koan für mein ganzes Leben. Diese Statue ist unterbewußt einer der Gründe gewesen, warum ich Mönch geworden bin. Damals dachte ich noch nicht so sehr daran, aber in meinem Unterbewußtsein sagte ich mir: „Ich muß dieser Statue ähnlich werden. . .“

Wollte ich einmal meinem schlechten Karma folgen, dachte ich immer sogleich an diese Statue: „Ich darf nichts falsch machen. . .“ Meine Statue hat mich in meinem Leben stark beeinflußt, sie hat mich gleichermaßen geführt, sie stellte meinen Körper dar. . . Heute vergesse ich meine Haltung. Ich hafte nicht zu sehr an ihr. Ich übe sie unbewußt. Manchmal korrigiere ich mich, manchmal konzentriere ich mich auf das Kusen (die mündliche Unterweisung). Wenn ich sage: „Kinn zurückziehen! Hüfte strekken! Drückt mit dem Kopf gegen den Himmel und mit den Knien gegen die Erde!“, so wende ich mich gleichzeitig auch an mich selbst, nicht nur an Sie. Seit mehr als vierzig Jahren praktiziere ich nun Zazen. Ich spreche auch zu meinem Geist. . .

Bitte achten Sie also auf das Verhalten Ihres Körpers! Ihre Haltung, Ihr Geist und Ihr Körper sind eins. Wenn die Haltung korrekt ist, wird auch Ihr Geist harmonisch. Wenn Sie sich nicht bewegen, wird auch Ihr Geist sich nicht bewegen.

Wenn die Haltung richtig ist, wird auch Ihr Geist ruhig. Haltung und Verhalten beeinflussen den Geist.

Ich wünsche Ihnen Glück und Gesundheit!

Zazen – Die Haltung der Erweckung

aus: „*Za-Zen – Die Praxis des Zen*"

Das Geheimnis des Zen ist die praktische Übung von Zazen. Zazen ist schwierig, ich weiß das wohl. Wenn man es täglich übt, ist es jedoch sehr wirksam für die Erweiterung des Bewußtseins und die Entwicklung der Intuition. Zazen setzt nicht nur große Energien frei, sondern es ist auch und gerade die Haltung der Erweckung.

Während man übt, darf man nichts erreichen wollen, was es auch sei. Ohne Zweckgerichtetheit ist es allein Konzentration auf die Haltung von Körper und Geist und die Atmung.

Die Haltung. Man sitzt auf der Mitte des runden Kissens (*zafu*) und kreuzt die Beine in der Lotus- oder Halblotusstellung. Wenn beides unmöglich ist und man die Beine nur kreuzt, ohne einen Fuß auf den Oberschenkel des anderen Beines zu legen, so muß man dennoch die Knie fest auf den Boden drücken.

In der Lotusstellung drücken die Füße auf jedem Oberschenkel auf Zonen mit wichtigen Akupunkturpunkten, die den Leber-, Blasen- und Nierenmeridianen zugehören. Früher haben die Samurai diese Energiezentren automatisch durch den Druck der Schenkel auf das Pferd angeregt.

Das Becken ist ab der Höhe des fünften Lendenwirbels nach vorn geneigt. „Man hat den Eindruck", pflegte mein Meister Kodo Sawaki zu sagen, „daß der After die Sonne betrachten wolle." Die Wirbelsäule wird gut gewölbt und der Rücken gerade gehalten. Man drückt mit den Knien auf die Erde und mit dem Kopf gegen den Himmel. Das Kinn wird zurückgezogen und der Nacken gut gestreckt. Der Bauch ist entspannt, und die Nase steht in senkrechter Linie über dem Nabel.

So ist man wie ein gespannter Bogen, mit dem Geist als Pfeil.

Nachdem man diese Haltung eingenommen hat, legt man die Fäuste (Daumen innen) auf die Schenkel in der Nähe der Knie und balanciert den Rücken ganz gerade aus, sieben, acht Mal nach links und rechts, indem man die Bewegung jedesmal etwas reduziert, bis man das Gleichgewicht in der Senkrechten gefunden hat. Anschließend grüßt man mit *gassho*, das heißt, man legt beide Handflächen vor dem Körper in der Höhe der Schultern zusammen, wobei die gebeugten Arme in einer waagerechten Linie bleiben.

Man muß jetzt nur noch die Hände – die linke in der rechten, Handflächen nach oben gewendet – an den Unterbauch legen. Die Daumen berühren sich mit ihren Spitzen und werden unter leichter Spannung gerade gehalten. Sie bilden weder Berg noch Tal.

Die Schultern fallen natürlich nach unten, so als wären sie zurückgezogen und nach hinten geworfen. Die Zungenspitze berührt den Gaumen. Der Blick richtet sich von selbst ungefähr einen Meter vor dem eigenen Körper auf den Boden. In Wirklichkeit geht er nach innen. Die halbgeschlossenen Augen betrachten nichts – selbst wenn man, intuitiv, alles sieht!

Die Atmung. Sie spielt eine ganz wesentliche Rolle. Jedes Lebewesen atmet. Im Anfang ist der Atem. Die Zen-Atmung ist mit keiner anderen vergleichbar. Sie zielt in erster Linie darauf, einen langsamen, kraftvollen und natürlichen Rhythmus zu schaffen.

Wenn man sich auf ein geschmeidiges, langes und tiefes Ausatmen konzentriert und die Aufmerksamkeit auf die Haltung lenkt, geschieht das Einatmen auf ganz natürliche Weise. Die Luft wird langsam und leise ausgestoßen, während der durch das Ausatmen hervorgerufene Druck kraftvoll in den Bauch hinabsteigt. Man „drückt auf die Eingeweide" und bewirkt so eine heilsame Massage der inneren Organe. Die Zen-Meister vergleichen die Zen-Atmung mit dem Muhen einer Kuh oder dem Ausatmen eines Babys, das gleich nach der Geburt schreit. Dieses Atmen ist das *om*, der Samen, das *pneuma*, die Quelle des Lebens.

Die Haltung des Geistes. Die richtige Atmung kann nur aus einer korrekten Haltung hervorgehen. Ebenso ergibt sich die Haltung des Geistes auf natürliche Weise aus der tiefen Konzentration auf die Körperhaltung und die Atmung. Wer ATEM hat, lebt lang, intensiv und glücklich. Die Übung des richtigen Atems erlaubt es, alle nervlichen Belastungen auszugleichen, Instinkte und Leidenschaften zu meistern und die geistige Aktivität zu kontrollieren.

Der Blutkreislauf im Gehirn wird in bemerkenswerter Weise verbessert. Die Gehirnrinde erholt sich, und der bewußte Gedankenfluß hält inne, während das Blut die tiefen Schichten durchdringt.

Derart besser versorgt, erwachen sie aus ihrem Halbschlaf, und ihre neue Aktivität bewirkt ein Gefühl von Wohlbefinden, Heiterkeit und Ruhe, ähnlich wie im tiefen Schlaf und doch ganz und gar wach.

Das Nervensystem ist entspannt, das Stammhirn, Thalamus und Hypothalamus, in voller Aktivität. Man ist durch jede einzelne Körperzelle hindurch in höchstem Grade aufnahmefähig und aufmerksam. Man denkt unbewußt mit dem ganzen Körper, jede Dualität, alle Gegensätze sind überwunden, ohne daß man dazu Energie aufbringen müßte.

Die sogenannten primitiven Völker haben sich die tiefen Schichten des Gehirns sehr aktiv erhalten. Indem wir unsere Art von Zivilisation entwickelt haben, haben wir zwar den Intellekt geschult, verfeinert und verkompliziert, jedoch die mit dem inneren Kern des Gehirns verbundene Kraft, Intuition und Weisheit vergessen.

Gerade aus diesem Grund ist Zazen ein unschätzbarer Wert für den Menschen von heute, zumindest für denjenigen, der Augen hat zu sehen und Ohren zu hören.

Durch die regelmäßige Übung von Zazen wird ihm die Chance gegeben, ein neuer Mensch zu werden und zum Ursprung des Lebens zurückzukehren. Er kann die Existenz an der Wurzel packen und so den normalen Zustand von Körper und Geist wiedererlangen.

Beim Sitzen in Zazen läßt man die Bilder, die Gedanken und alle geistigen Gebilde, die aus dem Unbewußten auftauchen, vorbeiziehen wie Wolken am Himmel – ohne sich ihnen zu widersetzen, ohne sich an sie zu klammern. Wie Schatten vor einem Spiegel zieht alles vorbei, was aus dem Unterbewußten ausströmt, kehrt zurück und zerrinnt schließlich. So gelangt man zum tiefen Unbewußten, das ohne Gedanken ist, jenseits allen Denkens (*hishiryo*), wahre Reinheit.

Zen ist sehr einfach und gleichzeitig recht schwer zu verstehen. Es ist dies eine Sache der Anstrengung und der Wiederholung – wie das Leben.

Wenn beim SITZEN – ohne Umschweife, ohne Zweck und Profitstreben – Ihre Haltung, Atmung und Geisteshaltung in Harmonie sind, dann verstehen Sie das wahre Zen, dann begreifen Sie die BUDDHANATUR.

Glossar

Alaya: „Bewußtseinsreservoir", das Unbewußte, das alle Möglichkeiten enthält und empfängt und das Bewußtsein nährt.

Amala: das reine (Satori-)Bewußtsein, das tiefste Unbewußte und Quelle des spirituellen und religiösen Bewußtseins.

Bendowa: erstes Kapitel aus Dogens *Shobogenzo*, „Abhandlung über die Wichtigkeit des Zazen".

Bodhi: der Zustand des Buddha.

Bodhidharma: geboren im 6. Jahrhundert in Ceylon. Fuhr auf dem Seeweg nach China (Kanton). Begründer und erster Patriarch des Zen in China. Er übte 9 Jahre lang Zazen in den Bergen.

Bodhisattva: „lebender Buddha". Jeder kann klar erkennen, daß er ein solcher ist und sein Leben der Hilfe an anderen Menschen widmen, indem er an der gesellschaftlichen Realität teilnimmt. Nichts unterscheidet ihn äußerlich von den anderen, aber sein Geist ist Buddha.

Bonno: Illusion, Täuschung.

Buddha: „der Erweckte", „der Erleuchtete". Bezeichnet den historischen Buddha Shakyamuni, der vor 2500 Jahren lebte und auch all jene, die die höchste Wahrheit, die wahre Freiheit erreicht haben. Auch die Meister können Buddha genannt werden. Wir haben im Grunde unseres Wesens alle die Buddhanatur, die ursprüngliche Essenz des menschlichen Lebens.

Dharma: im Sanskrit die Gesamtheit aller (Entwicklungs-)Prozesse, die das kosmische Leben lenken. Die entdeckten und noch zu entdeckenden Gesetze des Universums. Bedeutet meist die Lehre Buddhas, aber auch alles Dasein, alle Wahrheiten, die kosmische Wahrheit.

Do: der Weg, die höchste Wahrheit.

Dogen: Dogen-Zenji (1200-1253), Begründer des Soto-Zen. Ging 1223 nach China, wo er 4 Jahre bei Meister Nyojo lernte. 1227 kam er nach Japan zurück und gründete 1244 den Tempel Eiheiji.

Dojo: der Ort, wo man den Weg (Zazen) übt.

Ego: das 'kleine', besitzende, begrenzte Ich, das in dem Maße zerstört werden muß, als es aus Illusionen besteht, während man ihm sonst gern echte Realität beimißt.

Eka: 487-593. Zweiter Patriarch. Im Jahre 520 suchte er Bodhidharma auf. Um ihm seine Ernsthaftigkeit zu beweisen, schnitt er sich der Überlieferung gemäß den linken Arm ab.

Eno: 638-713, chin. Hui-neng, 6. Patriarch, hat als erster Zen in China wirklich verbreitet. Unter seinen 40 Schülern waren auch Nangaku und Seigen.

Fuse: Gabe, Geschenk ohne persönliches Ziel, das nicht nur materiell, sondern auch geistiger Natur ist.

Gassho: das Aneinanderlegen der Hände mit waagerechten Armen. Diese Handlung setzt keinen bestimmten Glauben voraus, sie ist das Symbol für die Einheit von Geist und Existenz.

Genjokoan: ein Kapitel aus Dogens *Shobogenzo*.

Godo: aufsichtführender Mönch.

Genmai: trad. Vollreissuppe.

Hannya Shingyo: *Makahannya haramita shingyo; Maha prajna paramita hridaya sutra.* Sutra der Essenz der Höchsten Weisheit oder Erkenntnis, „Herz der Vollkommenen Weisheit". Essenz einer über 600 Bücher umfassenden Sutrasammlung, Kerntext des gesamten Mahayana-Buddhismus. Das Hannya Shingyo wird nach jedem Zazen rezitiert.

Hinayana oder Theravada: 100 Jahre nach Buddhas Tod bildeten sich zwei Strömungen, eine konservative und eine progressive. Hinayana, der „kleine Wagen", ist die passivere Richtung und stützt sich mehr auf Gesetz und Vorschriften. Insbesondere in Südasien verbreitet.

Hishiryo: denken, ohne zu denken. Jenseits des Denkens.

I shin den shin: „von meinem Herzen zu deinem Herzen".

Kai: die Vorschriften.

Kanji: chin. Schriftzeichen.

Karma: Verkettung von Ursachen und Wirkungen, die Handlung und ihre Konsequenzen. Abhängigkeitsverhältnis zwischen Handlungen, Worten und Gedanken.

Keizan: 4. Nachfolger Dogens und Gründer des Tempels Sojiji.

Kesa: Symbol der Weitergabe der Lehre von Meister zu Schüler. Gewand Buddhas und des Mönchs. Das Rakusu ist ein kleines Kesa, das für Alltag und Reise praktischer ist und allen angenommenen Schülern bei der Ordination übergeben wird. Es wurde ursprünglich von Buddha selbst erschaffen. Nach der Entdekkung der Zazenübung begab er sich an das Ufer des Ganges, wo man die Toten verbrannte, nahm Stücke von Leichentüchern, wusch und färbte sie mit ockergelber Farbe ein (sanskrit *kasaya* = ocker) und nähte sie zusammen. Später nahm man zum Färben Blätter und mischte die Farben so, daß die gewaschenen und zusammengenähten Teile nutzlos gewordener Textilien eine „zerbrochene", nicht lebendige Farbe hatten. Die Nähte des Kesa erinnern an ein Reisfeld und damit an die Arbeit. Sein tiefster Sinn: der am meisten abgenutzte Stoff kann der schönste und geheiligteste werden, wie das am tiefsten gesunkene Wesen die höchste Erweckung erlangen kann.

Ki: unsichtbare Aktivität voll kosmischer Energie. Wird zur Energie und Tatkraft des Körpers in jeder seiner Zellen.

Kinhin: langsames Laufen nach dem Zazen in überlieferter Weise.

Koan: urspr. „Gesetz, Regierungserlaß". Widersprüchliches Existenzproblem. Prinzip der ewigen Wahrheit, die durch einen Meister weitergegeben wird.

Kodo Sawaki: 1880-1965, Lehrer von Taisen Deshimaru, der diesem durch *shiho* die Lehre und damit sein geistiges Erbe weitergab.

Konchin: Schläfrigkeit.

Ku: Leerheit.

Kusen: mündliche Unterweisung.

Kyosaku: der Stock des Zen-Meisters. Sein Schlag beim Zazen hat sowohl beruhigende als auch anregende Wirkung.

Mahayana: „großes Fahrzeug", die progressive Strömung des Buddhismus. Allumfassende Liebe und Aktivität für das Wohl der Menschheit. Der aktive Weg. Verbreitet in China, Tibet und Japan.

Mana-Bewußtsein: sechster der Sinne zur Erkenntnis der Mentalfunktionen.

Moxa: das Verbrennen von Beifuß über Akupunkturpunkten zur speziellen Therapie.

Mondo: Fragestunde zwischen Meister und Schülern.

Mu: das absolute Nichts.

Mushotoku: ohne Ziel und Profitstreben.

Nagarjuna: Stammvater der meisten japanischen Schulen des Buddhismus, Initiator des „Mittleren Wegs" und Verfasser von Kommentaren zum Hannya Shingyo.

Nirvana: vollständiges Auslöschen der Erscheinungswelt; der Tod.

Nyojo: Hauptlehrer Dogens.

Rinzai: im Zen gibt es keine Sekten. Doch nach Eno bildeten sich 5 regional und methodisch verschiedene Schulen. Zazen ist allen gemeinsam. Heute existieren hauptsächlich noch Rinzai und Soto. Im Rinzai benutzt man die Koan in formalerer Weise und praktiziert Zazen in den Raum gewandt und als Methode, um Satori zu erlangen.

Rakusu: s. Kesa.

Roshi: „alter Meister", Ehrentitel für verdiente Tempelvorsteher.

Samadhi: Konzentration.

Sampai: dreifache Verbeugung vor dem Buddha oder dem Meister, die Stirn am Boden, die Handflächen beiderseits des Kopfes zum Himmel gewandt (symbolisch für das Berühren der Füße Buddhas). Ausdruck des höchsten Respektes, den ein Zenmönch erweisen kann.

Samu: körperliche Arbeit.

Sangha: Gemeinschaft von Meister und Schülern.

Sanran: Erregung.

Sanshodoei: Gedichtsammlung von Dogen.

Satori: Erweckung zur kosmischen Wahrheit.

Sesshin: Eine Zeit intensiven Zazentrainings. Ein oder mehrere Tage gemeinsames Leben, Konzentration und Stille im Dojo. Man übt vier bis fünf Stunden Zazen am Tag, unterbrochen durch Vortrag, Mondo, Samu und Mahlzeiten.

Shakyamuni: s. Buddha.

Shiho: Urkunde der Weitergabe der Lehre und Nachfolge, die in einer Zeremonie übergeben wird.

Shikantaza: „einfach sitzen", sich auf die Zazenübung konzentrieren.

Shiki: die Erscheinungswelt.

Shinjinmei: „Gedichtsammlung

über den Glauben an den Geist", von Meister Sosan (gest. 606), ältester Zentext.

Shobogenzo: „Die Schatzkammer der Erkenntnis des Wahren Dharmas", Hauptwerk Dogens.

Soto: In der Soto-Schule übt man Zazen ohne Zweck, ohne Zielvorstellung und mit dem Gesicht zur Wand. Der Meister gibt nicht systematisch Koan, sondern alle seine Äußerungen werden zu Koan.

Sutra: Die von seinen Schülern aufgezeichnete Lehre Buddhas. Die Sutras wurden dann zur Lehre der Meister, sie enthalten die gesamte Lehre seit den Worten Buddhas.

Tendai: gegründet von Chih-kai (531-597); erster Patriarch war Nagarjuna. Die Schule stützt sich auf das „Lotussutra des Wahren Gesetzes". Ihre dreifache Wahrheit ist: Leerheit, Vergänglichkeit und Mittlerer Weg. Die Reinheit des Spiegels ist *ku*, da sie in Wirklichkeit nicht existiert. Was er widerspiegelt, ist zeitlich und vergänglich. Der Spiegel steht für den Weg der Mitte. Die Tendaiklöster Chinas waren in der Nara-Zeit (710-784) besonders renommiert, und im Jahre 806 gründete der Mönch Saicho (767-784), auch unter dem posthumen Ehrennamen Dengyo-Daishi bekannt, den japanischen Zweig dieser Schule im Tempel Enryakuji auf dem Berg Hi'ei bei Kyoto, der damaligen neuen Hauptstadt.

Tenzo: der Küchenchef im Tempel.

Transmigration: Seelenwanderung. Gemäß der indischen Lehre wird nach dem Tode die unzerstörbare psychische Energie (*atman*), die in jedem Wesen enthalten ist, in eine neue Schöpfung innerhalb der Drei Welten reinvestiert, es sei denn, es gelingt ihr, aus dem Kreislauf der Wiedergaburten (*samsara*) zu entrinnen und das Nirvana zu erreichen.

Zafu: Hartes, mit Kapok gefülltes Kissen für die Zazenübung. Der Buddha fertigte sich ein Kissen aus trockenen Blättern. Es ist notwendig, erhöht zu sitzen, damit man die Knie auf den Boden legen und die Wirbelsäule leicht geradehalten kann.

Zen: chin. *ch'an*, *dhyana* im Sanskrit. Wahre und tiefe Stille. Normalerweise übersetzt mit Konzentration, Meditation ohne Ziel, Versenkung. Rückkehr zum ursprünglichen und reinen Geist des menschlichen Wesens.

Printed in Germany
by Amazon Distribution
GmbH, Leipzig

23925658R00174